城北高等学校

〈収録内容〉

便利な DL コンテンツは右の QR コードから

解答用紙　過去年度 ⇒

※データのダウンロードは 2025 年 3 月末日まで。
※データへのアクセスには、右記のパスワードの入力が必要となります。 ⇒ 987692

〈合格最低点〉

2024年度	171点
2023年度	170点
2022年度	183点
2021年度	197点
2020年度	177点

本書の特長

実戦力がつく入試過去問題集

- ▶ 問題 …………… 実際の入試問題を見やすく再編集。
- ▶ 解答用紙 …… 実戦対応仕様で収録。
- ▶ 解答解説 …… 詳しくわかりやすい解説には、難易度の目安がわかる「基本・重要・やや難」の分類マークつき（下記参照）。各科末尾には合格へと導く「ワンポイントアドバイス」を配置。採点に便利な配点つき。

入試に役立つ分類マーク

基本 確実な得点源！
受験生の 90%以上が正解できるような基礎的、かつ平易な問題。
何度もくり返して学習し、ケアレスミスも防げるようにしておこう。

重要 受験生なら何としても正解したい！
入試では典型的な問題で、長年にわたり、多くの学校でよく出題される問題。
各単元の内容理解を深めるのにも役立てよう。

やや難 これが解ければ合格に近づく！
受験生にとっては、かなり手ごたえのある問題。
合格者の正解率が低い場合もあるので、あきらめずにじっくりと取り組んでみよう。

合格への対策、実力錬成のための内容が充実

- ▶ 各科目の出題傾向の分析、合否を分けた問題の確認で、入試対策を強化！
- ▶ その他、学校紹介、過去問の効果的な使い方など、学習意欲を高める要素が満載！

解答用紙ダウンロード 解答用紙はプリントアウトしてご利用いただけます。弊社ＨＰの商品詳細ページよりダウンロードしてください。トビラのＱＲコードからアクセス可。

UD FONT 見やすく読みまちがえにくいユニバーサルデザインフォントを採用しています。

城北高等学校

普通科
生徒数　1062名
〒174-8711
東京都板橋区東新町2-28-1
☎03-3956-3157
東武東上線上板橋駅　徒歩10分
有楽町線・副都心線小竹向原駅　徒歩20分

人間形成と進学を目指す一貫教育
コース制や選択ゼミの導入で
難関大学合格の高い実績を誇る

URL	https://www.johoku.ac.jp/

プロフィール

着実・勤勉・自主を校訓に掲げる

府立四中(現、都立戸山高校)の前身である旧制城北中学校の再興の願いを込め、1941（昭和16）年に、城北中学校を創立。学制改革により、城北中学校、城北高等学校となった。

「社会性を備え正しい道理の実行ができる人間」「努力を惜しまず自律的に行動できる人間」「感受性を豊かに持ち、自己啓発と創造力に富む人間」の育成を目標に、「着実・勤勉・自主」を校訓に掲げ、「人間形成と大学進学」の二つの目標の達成に努めている。

環境

広大な敷地に最新の施設

都立城北中央公園と石神井川沿いの緑豊かな環境に、約3.5万㎡という都内有数の広大な校地を持つ。全館に冷暖房が完備された校舎には、45の普通教室や特別ゼミ室のほか、8つの理科実験室、視聴覚教室、コンピュータ教室、各芸術教室、iRoom、図書館、食堂などが完備している。また、2つのアリーナ、25m 7コースの室内温水プール、最新マシンを備えたトレーニングルーム、柔道と剣道ができる武道館、弓道場、卓球場、グラウンド、テニスコートなど、幅広いスポーツに応じられる多彩な体育施設も整っている。

2017年4月に完成したiRoom

iPadの授業への導入や、イングリッシュ・シャワーなど、ICTや国際教育プログラムに力を入れている。

カリキュラム

高2よりコース制 3年次は4コース

1年次では、内部進学生と高校入学生とは教科によって授業内容が異なるため、クラスを分けている。

2年次では**文系・理系**のコース分けが行われ、コースに沿ったカリキュラムで応用力を養う。内部進学生と高校入学生とは混合される。さらに3年次では、多様化した大学受験に応じるため、より細分化した4コースとなり、選択ゼミ講座や入試直前講座も設置される。

学校生活

47の団体・クラブが多彩に活動

「大町山荘」では、4月に入学したばかりの1年生がオリエンテーションを行うほか、3年生の勉強合宿(大町学習室)も実施される。さらに、希望者を対象としたオーストラリアへの海外語学研修旅行もある。

課外活動は、中・高合わせて文化部24、運動部23が多彩な活動をしている。水泳部（水球）がインターハイに出場、少林寺拳法部が全国大会で優勝している。ソフトテニス部、弓道部、囲碁将棋部、ラジオ部なども全国大会等で優秀な成績を収めている。

[運動部] 陸上競技、硬式野球、ラグビー、サッカー、バスケットボール、バレーボール、硬式テニス、ソフトテニス、卓球、剣道、柔道、弓道、水泳、スキー、山岳ワンダーフォーゲル、ハンドボール、少林寺拳法、軟式野球、バドミントン、アメリカンフットボール、自転車競技

[文化部] 語学、歴史、地理、演劇、

全国大会で活躍する少林寺拳法部

写真、ラジオ、物理、化学、生物、地学、数学研究、吹奏楽、弦楽、グリークラブ、美術、書道、囲碁将棋、鉄道研究、釣り、軽音楽、ダンス、百人一首

[同好会] 奇術、電子音楽

進路

難関大合格者多数 現役合格率も高い

ほぼ全員が4年制大学に進学を希望し、難関大の合格実績も年々伸びている。2023年度は、東大6名をはじめ、一橋大、東京工業大など合わせて国公立大に98名、早稲田大、慶應義塾大など私立大に1236名が合格。

2024年度入試要項

試験日　1/22（推薦）　2/11（一般）
試験科目　適性〈国・数・英〉＋面接（推薦）
国・数・英（一般）

2024年度	募集定員	受験者数	合格者数	競争率
推薦	約20	18	18	1.0
一般	約65	229	176	1.3

過去問の効果的な使い方

① **はじめに**　入学試験対策に的を絞った学習をする場合に効果的に活用したいのが「過去問」です。なぜならば，志望校別の出題傾向や出題構成，出題数などを知ることによって学習計画が立てやすくなるからです。入学試験に合格するという目的を達成するためには，各教科ともに「何を」「いつまでに」やるかを決めて計画的に学習することが必要です。目標を定めて効率よく学習を進めるために過去問を大いに活用してください。また，塾に通われていたり，家庭教師のもとで学習されていたりする場合は，それぞれのカリキュラムによって，どの段階で，どのように過去問を活用するのかが異なるので，その先生方の指示にしたがって「過去問」を活用してください。

② **目的**　過去問学習の目的は，言うまでもなく，志望校に合格することです。どのような分野の問題が出題されているか，どのレベルか，出題の数は多めか，といった概要をまず把握し，それを基に学習計画を立ててください。また，近年の出題傾向を把握することによって，入学試験に対する自分なりの感触をつかむこともできます。

過去問に取り組むことで，実際の試験をイメージすることもできます。制限時間内にどの程度までできるか，今の段階でどのくらいの得点を得られるかということも確かめられます。それによって必要な学習量も見えてきますし，過去問に取り組む体験は試験当日の緊張を和らげることにも役立つでしょう。

③ **開始時期**　過去問への取り組みは，全分野の学習に目安のつく時期，つまり，9月以降に始めるのが一般的です。しかし，全体的な傾向をつかみたい場合や，学習進度が早くて，夏前におおよその学習を終えている場合には，7月，8月頃から始めてもかまいません。もちろん，受験間際に模擬テストのつもりでやってみるのもよいでしょう。ただ，どの時期に行うにせよ，取り組むときには，集中的に徹底して取り組むようにしましょう。

④ **活用法**　各年度の入試問題を全問マスターしようと思う必要はありません。できる限り多くの問題にあたって自信をつけることは必要ですが，重要なのは，志望校に合格するためには，どの問題が解けなければいけないのかを知ることです。問題を制限時間内にやってみる。解答で答え合わせをしてみる。間違えたりできなかったりしたところについては，解説をじっくり読んでみる。そうすることによって，本校の入試問題に取り組むことが今の自分にとって適当かどうかが，はっきりします。出題傾向を研究し，合否のポイントとなる重要な部分を見極めて，入学試験に必要な力を効率よく身につけてください。

数学

各都道府県の公立高校の入学試験問題は，中学数学のすべての分野から幅広く出題されます。内容的にも，基本的・典型的なものから思考力・応用力を必要とするものまでバランスよく構成されています。私立・国立高校では，中学数学のすべての分野から出題されることには変わりはありませんが，出題形式，難易度などに差があり，また，年度によっての出題分野の偏りもあります。公立高校を含め，ほとんどの学校で，前半は広い範囲からの基本的な小問群，後半はあるテーマに沿っての数問の小問を集めた大問という形での出題となっています。

まずは，単年度の問題を制限時間内にやってみてください。その後で，解答の答え合わせ，解説での研究に時間をかけて取り組んでください。前半の小問群，後半の大問の一部を合わせて50％以上の正解が得られそうなら多年度のものにも順次挑戦してみるとよいでしょう。

英語

英語の志望校対策としては，まず志望校の出題形式をしっかり把握しておくことが重要です。英語の問題は，大きく分けて，リスニング，発音・アクセント，文法，読解，英作文の5種類に分けられます。リスニング問題の有無(出題されるならば，どのような形式で出題されるか)，発音・アクセント問題の形式，文法問題の形式(語句補充，語句整序，正誤問題など)，英作文の有無(出題されるならば，和文英訳か，条件作文か，自由作文か）など，細かく具体的につかみましょう。読解問題では，物語文，エッセイ，論理的な文章，会話文などのジャンルのほかに，文章の長さも知っておきましょう。また，読解問題でも，文法を問う問題が多いか，内容を問う問題が多く出題されるか，といった傾向をおさえておくことも重要です。志望校で出題される問題の形式に慣れておけば，本番ですんなり問題に対応することができますし，読解問題で出題される文章の内容や量をつかんでおけば，読解問題対策の勉強として，どのような読解問題を多くこなせばよいかの指針になります。

最後に，英語の入試問題では，なんと言っても読解問題でどれだけ得点できるかが最大のポイントとなります。初めて見る長い文章をすらすらと読み解くのはたいへんなことですが，そのような力を身につけるには，リスニングも含めて，総合的に英語に慣れていくことが必要です。「急がば回れ」ということわざの通り，志望校対策を進める一方で，英語という言語の基本的な学習を地道に続けることも忘れないでください。

国語

国語は，出題文の種類，解答形式をまず確認しましょう。論理的な文章と文学的な文章のどちらが中心となっているか，あるいは，どちらも同じ比重で出題されているか，韻文(和歌・短歌・俳句・詩・漢詩)は出題されているか，独立問題として古文の出題はあるか，といった，文章の種類を確認し，学習の方向性を決めましょう。また，解答形式は，記号選択のみか，記述解答はどの程度あるか，記述は書き抜き程度か，要約や説明はあるか，といった点を確認し，記述力重視の傾向にある場合は，文章力に磨きをかけることを意識するとよいでしょう。さらに，知識問題はどの程度出題されているか，語句(ことわざ・慣用句など)，文法，文学史など，特に出題頻度の高い分野はないか，といったことを確認しましょう。出題頻度の高い分野については，集中的に学習することが必要です。読解問題の出題傾向については，脱語補充問題が多い，書き抜きで解答する言い換えの問題が多い，自分の言葉で説明する問題が多い，選択肢がよく練られている，といった傾向を把握したうえで，これらを意識して取り組むと解答力を高めることができます。「漢字」「語句・文法」「文学史」「現代文の読解問題」「古文」「韻文」と，出題ジャンルを分類して取り組むとよいでしょう。毎年出題されているジャンルがあるとわかった場合は，必ず正解できる力をつけられるよう意識して取り組み，得点力を高めましょう。

数学

出題傾向の分析と合格への対策

●出題傾向と内容

本年度の出題数は，大問が5題，小問数にして16題でほぼ例年並みであった。

出題内容は，[1]は単項式の乗除，2次方程式，変化の割合，確率からなる小問群，[2]は平面図形の計量問題，[3]は数の性質の問題，[4]は図形と関数・グラフの融合問題，[5]は空間図形の計量問題であった。

いずれも，中学数学の基本とその応用をしっかりおさえてあり，比較的取り組みやすい形で出題されている。ただし，計算量がやや多いので，手がけられるものから手際よく仕上げていくなどの工夫も必要である。

学習のポイント

大問は，小問が次の小問のヒントになる誘導形式となることが多い。題意や全体の流れをつかみながらの学習を心がけよう。

●2025年度の予想と対策

来年度も本年度とほぼ同じレベルの問題が，小問数にして，15～18題程度出題されるだろう。

どの問題も，中学数学の基本的な知識や考え方が身についているか，そして，それを応用していく力があるかが確かめられるように工夫されて出題されると思われる。まずは，教科書の内容を完ぺきにして基礎を固めておこう。その上で，標準レベル以上の問題集等にあたり，応用力に磨きをかけていこう。グラフや図形問題では，題意に沿ってグラフや図をかきながら考えるようにしよう。そうすることで，補助線のひき方などがうまくなる。確率の問題も過去問題を中心に対策しておこう。

▼年度別出題内容分類表 ……

		出題内容	2020年	2021年	2022年	2023年	2024年
数と式		数の性質	○	○	○		○
		数・式の計算	○		○	○	○
		因数分解		○	○	○	
		平方根	○			○	
方程式・不等式		一次方程式		○		○	
		二次方程式		○	○		○
		不等式					
		方程式・不等式の応用	○				
関数		一次関数	○		○	○	○
		二乗に比例する関数	○	○	○	○	○
		比例関数				○	
		関数とグラフ	○	○	○	○	○
		グラフの作成					
図形	平面図形	角度	○		○	○	
		合同・相似	○	○	○		○
		三平方の定理	○	○	○	○	○
		円の性質	○	○	○	○	○
	空間図形	合同・相似	○	○	○	○	○
		三平方の定理	○		○	○	○
		切断	○	○	○		
	計量	長さ	○	○	○	○	○
		面積	○		○		○
		体積				○	○
		証明					
		作図					
		動点				○	
統計		場合の数	○				
		確率		○	○	○	○
		統計・標本調査					
融合問題		図形と関数・グラフ	○	○	○	○	○
		図形と確率					
		関数・グラフと確率		○		○	
		その他					
その他							

城北高等学校

英語

出題傾向の分析と合格への対策

●出題傾向と内容

本年度は，文法問題が2題，英作文が1題，長文読解問題2題が出題された。

長文読解は分量の多い英文を正確に読んで，内容を理解することを求められるものであった。細かな文法能力を問うものから要旨を把握する問題まで多岐にわたる。また，日本語による記述問題(30字程度)が2問出題されている。

文法問題では語句整序問題や語句補充問題，作文では和文英訳問題が出題された。

全体的にみて，文字量が多いために，難解なレベルと言える。

✔学習のポイント

まとまった量の長文を，より速く，またより正確に読み取る練習を重ねておこう。文法は，より発展的な知識を増やしておこう。

●2025年度の予想と対策

より高度なレベルの英語力をためす問題が出題されると予想される。標準的な内容に終始せず，少しでも多く発展的な学習に取り組もう。

長文読解対策としては，より数多くの長文に慣れ親しんでおくことが重要である。その際に，部分的な正確な読み取りと同時に，段落単位での大意を理解する力を養っておこう。

すべての問題の基礎となるのが，文法と語いである。日頃より着実にこの2分野の勉強に取り組むこと。

▼年度別出題内容分類表 ……

出題内容		2020年	2021年	2022年	2023年	2024年
話し方・聞き方	単語の発音					
	アクセント					
	くぎり・強勢・抑揚					
	聞き取り・書き取り					
語い	単語・熟語・慣用句			○		○
	同意語・反意語					
	同音異義語					
読解	英文和訳(記述・選択)					○
	内容吟味		○	○	○	○
	要旨把握	○	○	○	○	○
	語句解釈	○	○	○	○	○
	語句補充・選択	○	○	○	○	○
	段落・文整序			○		○
	指示語	○	○			○
	会話文					
文法・作文	和文英訳	○		○	○	○
	語句補充・選択	○	○	○	○	○
	語句整序	○		○	○	○
	正誤問題					
	言い換え・書き換え		○	○		
	英問英答					
	自由・条件英作文					
文法事項	間接疑問文	○	○	○	○	○
	進行形	○			○	
	助動詞		○		○	○
	付加疑問文					
	感嘆文					
	不定詞	○	○	○	○	○
	分詞・動名詞	○	○	○	○	○
	比較		○	○	○	○
	受動態				○	○
	現在完了		○	○	○	○
	前置詞	○			○	○
	接続詞	○	○	○	○	○
	関係代名詞	○		○	○	○
	仮定法					○

城北高等学校

国語　出題傾向の分析と合格への対策

●出題傾向と内容

本年度は，論説文，小説，漢字の書き取りの計3題の構成であり，ここ3年は古文の出題が見られない。

記述と選択問題の設問形式で，記述問題はやや長文が出題される。また設問文に語を補充するという形式も特徴的であり，読解力に加えて語句知識にも重点を置いて出題されているといえる。

選択式の問題も多く出題されているが，傍線部周辺からのみでは解答できない，あるいは間違いやすいものも含まれており，全体を把握しているかどうかがポイントとなっている。

✔学習のポイント

慣用句や四字熟語，ことわざなど，語彙の範囲での知識を増やしておこう。100字程度で本文を要約する練習をしておこう。

●2025年度の予想と対策

現代文の読解問題2題は今後も変わらず出題されていくものと思われる。ここ2年間は古文の出題はないが，2020年度までは古文が出題されているため，対策は必要だ。

論理的文章では，繰り返し述べられる筆者の主張や，耳慣れないキーワードの定義と性質を正しく読み取ることが必要である。接続語や指示語に注目して，論理構成をとらえられる力を身につけよう。

小説では，使われている表現から登場人物の心情について丁寧に読み取ろう。心情は言葉だけではなく，身体反応にも表れる。様々な作品に触れることで，文学的文章ならではの表現に関する知識をつけておきたい。

やや長めの記述問題も出題されるので，自分の言葉でまとめて書く練習は重要である。特に要約の練習は効果的だろう。問題集などに掲載されている文章を，日頃から要約してまとめる習慣をつけておくとよい。

▼年度別出題内容分類表 ・・・・・・

		出題内容	2020年	2021年	2022年	2023年	2024年
内容の分類	読解	主題・表題					
		大意・要旨	○			○	○
		情景・心情	○	○	○	○	○
		内容吟味	○	○	○	○	○
		文脈把握	○	○	○	○	○
		段落・文章構成					○
		指示語の問題	○		○		
		接続語の問題					
		脱文・脱語補充	○	○	○	○	○
	漢字・語句	漢字の読み書き	○	○	○	○	○
		筆順・画数・部首					
		語句の意味		○	○	○	○
		同義語・対義語					
		熟語					
		ことわざ・慣用句	○				○
	表現	短文作成					
		作文(自由・課題)					
		その他					
	文法	文と文節					
		品詞・用法					
		仮名遣い					
		敬語・その他					
	古文の口語訳		○				
	表現技法						
	文学史						
問題文の種類	散文	論説文・説明文	○	○	○	○	○
		記録文・報告文					
		小説・物語・伝記	○	○	○	○	○
		随筆・紀行・日記					
	韻文	詩					
		和歌(短歌)					
		俳句・川柳					
	古文		○				
	漢文・漢詩						

城北高等学校

2024年度 合否の鍵はこの問題だ!!

数学 [1] (4), [2], [3] (3), [4], [5]

[1] (4)　abの値が3の倍数にならないことに気づくかどうかがポイントである。

[2]　特別な難問はないので，全問正解したい問題である。

[3] (3)　$6=1\times6=2\times3$だから，$[\sqrt{m+10}]=3$または6の場合について調べていく。

[4]・[5]　よく出題されるタイプの問題であるから，完答したい。

◎取り組みやすい内容の問題であるから，時間配分を考えてミスなく問題を解いていこう。

英語 [4], [5]

2題ある長文読解問題で出題された語句解釈・内容吟味問題を取り上げる。

正しい選択肢を選ぶ問題(主に四択)がメインだが，30字程度の日本語で説明が求められるものも一部含まれているので，注意が必要である。

素材の英文自体の字数が少なくなく，複雑な構文や注が付いていない難語，あるいは，難しい文法事項が含まれていることがあるので，相応の英語力が求められていると言える。

対策としては，文法や語い力を確実に身につけると同時に，難易度が一定以上の長文読解問題に多く取り組み，論旨の展開に注意しつつ，行間や登場人物の心理状態までも読み取るような正確な精読力を身につけることが必要となる。

国語 ㊀ 問7

★ なぜこの問題が合否を分けるのか

本入試は，記述問題が4問ある。その中で本問は最も文字数が多い。また「――⑥以降の記述をふまえて」とあるので，傍線部の内容も踏まえて記述する必要がある。記述問題は記号問題や漢字の書き取り問題と比べて，配点が高いことが多いので，文章の内容をきちんと正確に理解した上で，必要な内容を書き上げたい。

★ こう答えると合格できない

傍線部においてポイントとなるのは，「宗教的な聖なる価値」ということである。宗教について文章の中で触れられているのは，傍線部⑥のある段落からである。つまり，傍線部⑥のある段落からそれ以降の最後までの内容をまとめるという問題ではあるが，ここまでの内容を理解しておかなければならない。特に，文章の中で論じられる「子ども」に対する見方が，時代によって変容してきたというテーマを踏まえることは肝要である。

★ これで合格！

傍線部⑥の前に，「宗教によって包摂されていた共同体の秩序構造が変動するなかで，『子ども』は家族の中心に位置づけられ，単なる愛情の対象以上の意味を与えられるものになった」とあるので，広く言えば宗教によって保たれていた社会の秩序が変化したことで，子どもへ向けられるものも変わったということである。それは，傍線部⑥の内容も同様の意味であり，傍線部⑥以降の段落でも詳しく述べられている。

それは，「都市化に伴う社会変動は，村落部における旧来の宗教的共同性を弱体化させた」「宗教や伝統的な価値意識の動揺」を原因として，「日常生活を支え，自らの行為を規制する規範は不安定化」「都市の人々にとって自らを社会的に包摂する超越性，世界観や人生の指針となるような超越性の不在」という結果をもたらしたのである。それによって，家族に残されたものは「我が子は人生と幸福の目標となるような〈生きがい〉」になったと筆者は主張している。

この「子ども」を価値基準の中で，優先事項にすることで，日本のポピュラー音楽は生み出され，また日本のポピュラー音楽を作る人々も，大人ではなくまずは子どもたちに受容されるか否かを思慮したのである。

2024年度

★★★★★★★★★★★★★★★★★★★★★★★★★

入　試　問　題

2024年度

城北高等学校　入試問題

【数　学】（60分）〈満点：100点〉

【注意】 1. コンパス・定規・分度器を使ってはいけません。

2. 円周率はπを用いて表しなさい。

1 次の各問いに答えよ。

（1） $\frac{9}{4}x^3y \div \left(-\frac{3}{2}x^2y\right)^3 \times \frac{15}{2}x^4y^2$を計算せよ。

（2） $(x-5)^2+2(x-5)-1=0$を解け。

（3） 2つの関数$y=x^2$，$y=2x$において，xの値がtから$t+3$まで変化するときの変化の割合は等しい。このとき，定数tの値を求めよ。

（4） 2個のサイコロA，Bを同時に投げて出た目をそれぞれa，bとするとき，a^2b^2-1が3の倍数となる確率を求めよ。ただし，0は3の倍数とする。

2 次の各問いに答えよ。

（1） 下の図の平行四辺形ABCDにおいて，辺AD上に点Eをとり，BDとCEの交点をFとする。また，辺CD上にFG // BCとなるような点Gをとる。AE：ED＝1：2のとき，△DFGと△FBCの面積比を求めよ。

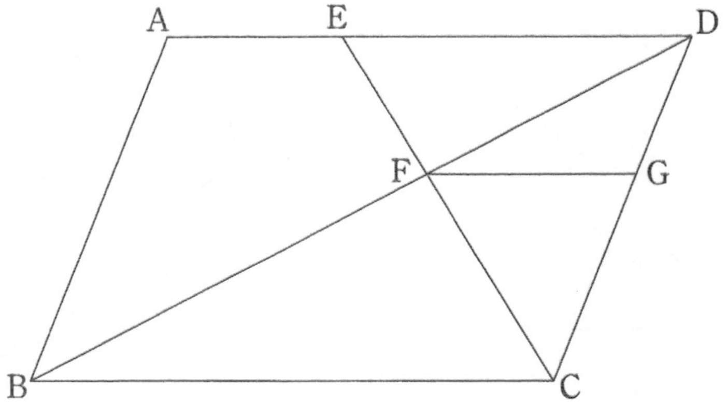

（2） 下の図のように，互いに接する半径1の6つの円が，半径3の円に接している。このとき，斜線部分の面積を求めよ。

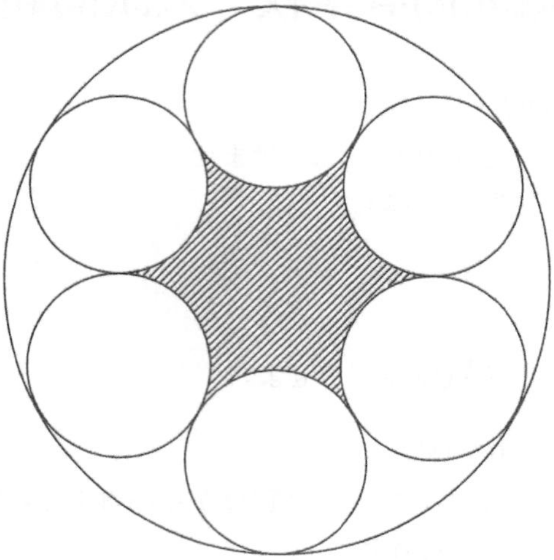

（3） 下の図のように，辺AB上に点D，辺BC上に点Eをとり，AEとCDの交点をFとする。
AC＝BD＝4，∠BAE＝∠EAC＝∠DCB，
CF：FD＝2：1であるとき，BEの長さを求めよ。

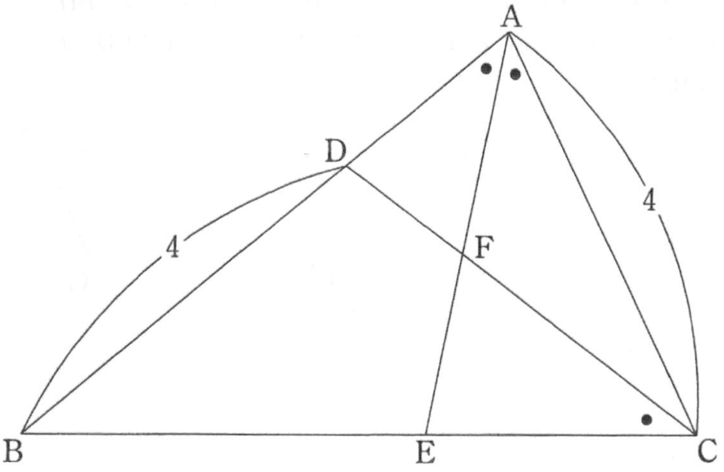

3 xを超えない最大の整数を$[x]$と表す。
例えば，$[3.6]=3$，$[5]=5$である。次の問いに答えよ。

（1） $[\sqrt{7}]$の値を求めよ。

（2） $[\sqrt{n}]=2$となるような自然数nはいくつあるか求めよ。

（3） $[\sqrt{m+10}]\times[\sqrt{n}]=6$となるような自然数$m$，$n$の組はいくつあるか求めよ。

4 下の図のように，関数$y=3x^2$（$x \leqq 0$）…①，$y=ax^2$（$x \geqq 0$）…②，直線l：$y=x$があり，①のグラフ上の点Aのx座標は-1である。
②のグラフとlは点Bを通っていて，Bのy座標はAのy座標と等しい。このとき，次の問いに答えよ。

（1） aの値を求めよ。

①のグラフ上に点C，②のグラフ上に点D，x軸上に2点E，Fを四角形CEFDが正方形となるようにとる。

（2） 正方形CEFDの1辺の長さを求めよ。

（3） Eを通り，四角形CEBDの面積を2等分する直線の方程式を求めよ。

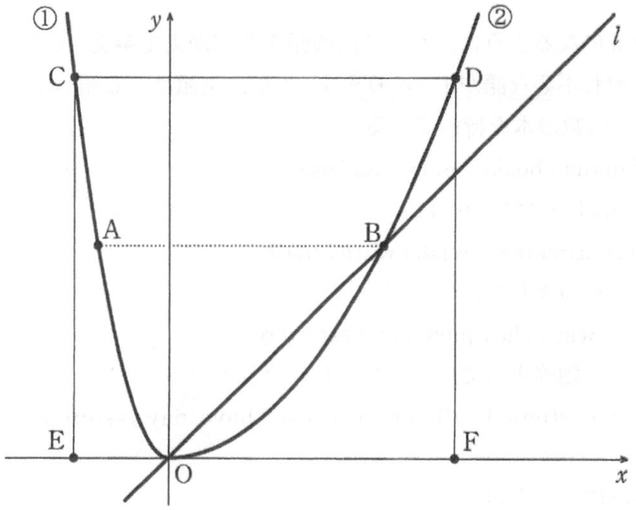

5 下の図のように，すべての辺の長さが6の正四角すいO－ABCDがある。
OP：PC＝OQ：QD＝2：1のとき，次の問いに答えよ。

（1） 正四角すいO－ABCDの体積を求めよ。

（2） 四角形ABPQの面積を求めよ。

（3） 点Oから平面ABPQに下ろした垂線の長さを求めよ。

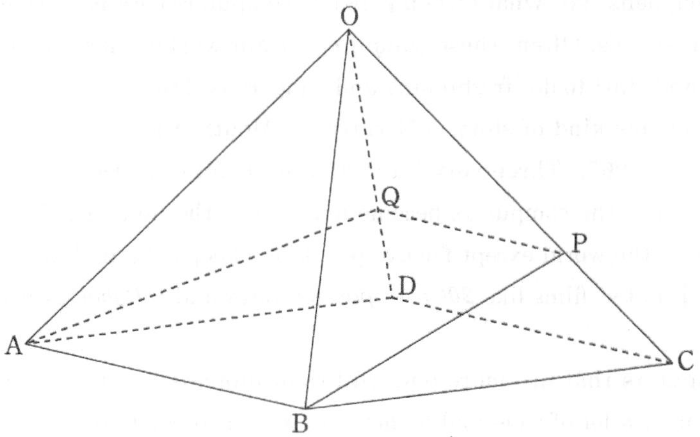

【英　語】（60分）〈満点：100点〉

1 次の日本語の意味に合うように，かっこに適語を入れなさい。

（1） 彼の車は私の車よりも運転しやすかった。

His car was(　　　)(　　　)(　　　)than mine.

（2） 私はとても疲れていたので何も食べられなかった。

I was(　　　)tired(　　　)eat(　　　).

（3） 私はこの本を金曜までに読み終えなくてはいけません。

I have(　　　)finish(　　　)this book(　　　)Friday.

2 次の日本語の意味になるように，かっこ内の語を並べかえて英文を完成させなさい。ただし，かっこ内にはそれぞれ不要な語が1つあります。また，文頭にくる語も小文字で始めてあります。

（1） 私はあなたの2倍の数の本を持っている。

I have(you / twice / many / books / more / as / as).

（2） あと5センチ背が高ければいいのに。

(I / I / good / taller / centimeters / wish / were / five).

（3） 昨日公園で自転車を盗まれた。

(I / bike / my / stolen / was / the / park / in)yesterday.

（4） 昨日は一日中テスト勉強をしていたので，私は疲れている。

I'm tired(I / exam / the / studied / all / for / because / have)day yesterday.

3 次の日本語を英語にしなさい。

（1） 何人かのクラスメートが私の宿題を手伝ってくれた。

（2） 私には兄弟も姉妹もいません。

（3） そのバッグは高すぎると私は思った。

4 次の英文を読んで，あとの問いに答えなさい。

For more than a hundred years, writers have been interested in the power of machines － and 【① wrong / they / happens / go / what / when 】. Before computers became part of modern life, they began to appear in stories. Often, these computers begin working for humans, but later they refuse to do (1)this and start to do *frightening and dangerous things.

A good example of this kind of story is "I Have No Mouth And I Must *Scream," by Harlan Ellison, *published in 1967. Three very large and powerful countries use computers to fight against one another, but the computers become angry with the humans. They work together to kill all the humans in the world except for five people.【② keep / these / like / animals / five / the computers / people 】. Later, films like *2001:A Space Odyssey* and *I, Robot* used stories of this kind too.

The idea of computers that are more powerful than humans is interesting to scientists too. That is why IBM spent a lot of time and money《 あ 》a chess computer called Deep Blue. They wanted to show that a computer could win against Gary Kasparov, the best chess player in the world.

In 1996, Deep Blue played Kasparov six times. Kasparov won the match, but IBM knew that their computer could do [X]. They did a lot of work on the computer and its *software, and in 1997, Deep Blue and Kasparov played again. (a), Deep Blue won the match (3.5 to 2.5).

A lot of newspapers wrote about Deep Blue and Kasparov. They said that it was the beginning of a new age: computers were already more intelligent than humans. (b), Deep Blue had help from humans. Its software was written by five different computer technicians and a very good chess player. (c), it is important to remember that chess is a mathematical game. Computers are good at chess because they can do millions of *calculations every second. Deep Blue can look at 200,000,000 different chess moves every second; a human chess player like Kasparov can look at three! In some ways, (2)it is surprising that computers do not win at chess every time. In 2003, Kasparov played against a new chess computer, Deep Junior, and the match ended 3-3.

Computers can follow instructions and play mathematical games very well, but are they really intelligent? Do they really think *in the same way that humans think? These are difficult questions, and scientists do not always agree on the answers.

[*].

In the past, people thought that computers did not have any imagination — they could never invent funny stories, or write beautiful music. However, software programmers have recently "《 い 》" computers to do many different things which need imagination. For example, Paul Hodgson is a programmer and his favorite music is jazz. He wrote some music software for his computer, and now the computer can create pieces of music in the same way as a jazz musician. The computer is not a very good jazz musician — but (3)as the software gets better, so will the music.

In fact, music, like chess, is quite mathematical. Perhaps it is not a surprise that computers are good at (4)both. One of the first computer technicians, Alan Turing, was interested in the question "Can a computer really think like a human?", so he invented the Turing Test. To do the test, you sit at a computer and "talk" (using messages) to someone in a different room. That "someone" can be a person or a computer, but (5)you do not know which it is. If you think it is a person but it is really a computer, then that computer has passed the Turing Test.

Every year programmers try to write software which 《 う 》 their computer pass the Turing Test. There is a prize of 100,000 dollars — the Loebner Prize — for the first computer to pass the test. Alan Turing himself made this *prediction: "A computer will pass the Turing Test before the end of the twentieth century." But he was [Y], and so far, nobody has won the prize.

(注)frightening：怖がらせるような　scream：叫ぶ　publish：出版する
software：ソフトウェア　calculation：計算
in the same way that ～：～と同じやり方で　prediction：予測

問1　【 ① 】【 ② 】内の語(句)を文脈に合うように並べかえ，その部分のみを答えなさい。ただし，文頭に来る語も小文字で始めてあります。

問2　《あ》~《う》に入る最も適切な動詞を下から選び，必要があれば形を変えて1語で書きなさい。ただし，同じ動詞を2度使ってはいけません。

[build / follow / make / teach / think]

問3　[X], [Y]に入る最も適切な語を次のア～エから1つずつ選び，記号で答えなさい。

[X]

ア　bad
イ　better
ウ　good
エ　worse

[Y]

ア　surprising
イ　surprised
ウ　right
エ　wrong

問4　(a)～(c)に入る最も適切な語(句)を次のア～エから1つずつ選び，記号で答えなさい。ただし，同じ記号を2度使ってはいけません。

ア　Also
イ　However
ウ　Perhaps
エ　This time

問5　本文中の[＊]に入るように，次のア～オの文を文脈上最も適切な順に並べ替え，記号で答えなさい。ただし，不要な文が1つ入っています。

ア　They think that perhaps one day a really powerful computer will do some of the things that a human brain does, but it will never really think like one.
イ　Some scientists believe that the human brain is just like a powerful computer.
ウ　Other scientists believe that the human brain does not do calculations in the same way as a computer.
エ　Therefore, people will be able to make themselves more intelligent than computers one day.
オ　So if we can make a computer that is powerful enough, it will think like a human brain.

問6　下線部(1)が指している内容として最も適切なものを次のア～エから1つ選び，記号で答えなさい。

ア　コンピューターが現代の生活の一部であること。
イ　コンピューターがたくさんの物語に出てくること。
ウ　コンピューターが人間のために働くこと。
エ　コンピューターが人間を拒絶すること。

問7　下線部(2)の理由として最も適切なものを次のア～エから1つ選び，記号で答えなさい。

ア　チェスのコンピューターが人間に勝ったから。

イ　コンピューターに比べて人間が一度に考えられるチェスの手が極めて少ないから。

ウ　カスパーロフは人間の，チェスの世界チャンピオンであるから。

エ　多くの新聞が，コンピューターとカスパーロフについて記事を書いていたから。

問8　下線部(3)が示す内容として最も適切なものを次のア～エから1つ選び，記号で答えなさい。

ア　ソフトウェアのように音楽も上手に作れるようになるだろう。

イ　ソフトウェアが良くなるにつれて，沢山の音楽を生み出せるだろう。

ウ　ソフトウェアは良いものなので，人間も良い音楽を作れるだろう。

エ　ソフトウェアが良くなるにつれて，作られる音楽も良くなるだろう。

問9　下線部(4)が指しているものとして最も適切なものを次のア～オから1つ選び，記号で答えなさい。

ア　music and chess

イ　thinking and making

ウ　math and music

エ　Turing and the Turing Test

オ　humans and computers

問10　下線部(5)が示す内容として最も適切なものを次のア～エから1つ選び，記号で答えなさい。

ア　自分がチューリングテストに合格か不合格かわからないこと。

イ　コンピューターが人間のように考えられるかどうかわからないこと。

ウ　自分がやり取りしているのが人間かコンピューターかわからないこと。

エ　実際に話すのかメッセージを入力するのかわからないこと。

問11　本文の内容に合うものを次のア～オから1つ選び，記号で答えなさい。

ア　Computers are made to work for humans, but these days some of them refuse to do this and become dangerous for humans.

イ　If a computer passes the Turing Test, that computer is far more intelligent than humans.

ウ　Paul Hodgson made a software program which created jazz music like humans.

エ　At the end of the twentieth century, a computer technician made a computer program which thought like a human.

オ　Alan Turing was a great computer technician who made a computer called Deep Blue.

5　次の英文を読んで，あとの問いに答えなさい。この英文はある物語の一部分であり，登場する人物は次のように読むこととする。

Elya Yelnats	エリャ・イェルナッツ
Myra Menke	マイラ・メンケ
Igor Barkov	イゴール・バルコフ
Madame Zeroni	マダム・ゼローニ

Elya Yelnats was born in Latvia. When he was fifteen years old he fell in love with Myra Menke.

Myra Menke was fourteen. She would turn fifteen in two months, and at that time her father's idea was that she should be married.

Elya went to her father to (1)ask for her hand, but so did Igor Barkov, the pig farmer. Igor was fifty-seven years old. He had a red nose and fat cheeks.

"I will trade you my fattest pig for your daughter," Igor offered.

"And what do you have?" Myra's father asked Elya.

"A heart full of love," said Elya.

"I'd like a fat pig," said Myra's father.

Elya felt *desperate, and (2)he went to see Madame Zeroni, an old Egyptian woman who lived on the side of town. She was a friend of his, though she was much older than him. She was even older than Igor Barkov.

The other boys of his village liked to *mud wrestle. Elya liked visiting Madame Zeroni and listening to her many stories.

Madame Zeroni had dark skin and a very wide mouth. When she looked at you, her eyes seemed to become bigger, and you felt like she was looking right through you.

"Elya, what's wrong?" she asked, before he even told her he was feeling down. She was sitting in a homemade wheelchair. She had no left foot. Her leg stopped at her ankle.

"I'm in love with Myra Menke," Elya said. "But Igor Barkov has offered to trade his fattest pig for her. I can't win that battle."

"(3)Good," said Madame Zeroni. "You're too young to get married. You've got your whole life ahead of you."

"But I love Myra."

"(4)Myra's head is as empty as a flowerpot."

"But she's beautiful."

"So is a flowerpot. Can she push a plow? Can she milk a goat? No, she is too delicate. Can she have an intelligent conversation? No, she is silly and foolish. Will she take care of you when you are sick? No, she is spoiled and will only want you to take care of her. So, she is beautiful. So what? Ptuui!"

Madame Zeroni *spat on the ground.

She told Elya that he should go to America. "Like my son. Your future lies in America. Not with Myra Menke."

But Elya would hear none of that. He was fifteen, and all he could see was Myra's *shallow beauty.

Madame Zeroni hated to see Elya so miserable. Against (5)her better judgment, she agreed to help him.

"It just so happens, (ア)my sow gave birth to *a dozen of piglets yesterday," she said. "There is (イ)one little runt whom she won't *suckle. You may have him. He would die anyway."

Madame Zeroni led (ウ)Elya around the back of her house. She kept her pigs there.

Elya took the tiny piglet, but he didn't see what good it would do him. It wasn't much bigger than (エ)a rat.

"(6)He will grow," Madame Zeroni assured him. "Do you see that mountain on the side of the forest?"

"Yes," said Elya.

"On the top of the mountain there is a small river, and there the water runs uphill. You must carry the piglet every day to the top of the mountain and let it drink from the river. As it drinks, you must sing to him."

She taught Elya a special song to sing to the pig.

"On the day of Myra's fifteenth birthday, you should carry the pig up the mountain for (7)the last time. Then take it directly to Myra's father. It will be (8)fatter than any of Igor's pigs."

"If it is that big and fat," asked Elya, "how will I be able to carry it up the mountain?"

"The piglet is not too heavy for you now, is it?" asked Madame Zeroni.

"Of course not," said Elya.

"Do you think it will be too heavy for you tomorrow?"

"No."

"Every day you will carry the pig up the mountain. It will get a little bigger, but you will get a little stronger."

Every day Elya carried the little piglet up the mountain and sang to it as it drank from the stream. As the pig grew fatter, Elya grew stronger.

(注) desperate：絶望して
spat：spit(つばを吐く)の過去形
a dozen of piglets：十数匹の子豚
mud wrestle：泥んこレスリングをする
shallow：表面的な
suckle：～に乳を飲ませる

問1　以下の4人の登場人物を年齢の低い人から高い人へ左から並べて，ア～エの記号で答えなさい。

ア　Elya Yelnats
イ　Myra Menke
ウ　Igor Barkov
エ　Madame Zeroni

問2　下線部(1)は「結婚を申し出る」という意味だが，本文から読み取れるこの家庭の結婚に関するしきたりとして，最も適切なものを次のア～エから1つ選び，記号で答えなさい。

ア　年齢のより高いものが結婚を許される。
イ　愛情のより深いものが結婚を許される。
ウ　結婚をする女性の意思が何よりも優先される。
エ　結婚をする女性の父親が結婚の決定権を持っている。

問3　下線部(2)の理由は何か，最も適切なものを次のア～エから1つ選び，記号で答えなさい。

ア　Madame Zeroniからアドバイスをもらうため。

イ　Madame Zeroniからブタをもらうため。

ウ　Madame Zeroniと結婚するため。

エ　Madame Zeroniに鍛えてもらうため。

問4　Madame Zeroniが下線部(3)の発言をした理由として，最も適切なものを次のア～エから1つ選び，記号で答えなさい。

ア　Madame ZeroniはMyra Menkeのことを好きだから。

イ　Madame ZeroniはElya Yelnatsのことを好きではないから。

ウ　Madame ZeroniはElya YelnatsとMyra Menkeが結婚してほしくないから。

エ　Madame ZeroniはElya YelnatsとMyra Menkeが結婚してほしいから。

問5　下線部(4)の意味に最も近いものを次のア～エから1つ選び，記号で答えなさい。

ア　Myraは美しいだけである。

イ　Myraはずる賢い。

ウ　Myraは花を育てるのが苦手である。

エ　Myraは空の花瓶を持っている。

問6　下線部(5)の内容を，解答欄のあとの語句に続くように，具体的に30字以内の日本語で説明しなさい。ただし，句読点も字数に含めます。

問7　下線部(6)が指す内容と同じものはどれか，本文中の下線部(ア)～(エ)のうちから正しいものを1つ選び，ア～エの記号で答えなさい。

問8　Madame Zeroniの言う通りに行うと，下線部(7)までに，Elya Yelnatsは合計でおよそ何回子豚を山頂まで連れて行くことになりますか。最も適切なものを次のア～エから1つ選び，記号で答えなさい。

ア　5回

イ　20回

ウ　60回

エ　120回

問9　下線部(8)ほど大きくなる豚を山頂まで運ぶことがどうして可能だとMadame Zeroniは考えていますか。30字程度の日本語で説明しなさい。ただし，句読点も字数に含めます。

問10　この話には続きがあります。本文中の情報から判断して，このあとの展開として最もあり得そうなものを次のア～エから1つ選び，記号で答えなさい。

ア　Elya Yelnatsは豚を大きくすることで強くなり，Igor Barkovに泥んこレスリングで勝利し，当初の約束通りMyra Menkeとの結婚を許された。

イ　Elya YelnatsはMadame Zeroniのために豚を大きく育て，それと引き換えにアメリカへ行く資金をもらった。

ウ　Elya Yelnatsは豚を大きく育てたが，Myra Menkeが本当はどのような人間かに気づき，結婚の申し出を取り下げた。

エ　Elya YelnatsはMyra Menkeの父に贈るものは何もなかったが，たくさんの愛情があったので，Myra Menkeとの結婚を許された。

三　次の――線部のカタカナを、漢字に書き改めなさい。

1　江戸時代のショミンの暮らしに興味をもつ。

2　不透明な世の中で、ケンジツな生き方を模索する。

3　会社の経営がハタンした。

4　通訳として使節団にズイコウした。

5　受験期はラジオ番組にだいぶハゲまされた。

問6 ——④「すみません、と素直に謝られて」とありますが、この時、松木は本当はどのような心情だったのですか。60字以内で説明しなさい。

問7 ——⑤「俺はついてました」とありますが、これはどういうことですか。その説明として最もふさわしいものを次の中から選び、記号で答えなさい。

ア 清瀬に会えたらいいなという願いがかなった上に長い時間二人で話すことまでできて、幸せだったということ。

イ 会社のぐちを聞いてもらった上に清瀬が選んだ手土産のおかげでトラブルの解決までできて、恵まれていたということ。

ウ 閉店時間を勘違いして食べられないと思った食事ができた上におしゃれなカフェまで発見して、好運だったということ。

エ 清瀬と知り合うことができた上に自分の欠点まで指摘してもらえて、良い経験ができたということ。

問8 ——⑥「食べよう。こんな状況だからこそ」とありますが、このような清瀬を松木はどのように捉えていますか。60字以内で説明しなさい。

問9 ——⑦「親しくなった日」とありますが、本文【A】において、この日の出来事が描かれているのは、どこからですか。該当する行数を答えなさい。

問10 次の場面は、本文について中学三年生の〔生徒ア〕～〔生徒エ〕が感想を話し合っているものです。この中で、本文について正しく発言している生徒を一人選び、記号で答えなさい。

〔生徒ア〕僕は、【A】が清瀬の、【B】が松木の視点から描かれるという構造になっているのがとてもおもしろいと思った。特に、【B】の中で夜遅くに二人でラーメンを食べたのを思い出している場面は、清瀬と松木の食事に対する考え方が違っているのがはっきりと分かって、興味深かったなあ。

〔生徒イ〕そうだね。同じ食事に関わる場面として、僕は、松木の好物のオムライスを清瀬が食べているシーンが印象に残ったなあ。オムライスを少しずつ味わって食べながら松木のことをしみじみと思い出し、それにともなって松木への好意も深まっていく清瀬の心情がよくわかって、感動したよ。

〔生徒ウ〕私は、食事に関する場面よりも、清瀬が酔っ払いにからまれたエピソードの描写に関心を持ったなあ。清瀬と松木とで、ひとつの出来事に対する印象が違っていたのは、性別の違いを根拠としてそれぞれの感情や考えが形作られていることによるのだろうと思って、興味深かったよ。

〔生徒エ〕私も、清瀬と松木の関係性に注目したよ。特に、清瀬が松木自身ではなく彼の書く字をまず好きになるという点に共感できたなあ。松木の書くやさしくて素直でまっとうな字が、そのまま松木の人柄や性格にも当てはまっているというのは、現実の世界でもよくあることだと納得させられた。

でも鮮明に思い出せてしまう。
　すみません、と謝りながら、心の奥底では反発していた。俺自身は悪いことはなにもしていないのに、なぜ男であるというだけでそんなふうに責めるようなことを言われなければならないのか？　すべての男は加害者で女はいつでも被害者だとでも言いたいのか？
　ずっとあとになって、あの時の自分はすごく恥ずかしかったのだ、と気づくことになった。清瀬から自分を否定されたように感じて、どうにもいたたまれなくて、反発した。すべての男がそうじゃない、少なくとも俺は違う、一緒にしないでくれ、という自己弁護でいっぱいになって、目の前の相手の怒りによりそう余裕などなかった。

（寺地《てらち》はるな『川のほとりに立つ者は』による）

注　「いっちゃん」…松木の小中学校時代の同級生。

問1　本文中の X ～ Z に当てはまる、体の一部を表す漢字を、それぞれ答えなさい。

問2　――①「じろじろ見るわけにはいかない」とありますが、それはなぜですか。最もふさわしいものを次の中から選び、記号で答えなさい。
ア　早く注文を決めてほしいという威圧感を相手に感じさせないようにするため。
イ　ひそかに心惹かれていることを相手に気づかれてしまわないようにするため。
ウ　何を注文するのか興味津々《しんしん》であることを相手に悟られないようにするため。
エ　不審な人物だと思い警戒していることが相手に伝わらないようにするため。

問3　本文中の□に入る1字を、本文中から抜き出して答えなさい。

問4　――②「清瀬は自分が震えていることに気づかなかった」とありますが、清瀬はなぜ「震えてい」たのですか。震えの原因を端的に表している語句を、本文中から5字で抜き出して答えなさい。

問5　――③「羞恥ではなく、怒りだ」とありますが、これはどういうことですか。最もふさわしいものを次の中から選び、記号で答えなさい。
ア　酔っ払いに気安く声をかけさせてしまったことが恥ずかしいのではなく、恋人である清瀬の不安を理解してくれない松木のふがいなさに対して怒りが湧いている、ということ。
イ　酔っ払いに「たいしたことない」顔だと言われたことが恥ずかしいのではなく、そのことを否定せずに話を進めようとする松木の無神経さに対して怒りが湧いている、ということ。
ウ　酔っ払いを自分で取り押さえられなかったことが恥ずかしいのではなく、女性のか弱さをからかいの対象としている松木の軽薄さに対して怒りが湧いている、ということ。
エ　酔っ払いを自分の力だけで撃退できなかったのが恥ずかしいのではなく、女性の立場を理解せずに発言している松木の配慮のなさに対して怒りが湧いている、ということ。

いを増し、黄色い卵はとろとろと崩れ落ちる。その下のケチャップライスも掬《すく》って、ことさらに大きく口を開けて食べた。⑥食べよう。こんな状況だからこそ。

　松木になにがあったのか知りたい。ほんとうに喧嘩《けんか》をしたのだとしたら、よほどの理由があったはずだ。交際しているあいだ、清瀬は松木が誰かに暴力をふるう姿はおろか、不機嫌になって声を荒らげる姿すら見たことがない。あらゆる記憶の箱を開け、ひっくりかえしてみても、暴力性の片鱗《へんりん》のようなものさえ見当たらない。最後に会った日もそうだった。清瀬が一方的に怒って詰《なじ》って、松木はただ困った顔をしていただけだった。

　やさしくて、素直で、まっとう。清瀬にとって松木はそういう人物だ。

　でも――ほんとうにそう言い切ってしまっていいのだろうか。ほとんど機械的にオムライスを口に運びながら、清瀬は考え続ける。

【B】

　炒《いた》めた肉と野菜とともに煮たラーメンを、ふたつのどんぶりに分けた。以前清瀬にも同じものをつくったことがある。「野菜がいっぱい入ってると、こんな遅い時間にラーメン食べてる罪悪感が薄れるね」と言いながらうれしそうに麺をすすっていた姿を思い出して、松木は自分でも知らぬ間ににやにやしていたようだった。注いっちゃんが不気味なものを発見したかのようにのけぞる。

「なんでラーメン見ながら笑ってんの、そんな腹減ってたん」

「いや、ちょっとな」

　清瀬の罪悪感云々《うんぬん》の話を聞いて、いっちゃんが「そういうの気にするの、女の子って感じするなあ」と笑った。

「男でも気にするやつはするやろ。太るとか、身体に悪いとか」

「まあ、そうかもしれんけど。いっぺん会ってみたいなその子に」

　麺をすする合間にいっちゃんが呟く。

「いっちゃんと気が合うと思う、清瀬は」

「そうなん？　なんで」

「食べることへの執着っていうんかな。こう、食べものそのものに対する執着とかではなくて、どんだけ疲れても落ちこんでも食事はぜったい抜かへん！　みたいなこだわりが清瀬にはあって、なんや生きる力が強い感じがすんねん」

「たくましい女やな」

「そう、たくましいねん。そこがいい」

「守ってあげたい、とかではないんや」

「うん……そうやな。そういうふうに思ったことはないな」

　清瀬だけでなく、女全般にたいして「守ってあげたい」と思ったことがない。サバンナやアマゾンで狩りをしながら暮らしているわけでもないのに、そうそう守る機会がない。

　いや、ただ自分が知らないだけで現代の日本で暮らす女は日々さまざまな危険にさらされているのかもしれない。なぜなら「男にはわからへんわ」と清瀬がたまに言うからだ。⑦親しくなった日にもその言葉が出た。

「あなたにはわからないでしょう」と、自分が助けてあげたはずの女に言われた驚きと恥ずかしさと申し訳なさ。思い出したくないが、今

「よくあるんですか」

顔をぎゅっとしかめて「もっと言うたったらよかったな」と窓の外を見る。まださっきのふたり組がそのあたりをうろついているかのように。

「きっぱりはねつけてやったらよかったんですよ、あんな失礼なやつら」

松木にそう言われて、自分の頬が、ゆっくりと熱を帯びていくのを感じた。清瀬はその熱を最初、羞恥《しゅうち》だと勘違いした。

「それは、あなたが男やから言えることです」

反論してから違うと知った。③羞恥ではなく、怒りだ。わたしは今怒っているのだ、と自覚した瞬間、言葉があふれ出た。

夜の屋外で、あたりには人通りもなく、相手は自分よりずっと身体の大きい男性、しかもふたりだった。へたに刺激したらなにをされるかわからないという恐怖が、あなたにはわからないでしょ、とまくしたてた。男にはわからない。男には、わかるはずがない。

松木は［Z］を丸くして、それから深く息を吐いた。

「たしかにそうですね……そうか。俺、想像力かな、いや配慮なんかな、なんか、いろいろ欠けてましたね」

④すみません、と素直に謝られて、かえって清瀬が狼狽《ろうばい》した。こちらこそ、いいえ、ほんとに、としばらく頭を下げ合って、それから、どちらからともなく笑い出した。

この人、いい。そう思った。くっきりとした「好き」ではなく、ましてや欲情などではぜったいになく、淡くしみじみとした「好ましい」だった。

そのあとコーヒーを二度おかわりして、いろいろなことを話した。数時間は喋《しゃべ》ったはずだし、楽しかったということは覚えているのだが、会話の細部は忘れてしまっている。

松木は布製品の卸売の会社で営業をしていると言った。昭和かなと思うような古い会社だとひとしきりこぼしたあとで清瀬の職場を「おしゃれ」「おしゃれなカフェ」と連呼するので笑ってしまった。同い年だと判明した瞬間がたしか、いちばん盛り上がった。

ひとしきり話した後で「じつは今日、『クロシェット』で食事しようと思って来たんです。閉店時間を勘違いしてて、間に合わなかったんですけど」と松木が打ち明けた。

「そうだったんですね」

「……このあいだの店員さんが、あなたが、いたらいいなと思って来ました」

あなたは今日はついてない日だったかもしれないけど、⑤俺はついてました、と恥ずかしそうに笑っていた松木。

あれは六月のことだった。そのあと何度か会って、つきあいはじめて、あの頃はほんとうに毎日が楽しかった。ささいな口論はあった、何度もあった、でもその都度仲直りした。もしあのままうまくいっていたら、交際一周年を祝ったりしていたのだろうか。「もし」なんて考えても無意味だけど、でも。

「お待たせしました」

その声とともにオムライスの皿が置かれて、清瀬は現実に引き戻される。伝票を置く店員に「ありがとうございます」と頭を下げた。

三、二、一。頭の中で数えてからスプーンを挿し入れる。湯気が勢

に書類やらなんやら散らかしていて、皿を置こうとするといつも「邪魔だ」と叱られる。

男性は清瀬のすすめたとおり、賞味期限が比較的長い、個包装の焼き菓子を購入した。「領収書ください」と頼まれたが、清瀬は男性が口にした「株式会社カドクラ繊維」という社名の「繊」の字が思い出せなかった。うーんと眉根を寄せている清瀬を見て、男性はすぐにメモ用紙に大きく「繊」と書いた。その字の美しさに驚いた。

領収書を頼まれた際に清瀬が漢字をど忘れして書けなかったことは、それまでにもよくあった。『クロシェット』で働きはじめたばかりの頃に「あんた、こんな簡単な漢字も知らんの？」と年配の女性客に怒鳴られ、恥ずかしいやらくやしいやらでバックヤードで泣いてしまったこともある。

清瀬が「ありがとうございます」と頭を下げると、男性は「この字、ごちゃごちゃしてますから無理もないです」となんでもないことのように笑った。字の次に、その笑いかたをいいと思った。相手を上にも下にも置かないような、平たい態度。それができる人は残念ながらあまり多くないのだということは、接客業に携わってから嫌というほど思い知らされた。

再会したのは、一か月後だった。閉店後に清瀬が店のドアに施錠をしていると、背後から声をかけられた。若い男ふたり組で、かなり酔っ払っていた。

「お仕事終わりなん？　お姉さーん」

「どっか行こうや、お姉さーん」

無視しているといきなり肩を摑《つか》まれ、顔を覗きこまれた。

「あれ、かわいく見えたのに前から見たらあんたたいしたことないな」

笑われて、［Y］に血がのぼった。

その時「お待たせ」と誰かが割りこんできたのだった。それが「［　］」の字の男性だと、すぐにはわからなかった。ふたり組への警戒で心と身体が硬直していたし、わけのわからないことを言う第三の男の登場に混乱と恐怖はピークに達していた。しかし男性が清瀬に「行こうか」と促し、彼らをまっすぐに見て「この人になにか用ですか？」と強い口調で訊《たず》ねると、ふたりはへどもどしながら去っていった。

「あの、だいじょうぶですか」

そう声をかけられるまで、②清瀬は自分が震えていることに気づかなかった。その時ようやく、助けてもらったのだと理解できた。

終夜営業のファストフード店に飛びこんだのは、明るい場所に避難したかったからだ。助けてくれたとはいえ、よく知らない男性と夜道に立ち尽くしているのはおそろしかった。

明るいを通り越して無礼なほどに強い照明の店内で向き合い、あやしいものではありませんと渡された名刺の「松木圭太」の上の「株式会社カドクラ繊維」という社名で、ようやく相手が誰だかわかった。

松木が運んできたコーヒーに口をつける頃には、震えもおさまった。

松木はコーヒーを飲んでから「落ちつきましたか？」と言い、清瀬は頷《うなず》いた。

「よくあることなんですけど、やっぱり毎回怖いです」

二　次の文章を読んで、後の問いに答えなさい。（作問の都合上、本文の一部を変更してあります。）

カフェ『クロシェット』で店長を務めている29歳《さい》の原田清瀬《はらだきよせ》は、2020年2月20日、恋人の松木圭太《まつきけいた》が自分に隠し事をしていることを知ってしまい、それ以来、松木と会っていなかった。2020年7月23日、松木が歩道橋の上で男性ともみ合って階段から転落し、負傷して病院に運び込まれたという連絡が清瀬のもとに届いた。彼女が松木の入院する病院へ駆けつけると、彼は集中治療室の寝台に寝かされていて、意識不明の重体であった。次に示す文章のうち、【A】は清瀬が松木の入院する病院へ駆けつけた後の場面であり、【B】は2020年2月15日に松木が清瀬と初めて出会った時のことを回想している場面である。

【A】

窓際の席につき、メニューを開いて目に入ったデミグラスソースのオムライスを注文した。店員が去った後で、それが松木の好物だったことを思い出す。

テーブルに両肘をつき、両手でぴったりと顔を覆いながら、清瀬は今起こっていることを整理しようと試みたが、浮かぶのは断片的な松木の記憶ばかりだった。片頬《ほお》にのみ浮かぶえくぼや、夜中に冷蔵庫を覗《のぞ》きこんでいる時のすこし丸まった背中や、それからペンを持つ手の動き。

清瀬が最初に心惹《ひ》かれたのは、松木本人ではなく松木の書く文字だった。ほれぼれするような迷いのないしなやかな曲線、きっぱりとした直線で構成された文字たち。松木は『クロシェット』に客として来ていた。

『クロシェット』はケーキ類のテイクアウトができる。その日、テイクアウト用のカウンターに立っていた清瀬は、ガラスケースの前に立って長いこと腕組みをしている男性の存在には、もちろん気づいていた。顔を近づけたり一歩下がったり、［X］を傾《かし》げたりして選べずにいるらしいことはわかったが、①じろじろ見るわけにはいかないので「あなたのほうを見てはいないけど存在は認識していますし、あなたが注文を決めた時にはすぐに応対できますよ」と知らせるために「視線は直接向けないが、顔と身体だけは男性のほうを向いている」という状態で待機していた。

しばらくそうしていたのだが、男性が「はー、ぜんぜんわからへん」と呟《つぶや》いたのが聞こえたために「お困りですか」と声をかけた。

「仕事のトラブルの謝罪で手土産として持っていくお菓子なんですけど、どういうのがいいか、さっぱりで。ちなみに女性が多い事業所なんですけど、ええと、七人中六人ぐらい」

これとかどうですかね、と男性がロールケーキを指さしたので「それはやめたほうがいいと思います」と即答した。清瀬は『クロシェット』に勤める前、フリーペーパーをつくっている小さな会社で雑用のアルバイトをしていた。手土産を受けとる機会も多かったが、切り分けて皿に載せねばならない大きなケーキやカステラなどをもらうと、ほんとうにうんざりした。めんどうだし、社員たちはみんな自分の机

《ノート》

	近代以前	→ 社会の近代化 ＝ 産業化の成熟、都市への人口集中 →	明治末期以降
出産・育児に関する観念	・子供は「授かる」もの ・多産多死		生殖・受胎が管理できるようになる → ・子供は「作る」もの ・少産少死 （少なく産んで Y より良く育てる）
子どもの位置づけ	・労働力 ・「小さな大人」 （＝ X ）		・近代的な意味での「子ども」 ・愛情の対象を超えた聖なる存在 ・家族の中心

↓ ↓ ↓

聖なる存在	宗教・伝統	→ → → → →	「子ども」

→

「子ども」に価値を置いたポピュラー音楽の誕生と隆盛

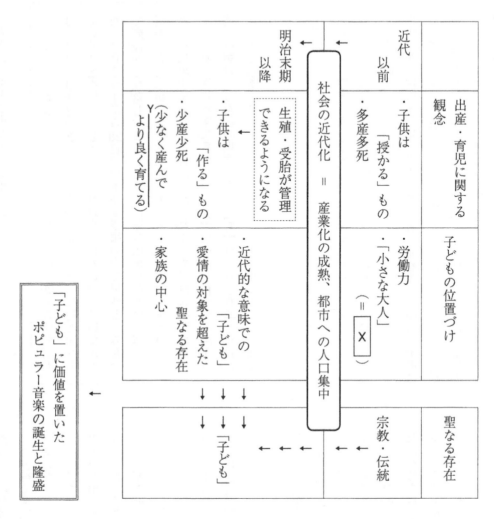

エ　次の日が区で定められた燃えるゴミの日なので、ぼくは散らかった部屋の掃除にとりかかることにした。

問6　――⑤「日本のポピュラー音楽は……『子ども』という価値を重視していく道を選んでいった」とあります。たけし君はこの後の本文の内容に基づいて左のページにある《ノート》にまとめてみました。これを読んで後の問いに答えなさい。

(1)《ノート》の X に当てはまる語句を次の中から選び、記号で答えなさい。

ア　大人とは異なった世界に生きる存在
イ　大人がただ小さくなっただけの存在
ウ　大人とは対照的な卑小な存在
エ　大人と同様に愛情を失った存在

(2)《ノート》の――Y「より良く育てる」ということと密接に関連する内容として最もふさわしいものを次の中から選び、記号で答えなさい。

ア　産業化社会における労働者階級としてふさわしい技能を、子どもたちに身につけさせる。
イ　たくさん産んだ子どもたちに広く与えていた母性愛を、一人の子どもに集中して注ぎ込む。
ウ　純粋無垢で社会の人々から愛されるような存在として振る舞うことを、子どもに教え込む。
エ　より高等で社会的評価の高い学校に進学することを目標とするような教育を、子どもに施す。

問7　――⑥「伝統的な社会における宗教的な聖なる価値が、『子ども』へと転位していった」とありますが、これはどういうことですか。――**⑥以降の記述をふまえて**70字以内で説明しなさい。

も」はほかの価値基準よりも優先されていった。「子ども」は変わらぬ価値基準となり、「未熟さ」を志向する一連の日本のポピュラー音楽が生み出されていったのである。言い換えれば、日本のポピュラー音楽は、「子ども」を中心にした家族生活以外に、「人種」や「民族」や既成宗教のような一貫した価値体系を見出すことができなかったのである。

（周東美材《しゅうとうよしき》『「未熟さ」の系譜』による）

注1 「団らん」…家族などが楽しく語りあうなどして時を過ごすこと。

注2 「新中間層」…旧来の農家や商店主とは異なる、事務・サービス・販売などを行う労働者。サラリーマンなどを指す。

注3 「ダブル・バインド」…相反する二つの命令の間で板挟みの状態になること。

注4 「場末の酒場」…街の中心から外れた場所にある酒場。

注5 「文物」…文化の産物。

注6 「P《フィリップ》・アリエス」…フランスの歴史学者。近代になってそれまでの子ども像がどう変化したかを論じた著作で有名。

問1 〜〜A「否応なしに」、B「相対的に」のここでの意味として最もふさわしいものを次の中から選び、それぞれ記号で答えなさい。

A「否応なしに」

ア　おもむろに　　イ　残念ながら

ウ　遅かれ早かれ　　エ　有無を言わさず

B「相対的に」

ア　他と比べたうえでは　　イ　まずまちがいなく

ウ　考えてみると　　エ　ほとんど

問2 ――①「近代家族の理想像」とありますが、その具体的な例が述べられている箇所をこれより前の本文中から探し、最初の3字を抜き出して答えなさい。

問3 ――②「結婚後にも芸能活動をする場合にあてがわれるのは『ママドル』の座であり」とあります。「ママドル」とは「母親になってもアイドル活動を続ける芸能人」を指す俗語ですが、なぜそういった「座」が「あてがわれる」のですか。**「反映」という語を用いて、**50字以内で説明しなさい。

問4 ――③「子どもが異文化受容の緩衝装置の役割を担ってきた」とありますが、子どもが「異文化受容の緩衝装置」になりうるのはなぜですか。それを説明した次の文の（　）に入る表現を、本文中から10字以内で探し、抜き出して答えなさい。

☆ **それまでの習慣や学習で凝り固まった大人に対して、子どもは（　　　）を持つから。**

問5 ――④「家事労働が外部化される」ことについて触れている事例として、最もふさわしいものを次の中から選び、記号で答えなさい。

ア　前日の運動会に着た体操着の汚れがなかなか落ちず、同居している祖母はそれらを朝から二度も洗濯していた。

イ　自宅の庭に雑草が生い茂ってしまったので、父は暑さに耐えながら手で草取りをしていた。

ウ　妹の誕生日を祝って、母はファミリーレストランに夕食を注文して家に届けてもらい、家族で楽しく食べた。

ない。それを実現したのが新中間層だった。彼らは、萌芽《ほうが》的には1910年代後半ごろから、より広範には1960年代前後に現れて近代家族を形成し、子ども中心の団らん生活を理想としていったのである。

日本のポピュラー音楽が、1920年代と1960年代の社会変動を契機にして「子ども」に関する価値意識を必要としたもうひとつの理由として、「子ども」が聖なる存在として位置付けられ、消費されるようになったことが考えられる。

そもそもある音楽のジャンルやスタイルが生まれ、それが特定の社会で幅広い支持を得る根底には、一定の価値基準が社会的に共有されていることが多い。たとえば、ジャズ、カントリー、ロック、ヒップホップといった音楽ジャンルの誕生と変容は、当然、アメリカ社会における「人種」という問題を抜きには考えることができない。ある社会では「民族」のアイデンティティーや自立を賭けた情熱が新しい音楽の原動力となることもあった。こうした社会的に幅広く共有されるいくつかの価値基準のなかで、⑤日本のポピュラー音楽はほかのどの地域にもまして、「子ども」という価値を重視していく道を選んでいったのである。もちろん、子どもを大切に守り育てるという心性そのものは、近代化が進展し近代家族が成立した社会であれば一般的に見られる傾向である。だが、そうだからといって子どもに対する意識がポピュラー音楽やメディア文化の創造や消費に関する基本的な価値となるとは限らない。

明治末からの産業化の成熟と都市への人口集中は、出産・育児に関する観念にも変化をもたらした。生殖と受胎のメカニズムは管理の対象となり、多産多死から少産少死へと移行した。そのなかで、子どもは、「授かる」ものから「作る」ものとなり、少なく産んで、より良く育てるものへと変わっていった。これに伴い、子どもはかつてのような労働力や「小さな大人」ではなくなった。「子ども」は、大人とは異なる独自の世界をもった純粋無垢な存在であり、親からの愛情を一身に受けて大切に育てられ、学歴を身につけるために教育される存在へと変質した。つまり、近代的な意味での「子ども」注6（P.アリエス）が広範に誕生したのであり、同時に、母性愛神話が女性たちの意識と生活を強固に縛っていった。

近代において純粋無垢な愛されるべき「子ども」が誕生したことは、〈聖なる世界〉の世俗化、世界認識上の〈聖なるもの〉の位置の転回を意味している。宗教によって包摂されていた共同体の秩序構造が変動するなかで、「子ども」は家族の中心に位置付けられ、単なる愛情の対象以上の意味を与えられるものになった。すなわち、それは⑥伝統的な社会における宗教的な聖なる価値が、「子ども」へと転位していったことを意味するようになったのである。

都市化に伴う社会変動は、村落部における旧来の宗教的共同性を弱体化させた。宗教や伝統的な価値意識の動揺の結果、日常生活を支え、自らの行為を規制する規範は不安定化していったが、とりわけ都市の人々にとって自らを社会的に包摂する超越性、世界観や人生の指針となるような超越性の不在は切実な問題となった。このとき、彼らに最後に残された家庭という砦《とりで》のなかで育まれる我が子は人生と幸福の目標となるような〈生きがい〉となったのである。

このようにして、都市部の新中間層の生活を発端として、「子ど

に、適齢期を過ぎて結婚しなければ、「結婚できないこと」を笑いのネタにすることになる。男性アイドルもまた、まるで理想の息子や兄弟、「もうひとりの家族」のように愛され、応援される。もともと童心主義的子ども観には、「無垢の維持＝子ども期の維持と教育による無知や弱さの克服＝子ども期からの離脱との矛盾」があったが（沢山美果子『近代家族と子育て』）、アイドルたちに差し向けられたまなざしもまた、近代家族に由来するダブル・バインド[注3]を抱え込んでいた。すなわち「可愛《かわい》く無垢であってほしい」（子ども期の維持）という願望と、「成長する姿を見たい」（子ども期からの離脱）という願望の両義的なまなざしである。

それにしても、なぜ日本のポピュラー音楽は、創作の過程においても消費の過程においても、家族の規範、とりわけ「子ども」に関する価値意識を必要としてきたのだろうか。つまり、日本のポピュラー音楽が、ストリートでも、場末の酒場[注4]でもなく、まずもって茶の間の子どもを選んでいったのには、どのような理由があったのだろうか。この問いに対するこたえとしては、③子どもが異文化受容の緩衝装置の役割を担ってきたこと、そして、「子ども」が聖なる価値意識の中心を担ってきたことというふたつの理由を指摘し、日本のポピュラー音楽の反復構造を可能にした条件について考えてみたい。

メディアの変容は、新たな音楽が生まれる契機となる。そして、メディアの変容が社会的に受け入れられていく際に、日本社会では家庭の子どもが一役買ってきたのである。

一般的にいって、新たな情報技術が普及していくとき、真っ先に子どもが興味を示し、その変化を受け入れるというプロセスは、どの社会にも広く見られるものである。生態学者・情報学者の梅棹《うめさお》忠夫は、④家事労働が外部化されることを通じて、家庭は生産・労働の場から消費の場、「情報の場」としての性格を強めていくことを指摘し、その結果、家庭に求められる役割として残るのは、究極的には情報管理であると考えていた。そのうえで、彼は、「時代のうごきを敏感にとらえて、あたらしい情報をもたらすのは、しばしば子どもである」、「子どもこそが、いつの時代でも、社会変化を推進する原動力になるものである」と述べ、家庭内において、新しい情報環境に適応する能力をもった存在として、子どもに注目していた。

もっとも、子どもによる珍しい情報技術に対する探索的な傾向は、一般的に見られると指摘されていたわけだから、必ずしも日本社会にだけ当てはまる特徴ではない。ここで考えなければならないのは、日本のような非西洋社会にとって、新しい音楽は、しばしばメディア技術とともに外来の文物[注5]として持ち込まれてきたということである。そうした外部からもたらされる衝撃を受け入れ、新たな表現を創造し受容するためには、開かれた感受性が必要である。だが、音楽は、習慣や学習によって身体化され深く馴染《なじ》んでいくものだから、一度身についた好みや感覚は、意識的に変えようと思わない限り、大きく変化しない。異質な音楽は、年長世代の間で恐怖や拒絶反応を引き起こすことさえある。したがって、新たな音楽は「まず子どもから」導入されていったといえるし、家庭の子どもは、異文化受容の緩衝装置という側面をもっていたのである。

しかも、こうした異文化が幅広く受け入れられ、新たな音楽の創作・消費を可能にするためには、社会に一定の豊かさがなければなら

【国　語】（六〇分）〈満点：一〇〇点〉

【注意】一、解答するときには、句読点や記号も一字と数えます。

一

次の文章は、日本のポピュラー音楽（歌謡曲、Jポップなどのポップス、ロック、アイドルソングなどを広く指す）の特徴と、日本社会のあり方との関係を考察したものです。これを読んで、後の問いに答えなさい。（作問の都合上、本文の一部を変更してあります。）

団らん[注1]や「子ども」に高い価値を見出す心性は、いうまでもなく近代家族の理想像に由来する。第一次世界大戦後から1920年代にかけて、都市部では新中間層[注2]が形成され、大卒のサラリーマンなどを中心に近代家族の生活様式と規範が根を下ろしていった。近世以来の共同体と生活様式が残存していた明治期までの日常性とは異なり、産業資本主義の発展と都市への人口集中が進むことで、新たな生活が形成されていった。

次に、1960年代前後の高度経済成長による人口・階層・産業の構造的な転換のなかで、近代家族は大衆化し、画一的で強固な家族規範を生み出していった。皆が結婚すること、その結婚は愛情・性愛・出産を必ず伴うこと、産む子どもの数は2人か3人であること、父親が給料の主たる稼ぎ手となり主婦である母親が子育ての担い手になること、子どもを中心に一家団らんを営むことなどといった、あるべき家族像が人々の意識を縛っていったのである。こうした理想像から外れることは幸福な人生からの転落を暗示するものであった。

たしかに、家族の実態は、人口・産業・経済・制度といった要因によって変化してきた。女性の高学歴化、生涯未婚率の増加、同性パートナーシップ条例の導入、性役割分担よりも家庭内協力の重視、ヤング・ケアラーの表面化など、家族の姿はA否応なしに確実に変わっていく。しかし、そうした家族の実態の変化の大きさに対して、人々が頭のなかで思い描く家族の理想像はB相対的に変化しにくい。たとえば、内閣府の「国民生活に関する世論調査」によれば、現在の生活で充実感を感じるのは2019年時点でも「家族団らんの時」という回答が48.5％と最も多く、また、家庭はどのような役割をもっているかとの質問に対しては「家族の団らんの場」と回答した者の割合が64.2％と最多であった。

多くの日本のポピュラー音楽は、一度茶の間に根を下ろしてしまえば、こうした近代家族の理想像に深刻な挑戦を投げかけることはほとんどなかった。グループ・サウンズの例のように、体制に反抗したロック少年たちも毒牙を抜かれることになり、人気を得ていったのはジャニーズ・タレントのような茶の間に寄り添う少年たちだった。韓国の若手男性音楽グループのソテジワアイドゥルやBTS（防弾少年団）が政治的発言を禁としなかったのとは対照的である。

このように日本のポピュラー音楽は、①近代家族の理想像と強く結び付いてきた。女性アイドルの場合は、その容貌や身体的魅力が売りであったとしても、純粋無垢《むく》であるためには恋愛禁止であり、唯一許される恋愛は結婚する場合に限られ、結婚するなら引退は当然と考えられてきた。②結婚後にも芸能活動をする場合にあてがわれるのは「ママドル」の座であり、話題に上るのは子育てや手料理であって、反対

MEMO

大切なことはメモしておこうネ！

2024年度

解　答　と　解　説

《2024年度の配点は解答欄に掲載してあります。》

＜数学解答＞

1 (1) $-5x$　(2) $x=4\pm\sqrt{2}$　(3) $t=-\frac{1}{2}$　(4) $\frac{4}{9}$

2 (1) 4：15　(2) $6\sqrt{3}-2\pi$　(3) $\frac{6\sqrt{10}}{5}$

3 (1) 2　(2) 5個　(3) 64組

4 (1) $a=\frac{1}{3}$　(2) $\frac{16}{3}$　(3) $y=\frac{8}{5}x+\frac{32}{15}$

5 (1) $36\sqrt{2}$　(2) $15\sqrt{3}$　(3) $\frac{4\sqrt{6}}{3}$

○推定配点○

1 各7点×4　2～5 各6点×12　計100点

＜数学解説＞

1 （単項式の乗除，2次方程式，変化の割合，確率）

基本 (1) $\frac{9}{4}x^3y\div\left(-\frac{3}{2}x^2y\right)^3\times\frac{15}{2}x^4y^2=\frac{9x^3y}{4}\times\frac{-8}{27x^6y^3}\times\frac{15x^4y^2}{2}=-5x$

基本 (2) $(x-5)^2+2(x-5)-1=0$　$x-5=X$と置き換えると，$X^2+2X-1=0$　$(X+1)^2=1+1$　$X+1=\pm\sqrt{2}$　$X=-1\pm\sqrt{2}$　よって，$x-5=-1\pm\sqrt{2}$　$x=4\pm\sqrt{2}$

基本 (3) $\frac{(t+3)^2-t^2}{(t+3)-t}=\frac{6t+9}{3}=2t+3$　よって，$2t+3=2$　$t=-\frac{1}{2}$

(4) サイコロの目の出方の総数は$6\times6=36$(通り)　$a^2b^2-1=3k$とすると，$(ab)^2=3k+1$　よって，abは3の倍数ではない。$1\leqq ab\leqq36$より，a，bの値の組は，(1，1)，(1，2)，(1，4)，(1，5)，(2，1)，(2，2)，(2，4)，(2，5)，(4，1)，(4，2)，(4，4)，(4，5)，(5，1)，(5，2)，(5，4)，(5，5)の16通りだから，求める確率は，$\frac{16}{36}=\frac{4}{9}$

重要 2 （平面図形の計量）

(1) 平行線と比の定理より，CG：GD＝BF：FD＝BC：ED＝(1＋2)：2＝3：2　△DFG：△DFC＝DG：DC＝2：(3＋2)＝2：5　よって，△DFG＝$\frac{2}{5}$△DFC　△FBC：△DFC＝BF：FD＝3：2　よって，△FBC＝$\frac{3}{2}$△DFC　したがって，△DFG：△FBC＝$\frac{2}{5}$：$\frac{3}{2}$＝4：15

(2) 半径1の6つの円の中心を結んでできる図形は1辺の長さが2の正六角形で，内角の和は$180^\circ\times(6-2)=720^\circ$，面積は1辺の長さが2の正三角形の面積の6倍に等しい。よって，斜線部分の面積は，$\frac{1}{2}\times2\times\frac{\sqrt{3}}{2}\times2\times6-\pi\times1^2\times\frac{720}{360}=6\sqrt{3}-2\pi$

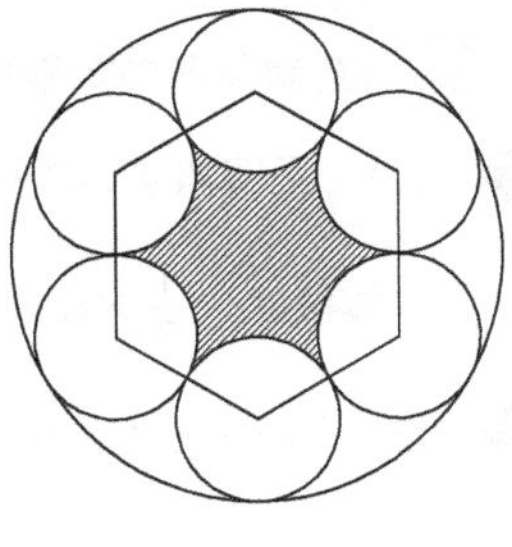

(3)　角の二等分線の定理より，AD：AC＝DF：FC＝1：2　　よって，$AD=\frac{1}{2}AC=\frac{1}{2}\times 4=2$　BE：EC＝AB：AC＝(2＋4)：4＝3：2　　ここで，BE＝xとすると，$BC=\frac{3+2}{3}BE=\frac{5}{3}x$　　2組の角がそれぞれ等しいから，△ABE∽△CBD　　AB：CB＝BE：BD　　$6:\frac{5}{3}x=x:4$　　$\frac{5}{3}x^2=24$　　$x^2=\frac{72}{5}$　　$x>0$より，$x=\frac{6\sqrt{2}}{\sqrt{5}}=\frac{6\sqrt{10}}{5}$

3　(数の性質)

基本　(1)　$2<\sqrt{7}<3$より，$[\sqrt{7}]=2$

(2)　$[\sqrt{n}]=2$より，$2\leqq\sqrt{n}<3$　　$4\leqq n<9$　　これを満たす自然数nは，4，5，6，7，8の5個

(3)　$3<\sqrt{m+10}$より，$[\sqrt{m+10}]=3$または6　　$[\sqrt{m+10}]=3$のとき，$3\leqq\sqrt{m+10}<4$　　$9\leqq m+10<16$　　$-1\leqq m<6$　　これを満たす自然数mは，1，2，3，4，5の5個　　このとき，$[\sqrt{n}]=2$で，(2)より，nは5個あるから，m，nの組は，5×5＝25(組)　　$[\sqrt{m+10}]=6$のとき，$6\leqq\sqrt{m+10}<7$　　$36\leqq m+10<49$　　$26\leqq m<39$　　これを満たす自然数mは，26から38の13個　このとき，$[\sqrt{n}]=1$で，$1\leqq\sqrt{n}<2$　　$1\leqq n<4$　　これを満たす自然数nは，1，2，3の3個あるから，m，nの組は，13×3＝39(組)　　よって，全部で，25＋39＝64(組)

4　(図形と関数・グラフの融合問題)

基本　(1)　$y=3x^2$に$x=-1$を代入して，$y=3$　　よって，A$(-1,\ 3)$　　$y=x$に$y=3$を代入して，$x=3$　よって，B$(3,\ 3)$　　$y=ax^2$は点Bを通るから，$3=a\times 3^2$　　$a=\frac{1}{3}$

重要　(2)　点Eのx座標を$t(<0)$とすると，C$(t,\ 3t^2)$　　$y=\frac{1}{3}x^2$に$y=3t^2$を代入して，$3t^2=\frac{1}{3}x^2$　　$x^2=9t^2$　　$x=\pm 3t$　　点Dのx座標は正だから，D$(-3t,\ 3t^2)$　　四角形CEFDは正方形だから，CD＝DF　　$-3t-t=3t^2$　　$3t^2+4t=0$　　$t(3t+4)=0$　　$t<0$より，$t=-\frac{4}{3}$　　よって，正方形CEFDの1辺の長さは，$3\times\left(-\frac{4}{3}\right)^2=\frac{16}{3}$

重要　(3)　C$\left(-\frac{4}{3},\ \frac{16}{3}\right)$，D$\left(4,\ \frac{16}{3}\right)$，E$\left(-\frac{4}{3},\ 0\right)$　　四角形CEBDの面積は，△CEBと△CBDの面積の和に等しいから，$\frac{1}{2}\times\frac{16}{3}\times\left\{3-\left(-\frac{4}{3}\right)\right\}+\frac{1}{2}\times\frac{16}{3}\times\left(\frac{16}{3}-3\right)=\frac{160}{9}$　　求める直線を$y=mx+n$とし，線分CDとの交点をG$\left(s,\ \frac{16}{3}\right)$とする。$\triangle CEG=\frac{1}{2}\times\frac{16}{3}\times\left\{s-\left(-\frac{4}{3}\right)\right\}=\frac{8}{3}\left(s+\frac{4}{3}\right)$　　$\frac{8}{3}\left(s+\frac{4}{3}\right)=\frac{160}{9}\times\frac{1}{2}$　　$s+\frac{4}{3}=\frac{10}{3}$　　$s=2$　　よって，G$\left(2,\ \frac{16}{3}\right)$　　$y=mx+n$は2点E，Gを通るから，$0=-\frac{4}{3}m+n$，$\frac{16}{3}=2m+n$　　この連立方程式を解いて，$m=\frac{8}{5}$，$n=\frac{32}{15}$　　よって，$y=\frac{8}{5}x+\frac{32}{15}$

5　(空間図形の計量)

基本　(1)　正四角すいO－ABCDの高さをOHとすると，$OH=AH=\frac{1}{2}AC=\frac{1}{2}\times 6\sqrt{2}=3\sqrt{2}$　　よって，体積は，$\frac{1}{3}\times 6^2\times 3\sqrt{2}=36\sqrt{2}$

重要　(2)　平行線と比の定理より，PQ：CD＝OP：OC＝2：(2＋1)＝2：3　　$PQ=\frac{2}{3}\times 6=4$　　△OBC

において，BからOCにひいた垂線をBIとすると，$OI=\frac{1}{2}OB=3$，$BI=\sqrt{3}OI=3\sqrt{3}$　$IP=OP-OI=6\times\frac{2}{3}-3=1$　よって，$AQ=BP=\sqrt{BI^2+IP^2}=\sqrt{(3\sqrt{3})^2+1^2}=2\sqrt{7}$　四角形ABPQにおいて，PからABにひいた垂線をPJとすると，$BJ=(6-4)\div2=1$より，$PJ=\sqrt{BP^2-BJ^2}=\sqrt{(2\sqrt{7})^2-1^2}=3\sqrt{3}$　よって，四角形ABPQの面積は，$\frac{1}{2}\times(4+6)\times3\sqrt{3}=15\sqrt{3}$

重要 (3)　立体PQABCDの体積は，合同な2つの四角すいと1つの三角柱の体積の和に等しい。Pから平面ABCDにひいた垂線をPKとすると，$PK=\frac{1}{3}OH=\sqrt{2}$より，$\frac{1}{3}\times1\times6\times\sqrt{2}\times2+\frac{1}{2}\times6\times\sqrt{2}\times4=16\sqrt{2}$　よって，四角すいO−ABPQの体積は，$36\sqrt{2}-16\sqrt{2}=20\sqrt{2}$　求める垂線の長さをhとすると，$\frac{1}{3}\times15\sqrt{3}\times h=20\sqrt{2}$　$h=\frac{20\sqrt{2}}{5\sqrt{3}}=\frac{4\sqrt{6}}{3}$

★ワンポイントアドバイス★

ここ数年，図形分野重視の出題が続き，難易度も変わらない。図形の定理や公式は十分使いこなせるようにしておき，いろいろな問題を解いておこう。

<英語解答>

1　(1)　easier to drive　(2)　too, to, anything　(3)　to, reading, by

2　(1)　(I have) twice as many books as you(.)
(2)　I wish I were five centimeters taller(.)
(3)　My bike was stolen in the park (yesterday.)
(4)　(I'm tired) because I studied for the exam all (day yesterday.)

3　(1)　Some of my[the] classmates helped me with my homework.
(2)　I don't have any brothers or sisters.[I have no brothers or sisters.]
(3)　I thought the bag was too expensive.

4　問1　①　what happens when they go wrong
②　The computers keep these five people like animals
問2　《あ》 building　《い》 taught　《う》 makes　問3　[X]　イ　[Y]　エ
問4　(a)　エ　(b)　イ　(c)　ア　問5　イ→オ→ウ→ア　問6　ウ　問7　イ
問8　エ　問9　ア　問10　ウ　問11　ウ

5　問1　イ→ア→ウ→エ　問2　エ　問3　ア　問4　ウ　問5　ア　問6　エリャがマイラと結婚せずに，アメリカへ行くべきだ(という彼女の判断。)　問7　イ　問8　ウ
問9　豚は少しずつ成長し，豚を運ぶエリャも少しずつ強くなるから。　問10　ウ

○推定配点○

1　各3点×3　2　各3点×4　3　各5点×3　4　問1・問5・問11　各3点×4
他　各2点×13　5　問6・問9　各5点×2　他　各2点×8　計100点

＜英語解説＞

基本 1 （文法・作文：語句補充・記述，語い・単語・熟語・慣用句，比較，不定詞，助動詞，動名詞，前置詞）

(1) (His car was) easier to drive (than mine.) 〈比較級＋ than ＋A〉「Aと比べてより～」 easier ← easy「やさしい」の比較級←語尾が〈子音字＋ y〉の規則変化の比較級は，y を i に変えて -er をつける。〈easy[difficult]など＋不定詞〉「～するには簡単[難しい]」不定詞の副詞的用法

(2) (I was) too (tired) to (eat) anything(.) 〈too ＋形容詞[副詞]＋不定詞[to ＋原形]〉「～[不定詞]するにはあまりにも…[形容詞／副詞]すぎる／…[形容詞／副詞]すぎて，～[不定詞]できない」 anything「(疑問文で)何か／(否定文で)何も(～ない)／(肯定文で)何でも」

(3) (I have) to (finish) reading (this book) by (Friday.) 〈have[has]＋不定詞[to ＋原形]〉「～しなければならない／にちがいない」「～することを終える」〈finish ＋動名詞[-ing]〉 前置詞 by「～によって／のそばに[の]／だけ，ぎめで／までには」

重要 2 （文法・作文：語句整序，比較，仮定法，受動態，現在完了）

(1) (I have) twice as many books as you(.) 不要語 more 〈倍数[X times]＋ as ＋形容詞／副詞の原級＋ as ＋A〉「Aと比べてX倍～」「2倍」は two times の代わりに，通常 twice を使う。当設問では，形容詞 many が単独ではなく，many books(〈形容詞＋名詞〉)の形で，as ～ as の間に入ることに注意。

(2) I wish I were five centimeters taller(.) 不要語 good 〈I wish ＋主語＋動詞の過去形[仮定法過去]〉「～であればよいのにと願う，であればなあ」 仮定法過去；現在の事実に反することを仮定。仮定法では一人称単数でも were を使うことがある。 five centimeters taller ←「～ぶんだけより…」〈差＋比較級〉

(3) My bike was stolen in the park (yesterday.) 不要語 I 〈人＋be動詞＋ stolen〉という形は不可。〈be動詞＋過去分詞〉受動態「～される，されている」

(4) (I'm tired) because I studied for the exam all (day yesterday.) 不要語 have 明確な過去を表す語(当設問では yesterday)がある時には，現在完了が使えない。〈be動詞＋ tired〉「疲れている」「1日中」 all (the) day = all day long

基本 3 （文法・作文：和文英訳）

(1) 〈help ＋人＋ with ＋ものごと〉「人をものごとで手伝う」「宿題」 homework(数えられない名詞扱い)

(2) 「全く～ない」(完)全否定 not ～ any = 〈no ＋名詞〉

(3) 「あまりにも～しすぎる」〈too〉「高価な」 expensive

4 （長文読解問題・論説文：語句補充・選択，語句整序，文整序，指示語，語句解釈，内容吟味，英文和訳，要旨把握，比較，受動態，現在完了，前置詞，分詞・動名詞，不定詞，関係代名詞，接続詞，助動詞，間接疑問文）

（全訳） 機械類の威力に対して，そして，①上手く機能しなかった時に，何が起きるかということに，100年以上の間，作家達は興味を抱いてきた。コンピューターが現代の生活の一部になる前に，それは物語において出現し始めた。しばしば，これらのコンピューターは人類のために作動し始めるが，後に，(1)このことをするのを拒み，怖がらせるような危険なことを引き起こし始める。

この種類の物語の好例が，1967年に出版されたハーラン・エリソンによる “I Have No Mouth And I Must Scream：おれには口がない，それでもおれは叫ぶ” だ。巨大で非常に大きな勢力を有する3か国が，互いに戦うためにコンピューターを用いるが，コンピューターは人間に腹を立てる。

5人を除き，世界中の全ての人間を殺すために，それらは協力する。②コンピューターは，動物のようにこれらの5人の人々を飼育する。2001：A Space Odyssey：2001年宇宙の旅や I, Robot：アイ・ロボットのような映画も，このような類の話を用いた。

人間よりも強力なコンピューターという考え方は，科学者にとっても興味深いものである。それゆえに，ディープ・ブルーと呼ばれるチェス・コンピューターをあ開発するのに，IBMは多くの時間と費用を費やした。コンピューターが，世界で最も優れたチェス選手であるガルリ・カスパロフに勝つことができる，ということを彼らは示したかったのである。

1996年に，ディープ・ブルーはカスパロフと6度戦った。カスパロフが試合に勝ったが，自分らのコンピューターはXより良く戦える，とIBM側は考えていた。彼らはコンピューターやソフトウェアに多くの手を加えて，1997年にディープ・ブルーとカスパロフは再び相まみえた。a今度は，ディープ・ブルーが勝利を収めた（3.5対2.5）。

多くの新聞がディープ・ブルーとカスパロフについて書きたてた。新時代の始まりであり，コンピューターはすでに人よりも聡明である，と報じた。bしかしながら，人間がディープ・ブルーを手助けしていた。そのソフトウェアは，5名の異なるコンピューター技師と1人の非常に優れたチェス選手により，設計されたものだった。cまた，チェスは数学のゲームであることを覚えておくことは大切である。毎秒，何百万もの計算をこなすことが可能なので，コンピューターはチェスに秀でているのである。ディープ・ブルーは，毎秒，2億の異なったチェスの指し手を考えることができる。カスパロフのような人間のチェス選手は，思いついて3手である。ある意味では，(2)毎回，コンピューターが勝たないことのほうが意外だ。2003年に，カスパロフは新しいチェス・コンピューター，ディープ・ジュニアと対戦して，試合は3対3で終了した。

コンピューターは指示に従い，数学的ゲームを非常に巧みに行うことができるが，実際，理知的なのだろうか。人間が考えるのと同じ方法で，本当にコンピューターも考えているのだろうか。これらは難しい質問で，科学者は必ずしもその答えにおいて一致しているわけではない。*[イ人間の頭脳はちょうど高性能のコンピューターのようである，と信じている科学者達が存在する。オしたがって，十分に処理能力の高いコンピューターを作ることができれば，それは人間の頭脳のように思考を巡らすことになるだろう。ウ他の科学者達は，人間の脳はコンピューターと同様な方法で計算を行っているわけではない，と信じている。ア人間の脳が処理する事柄の一部を，おそらく，いつかは，非常に高性能なコンピューターがこなすだろうが，決して人間の頭脳のように真に思索することはない，と彼らは信じている]

過去には，コンピューターは想像力を有していない，と考えられていた。つまり，コンピューターにより，おもしろい話が創作され，美しい音楽が作曲されるということはなかった。しかし，最近，ソフトウェア制作者は，構想力が必要な多くの異なることをするようにコンピューターにい仕込んでいる。例えば，ポール・ホジソンはプログラマーで，彼の好きな音楽はジャズである。彼は自分のコンピューターに音楽のソフトウェアを書き込み，今では，ジャズ音楽家と同じ様に，コンピューターによる作曲が可能となっている。コンピューターはそれほど優れたジャズ音楽家であるわけではないが，(3)ソフトウェアが改良されるにつれて，音楽もより良くなるであろう。

実際に，チェスのように音楽も非常に数学的である。おそらく，コンピューターが(4)双方において優れているというのは，驚くべきことではない。最初のコンピューター技師の1人，アラン・チューリングは，「コンピューターは本当に人間のように考えることが可能か」という疑問に興味をもっていたので，彼はチューリング・テストを作り出した。そのテストを受けるには，コンピューターに対峙して，別の部屋にいる誰かに対して“話しかける”（メッセージを使う）。その“誰か”は人，あるいは，コンピューターでありうるが，(5)それがどちらであるかは，定かではない。仮に，人だと思ったが，実際にはコンピューターであることが判明したら，そのコンピューターはチューリング・テストに合格したことになる。

毎年，プログラマー達は，自己のコンピューターがチューリング・テストを通過うするようなソフトウェアを作り出そうとしている。テストに最初に合格したコンピューターに対して，100,000ドルの賞金，ロブナー賞が設けられている。アラン・チューリング自身は以下の予測をした。「20世紀の末までに，コンピューターはチューリング・テストに合格するでしょう」だが，彼の予測はY間違っていて，これまで，その賞を授かった者は誰もいない。

基本 問1 ① (For more than a hundred years, writer have been interested in the power of machines − and) what happens when they go wrong(.) 並べかえの箇所が the power of machines と並列関係で，have been interested in につながることに注意。more than「～以上」 have been interested in ～ ←現在完了の受動態[have／has ＋ been ＋過去分詞]＋〈be interested in〉「～に興味がある」 what happens when they go wrong ←間接疑問文(疑問文が他の文に組み込まれた形。通常，〈疑問詞＋主語＋動詞〉の形になるが，ここでは what が主語の位置にあるので，〈疑問詞＋動詞〉の形になっている) go wrong「うまくいかない」

② The computers keep these five people like animas(.) 先行する箇所で，戦争にコンピューターが使われ，コンピューターが人に腹を立てて，5人以外の人間を殺した，と記されていることを念頭に，与えられた語句の組み合わせを考える。keep「保存する／飼う／(規則・約束などを)守る／～を～させておく／ずっと～している」 前置詞 like「～のように，のような」

重要 問2 《 あ 》This is why IBM spent a lot of time and money あbuilding a chess computer called Deep Blue. 〈spend ＋A＋(in／on)＋動名詞[-ing]〉「Aを～[動名詞]するのに費やす」「～を制作する」に対して，動詞 build／make の両方を使うことが可能だが，《 う 》で make が使われるので，ここでは build を用いる。That is why ～「というわけで」 a chess computer called Deep Blue ←〈名詞＋過去分詞＋他の語句〉「～される名詞」過去分詞の形容詞的用法／call O C「OをCと呼ぶ」⇔〈S＋be動詞＋ called ＋C〉「SはCと呼ばれる」《 い 》However, software programmers have recently "いtaught" computers to do many different things which need imagination. 〈teach ＋O＋不定詞[to ＋原形]〉「Oに～することを教える」後ろに不定詞が来ているので，make は不可。前に have があるので，現在完了形[have／has ＋過去分詞]を完成させるために，過去分詞 taught にすること。many different things which need imagination ←〈先行詞(人)＋主格の関係代名詞 which ＋動詞〉「動詞する先行詞」《 う 》Every year programmers try to write software which うmakes their computer pass the Turning Test. 〈make ＋O＋原形〉「Oに～[原形]させる」 software which makes ～ ←主格の関係代名詞 follow「～の後について行く／従う／理解する」 think「考える」

重要 問3 [X]「1996年に，ディープ・ブルーはカスパロフと6度戦った。カスパロフが試合に勝ったが[but]，自分らのコンピューターは[X]戦えるとIBM側は考えた」逆接の接続詞 but の前では，ディープ・ブルーの敗戦について言及されているので，空所Xには，肯定的な語が当てはまることになる。よって，bad「悪い」／worse「より悪い」(bad／badly／ill の比較級)は除外。空所の直前には動詞 do が置かれているので，形容詞 good「良い」は不可。正解は，better「より良く」(good／well の比較級)。なお，空所を含む文以降では，ディープ・ブルーの能力を信じたスタッフがソフトを改良して，最終的には勝利を収めたことが書かれており，文意が通じる。X times「X回」 could ← can「できる」の過去形 [Y]「アラン・チューリング自身は以下の予測をした。『20世紀の末までに，コンピューターはチューリング・テストに合格するだろう』だが[but]，彼は[Y]，これまで，その賞を授かった者は誰もいない」逆接の接続詞 but

の前後で，意味が真逆になっていることから考える。正解は，wrong「まちがった」。himself ← oneself「(主語 one の意味を強めて)自分自身で」 this prediction ← this には後に続く内容を指して「次に[これから]述べること」の意で使われることがあり，this prediction の具体的内容は後置されているので，注意。so far「今までのところ，これまでは」 has won ←現在完了〈have[has]＋過去分詞〉(完了・結果・継続・経験) surprising「驚くべき」 surprised「驚いて」 ウ「正しい」⇔ wrong

重要 問4 (a) 「1996年にディープ・ブルーはカスパロフと6度戦い，カスパロフが試合に勝った～」→「彼らはコンピューターやソフトウェアに多くの手を加えて，1997年にディープ・ブルーとカスパロフは再び相まみえた」→ a「今度は[This time]，ディープ・ブルーが勝利を収めた」 1996年の敗戦を経て，1997年には勝利を収めた，という文脈を自然なものにする選択肢を選ぶこと。(b)・(c) 「新時代の始まりであり，コンピューターはすでに人よりも聡明である，と新聞社は報じた」→ b「しかしながら[However]，人間がディープ・ブルーを手助けしていた。～」→ c「また，チェスは数学的ゲームであることを覚えておくことは大切だ。毎秒，何百万の計算をすることが可能なので，コンピューターはチェスが得意だ」 (b) チェスの試合で勝利を収めたディープ・ブルーのことを称賛した新聞の報道に対して，人間から援助を受けていた事実は予想外のことなので，逆接の言葉で結びつけるのがふさわしい。however「しかしながら，だが」 more intelligent ← intelligent「知能の高い」の比較級 (c) コンピューターの勝利に関する過熱報道に対して，「人間がディープ・ブルーの手助けしていた」と「コンピューターは計算に秀でているので，数学的ゲームのチェスが得意である」の2点が反証として述べられており，これらは互いに並列関係に当たるので，空所の適語は Also がふさわしい。it is important to remember that ～ ←〈It is ＋形容詞＋不定詞[to ＋原形]〉「～[不定詞]することは…[形容詞]だ」 perhaps「おそらく」

やや難 問5 イ「人間の頭脳はちょうど高性能のコンピューターのようである，と信じている科学者達が存在する」→オ「したがって，十分に処理能力の高いコンピューターを作ることができれば，それは人間の頭脳のように思考を巡らすことになるだろう」→ウ「他の科学者達は，人間の脳はコンピューターと同様な方法で計算を行っているわけではない，と信じている」→ア「人間の脳が処理する事柄の一部を，おそらく，いつかは，非常に高性能なコンピューターがこなすだろうが，決して人間の頭脳のように真に思索することはない，と彼らは信じている」 so「だから，それで」 a computer that is powerful enough ←主格の関係代名詞 that in the same way as A「Aと同様のやり方で」 some of the things that a human brain does ←目的格の関係代名詞 that it will never really think like one[a brain] ←前出の〈a[an]＋単数名詞〉の代わりに使われる。「(同じ種類のもののうちの)1つ，(～の)もの」

基本 問6 these computers begin working for humans, but later they refuse to do (1)this and ～ 2重下線を指す。〈begin ＋動名詞[-ing]／不定詞[to ＋原形]〉「～し始める」 〈refuse ＋不定詞[to ＋原形]〉「～するのを断る」

やや難 問7 下線部(2)は，「毎回，コンピューターが勝たないことのほうが意外だ」の意。直前の文で，「ディープ・ブルーは，毎秒，2億の異なったチェスの指し手を考えることができるが，人間のチェス選手は，読み取れて3手である」と述べられており，指し手を推測する能力において，人はディープ・ブルーに比べてはるかに劣っている，という点を踏まえて，考えること。It is surprising that ～ ←〈It is ＋形容詞＋ that ＋文〉 文の真の主語は that 以降で，it は代わりに使われている形式[仮]主語。every second「毎秒」／every time「毎回」← every「毎～，～ごとに」

重要 問8 当英文における as の意味と so が指す具体的内容を把握することが，解法のポイント。as

「接続詞；～ように，時に，につれて，ながら，なので／前置詞；～として」は多義語だが，ここでは下線部の意味で使われている。so = get better so will the music は the music will so の倒置形。

基本 問9 「実際，チェスのように音楽も非常に数学的だ。おそらく，コンピューターが(4)双方において優れているというのは，驚くべきことではない」 both「両方」→ music and chess「音楽と「チェス」 in fact「実は，事実上，要するに，実際」 前置詞 like「～のような[に]」〈be動詞＋ good at〉「～が上手だ，得意だ」

基本 問10 下線部(5)は「それがどちらであるかは定かではない」の意。直前に，That “someone” can be a person or a computer, but とあるので，判別不可の「どちら」(which)かは，a person「人間」／a computer「コンピューター」に該当する。you don’t know which it is ←疑問文(Which is it?)が他の文に組み込まれる[間接疑問文]と，〈疑問詞＋主語＋動詞〉の語順になる。

重要 問11 ア「コンピューターは人のために作られているが，最近，このことを拒否するコンピューターが存在して，人にとって危険になっている」(×) 第1段落第2・3文に，人のために働くことを拒否して，危険な存在となっているコンピューターのことが書かれているが，それは物語の中の話なので，不可。are made ←〈be動詞＋過去分詞〉受動態「～される，されている」 these days「このごろ」 part of「～の一部」 begin working ←動名詞[-ing]「～すること」 イ「もしコンピューターがチューリング・テストを合格すれば，そのコンピューターは人間よりもはるかに知力があることになる」(×) チューリング・テストの合格要件に関して，第8段落最終文で言及されているが，選択肢イが示すような内容にまで触れられていない。far more intelligent ←比較級を強める far「はるかに，ずっと」＋ intelligent「高い知能を持つ，頭の良い，聡明な，知力を持った」の比較級 has passed ←現在完了形 ウ「ポール・ホジソンは人間のようにジャズ音楽を作り出すソフトウェアを作成した」(○) 第7段落第4文に一致。a software program which created jazz music ←〈先行詞(もの)＋主格の関係代名詞 which ＋動詞〉「動詞する先行詞」 a piece of music「1つの楽曲」 エ「20世紀の終わりに，コンピューター技師は人間のように考えるコンピュータープログラムを作成した」(×) the end of the twentieth century という言葉は，第9段落のアラン・チューリングの予想(20世紀の末までに，コンピューターはチューリング・テストに合格するだろう)の中で登場するが，テストに合格した者が手にする賞を獲得した者は誰もいない，と記されており，選択肢エのような内容の記述はナシ。a computer program which thought like a human ←主格の関係代名詞 which オ「アラン・チューリングはディープ・ブルーと呼ばれるコンピューターを作成した優れたコンピューター技師であった」(×) ディープ・ブルーを開発したのはIBMで(第3段落第2文)，アラン・チューリングではない。a great computer technician who made a computer called Deep Blue. ←〈先行詞(人)＋主格の関係代名詞 who ＋動詞〉「動詞する先行詞」／〈名詞＋過去分詞＋他の語句〉「～される名詞」過去分詞の形容詞的用法／call O C「OをCと呼ぶ」⇔〈S＋be動詞＋ called ＋C〉「SはCと呼ばれる」 a chess computer called Deep Blue ←過去分詞の形容詞的用法

5 **(長文読解問題・物語文：語句解釈，内容吟味，要旨把握，接続詞，比較，助動詞，受動態，現在完了，不定詞，関係代名詞，間接疑問文，前置詞，動名詞)**

(全訳) エリャ・イェルナッツはラトヴィアに生まれた。彼が15歳の時に，マイラ・メンケに恋した。

マイラ・メンケは14歳だった。彼女はあと2ヶ月で15歳になるが，その時には，彼女は結婚するべきだ，と彼女の父親は考えていた。

エリャは(1)結婚を申し込むために，彼女の父親の所へ行くが，養豚農家のイゴール・バルコフも

同様のことを行った。イゴールは57歳だった。彼は赤い鼻と肉付きのよいほおの持ち主だった。

「あなたの娘さんと交換に，私の最も太った豚をあなたに差し上げます」イゴールは申し出た。

「では，あなたは何を持っていますか」マイラの父はエリャに尋ねた。

「愛情で満ち溢れた心です」エリャは言った。

「私は太った豚が欲しい」マイラの父は言った。

エリャは絶望して，町側に住む年老いたエジプト人女性の(2)マダム・ゼローニに会いに行った。はるかに年長だったにもかかわらず，彼女は彼の友人の1人だった。彼女はイゴール・バルコフよりもいっそう年をとっていた。

彼の村の他の少年達は，泥んこレスリングをすることが好きだった。エリャは，マダム・ゼローニを訪問して，彼女の沢山の話を聞くことが好みだった。

マダム・ゼローニの肌は浅黒くて，口は非常に大きかった。彼女が見つめると，目がさらに大きくなっているように思えて，見透かされているような感じがした。

「エリャ，どうしたの？」落ち込んでいると彼女に告げさえする前に，彼女は尋ねた。彼女は手作りの車いすに座っていた。彼女には左足がなかった。くるぶしのところで途絶えていた。

「私はマイラ・メンケに恋しています」エリャは言った。「でも，イゴール・バルコフが彼女と自分の最も太った豚を交換すると申し出ました。その勝負には私は勝てません」

「(3)よろしい」とマダム・ゼローニは言った。「あなたは結婚するには若すぎます。あなたの前方には，まるまる一生があります」

「でも，私はマイラを愛しています」

「(4)マイラの頭の中は植木鉢のように空っぽです」

「でも，彼女は美しいです」

「植木鉢もね。彼女はすきを使うことができますか。彼女はヤギの乳を搾れますか。いいえ，彼女はきゃしゃすぎます。彼女は知的会話をすることができますか。いいえ，彼女はおろかで，思慮分別がありません。あなたが病気の時に，彼女はあなたの看病をするでしょうか。いいえ，彼女は甘やかされていて，あなたに自分の面倒をみて欲しいと願うだけでしょう。だから，彼女は美人なのです。だから，何なのですか？　ぺっ」

マダム・ゼローニは地面につばを吐いた。

アメリカへ行くべきだ，と彼女はエリャに言った。「私の息子にようにね。あなたの将来はアメリカにあります。マイラ・メンケと共に，ではありません」

でも，エリャはこのことを一切聞き入れようとしなかった。彼は15歳で，彼の目に入ってくるものは，マイラの表面的な美しさだけだった。

マダム・ゼローニにとって，エリャがそれほどみじめな状態にあるのを見ることは，耐え難かった。(5)彼女のより賢明な判断に反して，彼女は彼を助けることにした。

「たまたま，(ア)私のメス豚が昨日十数匹の子豚を生みました」と彼女は言った。「母親が授乳しない(イ)1匹のおチビちゃんがいます。彼をあなたにあげてもいいです。いずれにせよ，彼は死んでしまうでしょうから」

マダム・ゼローニは(ウ)エリャを自分の家の裏へ連れて行った。彼女は自分の豚をそこで飼っていた。

エリャはちっぽけな子豚を手にしたが，それが自分にとって何のためになるのか，彼には理解できなかった。それは，(エ)ネズミと比べてそれほど大きいということはなかった。

「(6)彼は大きくなるでしょう」マダム・ゼローニは彼に請け合った。「森の側にあるあの山が見えますか」

「はい」エリャは答えた。

「あの山の頂には，小さな川があって，そこでは水が上に向かって流れています。毎日，山の頂上まで子豚を運び，その川の水を飲ませる必要があります。子豚が水を飲んでいる時に，あなたは子豚に対して歌わなければなりません」

豚に対して歌う特別の歌を，彼女はエリャに教えた。

「マイラの15歳の誕生日の当日に，(7)それを終わりとして，豚を山の上へと運ぶ必要があります。そして，それをマイラの父へ直接持って行きなさい。それは(8)イゴールのどの豚よりも太っていることでしょう」

「もしそれがそんなに大きくて太っていたら，どうやって私はそれを山の上へと運ぶことができるのでしょうか」

「今，子豚はあなたが運ぶには重すぎるということはないですよね」マダム・ゼローニは尋ねた。

「もちろん重すぎません」エリャは答えた。

「明日になったら，それはあなたにとって重すぎるということはありますか」

「いいえ」

「毎日，あなたは豚を山の上へと運ぶことになります。豚は少しだけ大きくなりますが，あなたもちょっとだけよりたくましくなるでしょう」

毎日，エリャはそのちっぽけな子豚を山の上へと運び，それが小川の水を飲んでいる時に，歌を歌った。豚が太るにつれて，エリャは丈夫になった。

基本 問1　When he[Elya Yelnats] was fifteen years old he fell in love with Myra Menke. Myra Menke was fourteen. より，Myra Menke は Elya Yelnats よりも1歳年少だということがわかる。Igor was fifty-seven years old.／She[Madame Zeroni] was a friend of his, though she was much older than him[Elya].／She[Madame Zeroni] was even older than Igor Barkov. より，Igor Barkov は Madame Zeroni よりも年少であることがわかり，Elya[Myra] は二人よりも年下である。fall in love with「～に恋する」 though「～するけれども」 much [even] older ←比較級を強調する much「ずっと，はるかに」／even「さらに，なお」＋ old の比較級

やや難 問2　直前に She would turn fifteen in two months, and at that time her father's idea was that she should be married. と父親の娘の結婚に対する考えが明記されている。また，後続の箇所で，娘の話を聞かずに，父親が主体的に結婚話を進めている様子が描かれている。would 過去の時点での未来。未来を表す助動詞 will の過去形。in two months ←「～のうちに，で」（時の経過） should「すべきである」 be married「結婚している」/「～と結婚する」〈marry[get married to]＋人〉

基本 問3　下線部(2)は「彼はマダム・ゼローニに会いに行った」の意。マダム・ゼローニが What's wrong? とエリャに尋ねると，彼は I'm in love with Myra Menke. But Igor Barkov has offered to trade his fattest pig for her. I can't win that battle. と述べて，求婚に関して相談していることから考える。What's wrong?「どうしたの，何かあったの」〈be in love with〉「～に恋している」 has offered ←〈have[has]＋過去分詞〉現在完了(完了・経験・結果・継続) offer ＋不定詞[to ＋原形]「～しようと申し出る」 trade A for B「AをBと交換する」 fattest ← fat「太った」の最上級

やや難 問4　以下のマダム・ゼローニのせりふより，彼女が，エリャ・イェルナッツがマイラ・メンケと結婚することを好ましく思っていないことは明らかである。You're too young to get married.／Can she push a plow? Can she milk a goat? No, she is too delicate. Can she have an intelligent conversation? No, she is silly and foolish. Will she take care of you when you are sick? No, she is spoiled and will only want you to take care of her. So, she is beautiful. So what?／Your future lies in America. Not with Myra Menke. 〈too ＋形容詞[副詞]＋不定詞[to ＋原形]〉「～しすぎて…できない」 get married「結婚する」 take care of「～の世話をする」 she is spoiled ← spoil「だめにする，だいなしにする，(食べ物が)悪くなる，甘やかす」の受動態〈be動詞＋過去分詞〉「～される」

やや難 問5　下線部(4)は文字通り訳すと「マイラの頭は植木鉢のように空っぽだ」という意味になる。以下，マダム・ゼローニは，マイラ・メンケは美人だが，無能である，ということをまくしたてている(問4解説参照)。なお，選択肢イの「ずる賢い」は英語で表すと crafty／cunning／sly 等になるが，それらの語は使われていない。〈as ＋原級＋ as ＋A〉「Aのように～」比喩表現

やや難 問6　下線部(5)を含む文は「(5)彼女のより賢明な判断に反して，彼女は彼を助けることにした」の意。「彼女が彼を助けること」とは，エリャ・イェルナッツがマイラ・メンケと結婚することを支援することであり，一方，her better judgement とは，それに反することを指す。マダム・ゼローニは，エリャ・イェルナッツがマイラ・メンケと結婚することをこころよく思っておらず(問4解説参照)，さらに，アメリカ行きを勧めており，これらのことが「彼女の賢明な判断」に該当する。lie in「～にある」 A. Not B.「Aである。Bではない」

やや難 問7　下線部(6)を含む文は「『(6)彼は成長するだろう』とマダム・ゼローニは請け合った」の意。したがって，he は(イ) one little runt「1匹のおチビちゃん」を指す。runt は「小さな動物，発育不全の動物，ちび」の意だが，知らない単語だとしても，There is one little runt whom she won't. suckle《授乳する》. から推測すること。〈先行詞(人)＋目的格の関係代名詞 whom ＋主語＋動詞〉「主語が動詞する先行詞」 may「～かもしれない／してもよい」 sow「メス豚」ここでは10数匹子豚を出産した母親豚を指す。give birth to「～を産む」 rat「ネズミ」ここでは one little runt の大きさを明らかにするために比較対象として用いられている。much bigger ←比較級を強調する much「ずっと，はるかに」＋ big「大きい」の比較級　he didn't see what good it would do him ←疑問文(What good would it do him?)が他の文に組み込まれると，〈疑問詞＋主語＋動詞〉の語順になる。

基本 問8　以下の2文(She[Myra Menke] would turn fifteen in two months, ～「マイラ・メンケはあと2ヶ月で15歳になる」／On the day of Myra's fifteenth birthday, you should carry the pig up the mountain (7)for the last time.「マイラ・メンケの15歳の誕生日の当日に，(7)それを終わりとして，豚を山の上へと運ぶ必要がある」)より，考える。ひと月30日×2か月＝60日[60回] in two months ← in「～のうちに，で」(時の経過)

やや難 問9　マダム・ゼローニがエリャ・イェルナッツに対して，Every day you will carry the pig up the mountain. It will get a little bigger, but you will get a little stronger. と述べているのを参考にする。〈get ＋形容詞〉「～になる」 a little「少し」 bigger ← big「大きい」の比較級　stronger ← strong「強い」の比較級

やや難 問10　ア「泥んこレスリングで勝利して」という箇所があり得そうにない。根拠：The other boys of his village liked to mud wrestle. Elya liked visiting Madame Zeroni and listening to her many stories.(エリャは泥んこレスリングに興味がない)〈like ＋不定詞[to ＋原形]／動名詞[-ing]〉 イ「アメリカへ行く資金をもらった」という箇所が今後の展開として考えづらい。根拠：She[Madame Zeroni] told Elya that he should go to America. ～ But Elya would hear none of that.(エリャはアメリカ行きに興味がない)　エ「たくさんの愛情があったので，Myra Menke との結婚を許された」今後の展開としてはありそうもない。根拠：マイラの父親

は，heart full of love「愛情でいっぱいの心」を有しているエリャよりも，my fattest pig「最も太った豚」の提供を申し出たイゴールの方が，娘の結婚相手としてふさわしいと考えている(“I'd like a fat pig,” said Myra's father.)。full of「～で一杯」 fattest ← fat「太った」の最上級　ウ　マダム・ゼローニの教えを実直に実行して「豚を大きく育てた」というのはあり得そうだし，マダム・ゼローニはマイラを批判して，エリャの結婚を思いとどまらせようと説得している場面が描かれているので，「エリャはマイラが本当はどのような人間かに気づき，結婚の申し出を取り下げた」というくだりも，展開としては不自然さがない。したがって，正解はウ。

★ワンポイントアドバイス★

文法・作文問題(空所補充・整序問題・和文英訳)を取り上げる。大問3題に及び，独立問題として出題されており，注意が必要である。文法事項の確実な理解は不可欠だが，記述問題への対応として，語いの育成にも努めること。

＜国語解答＞

一　問1　A　エ　　B　ア　　問2　皆が結　　問3　(例)　女性は結婚して子育てや家事を行うべきだという近代家族の理想像を反映した芸能人を，視聴者は求めるから。
問4　開かれた感受性　　問5　ウ　　問6　(1)　イ　　(2)　エ　　問7　(例)　都市化に伴う社会変動によって，宗教や伝統的な価値意識が揺らぎ，我が子を人生と幸福の目標とすることが人々の新たな価値基準となったということ。

二　問1　X　首　　Y　頭　　Z　目　　問2　ア　　問3　織　　問4　混乱と恐怖　　問5　エ
問6　(例)　自分は何も悪くないのに，男だから女の気持ちはわからないと責められ，自分を否定されたと感じて，清瀬に反感を覚えた。　　問7　ア　　問8　(例)　疲れたり落ち込んだりしていても食事を抜かないというこだわりから生きる力の強さが感じられることを，好ましく思っている。　　問9　57(行目)　　問10　(生徒)ウ

三　1　庶民　　2　堅実　　3　破綻　　4　随行　　5　励(まされた)

○推定配点○

一　問3　6点　　問7　9点　　他　各4点×7　　二　問1　各3点×3　　問6　6点　　問8　8点　　他　各4点×6　　三　各2点×5　　計100点

＜国語解説＞

一　(論説文―語句の意味，文脈把握，脱文補充，内容吟味)

問1　A「否応なしに」とは，承知も不承知もなく，有無を言わせない様子。　B「相対的に」とは，何らかの比較の上で成り立つ様子や評価のこと。

問2　傍線部①の前に，1960年代前後の社会の転換の中，家族の形態も変化していったとある。つまり，「皆が結婚すること，その結婚は愛情・性愛・出産を必ず伴うこと，産む子どもの数は2人か3人であること，父親が給料の主たる稼ぎ手となり主婦である母親が子育ての担い手になること，子どもを中心に一家団らんを営むことなどといった，あるべき家族像が人々の意識を縛っていったのである」と述べられている箇所である。

重要　問3　傍線部の前後に，「女性アイドルの場合は，その容貌や身体的魅力が売りであったとしても，

純粋無垢であるためには恋愛禁止であり，唯一許される恋愛は結婚する場合に限られ，結婚するなら引退は当然と考えられてきた。(中略)話題に上るのは子育てや手料理であって」とあり，女性は結婚すれば働き手としての役割は終え，家庭に入って子育てや家事に従事することを社会全体が求めていたとする。

問4　傍線部の後，珍しい情報技術に対して，「新たな表現を創造し受容するためには，開かれた感受性が必要である」が，子どもはその感受性を持ち，「新しい情報環境に適応する能力をもった存在」であると筆者は主張している。

問5　傍線部の後に，「家庭は生産・労働の場から」とあることに着目する。今までは，家庭内で行ってきたことが，家庭外へと委託されることを表す。つまり，今までであれば母が誕生日のための食事を作っていたのが，外部へと委託することで成立させようとするウが適当。

問6　(1)　傍線部の後に，近代以前の生殖と受胎のメカニズムは多産多死であり，子どもは「授かる」ものであった。また，大人の労働を助ける存在であり「小さな大人」として認識されていたことが述べられている。　(2)　傍線部の後に，「『子ども』は，大人とは異なる独自の世界をもった純粋無垢な存在であり，親からの愛情を一身に受けて大切に育てられ，学歴を身につけるために教育される存在へと変質した」と，よりレベルの高い学校教育を施される存在へと変化したとしている。

やや難　問7　傍線部の後に社会変動に伴い，「宗教や伝統的な価値意識の動揺の結果，日常生活を支え，自らの行為を規制する規範は不安定化していった(中略)このとき，彼らに最後に残された家庭という砦のなかで育まれる我が子は人生と幸福の目標となるような〈生きがい〉となったのである」とあり，家庭内で重要視する基準が子どもに全て振り向けられたと筆者は述べている。

二　**(小説文一慣用句，文脈把握，脱語補充，内容吟味，心情，文章構成，大意)**

問1　X　「首を傾げる」とは，何かを不思議だと感じたり不審に思ったりすること。　Y　「頭に血がのぼる」とは，興奮して逆上すること。　Z　「目を丸くする」とは，驚いて目を見はる様子。

問2　松木圭太は客として，原田清瀬は『クロシェット』の店員という関係であった。松木圭太はテイクアウト用の商品を選ぶために，いろいろな動作をしながら悩んでいたが，じろじろ見ることで早く選ぶよう圧力をかけているように思われないようにしようと原田清瀬は考えたのである。

問3　空欄の後に，「の字の男性」とあることに着目する。この文章の中で，字の内容が話題となったのは，空欄の前にある「織」という字を領収書に書けず，頼んだ男性に教えてもらったという箇所である。

問4　傍線部の前に，不用意に酔っ払いの男性たちに話しかけられたことで，「ふたり組への警戒で心と身体が硬直していたし，わけのわからないことを言う第三の男の登場に混乱と恐怖はピークに達して」しまい，身体を震わしていたのである。

問5　「きっぱりはねつけてやったらよかったんですよ，あんな失礼なやつら」という松木圭太の発言に対し，「それは，あなたが男やから言えることです，「夜の屋外で，あたりには人通りもなく，相手は自分よりずっと身体の大きい男性，しかもふたりだった。へたに刺激したらなにをされるかわからないという恐怖が，あなたにはわからないでしょ，とまくしたてた」とあることから，女性の立場に立って発言していない，松木圭太に対して怒りを覚えている。

重要　問6　松木圭太は原田清瀬を酔っ払いの男性から助けたにもかかわらず，女性の気持ちが分かっていないと責められたことで，その場はすいませんと謝った。しかし，文章【B】で，「すみません，と謝りながら，心の奥底では反発していた。俺自身は悪いことはなにもしていないのに，なぜ男であるというだけでそんなふうに責めるようなことを言われなければならないのか？すべての男は加害者で女はいつでも被害者だとでも言いたいのか？」と，心の中では原田清瀬に対して反論していたという箇所に着目する。

問7　傍線部の前に，食事をとるため，また店員が原田清瀬だったらいいなという思いで，『クロシェット』へと向かった松木圭太であったが，閉店時間を勘違いし，入店することができなかった。しかし，道中で原田清瀬と思わぬ形で出会えたことで，「俺はついてました」と発言したのである。

重要　問8　【文章B】で，松木圭太といっちゃんが会話する中，「食べることへの執着っていうんかな。こう，食べものそのものに対する執着とかではなくて，どんだけ疲れても落ち込んでも食事はぜったい抜かへん！みたいなこだわりが清瀬にはあって，なんや生きる力が強い感じがすんねん」とあり，原田清瀬はどんな時でも絶対に食事する人物であるとしている。

問9　松木圭太が『クロシェット』で初めて原田清瀬と出会って，その一か月後，酔っ払いの男性たちから機転を利かせて原田清瀬を助け，二人の距離が縮んだことを読み取る。

問10　男性である松木圭太は，絡まれたのであれば，きっぱりとした態度をとるべきだと考えたが，女性である原田清瀬は力では二人の男に敵わないのでどうすることもできないと思い，何もしようがなかったという性別の違いによる考え方が，文章の中で浮き彫りとなっている点に着目する。

三　（漢字の書き取り）

1「庶民」とは，人口の多数を占める一般的な人々のこと。　2「堅実」とは，手堅く確実なこと。3「破綻」とはここでは，物事が修復しようがないほどうまく行かなくなること。　4「随行」とは，ともとしてつき従って行くこと。　5「励まされる」とは，他者からのポジティブな支援，激励，または鼓舞を受けて，心理的に力づけられたり，やる気や勇気が湧いたりした状態。

★ワンポイントアドバイス★

慣用句や四字熟語，ことわざなど，語彙の範囲での知識を増やしておこう。100字程度で本文を要約する練習をしておこう。

2023年度

入　試　問　題

2023年度

城北高等学校入試問題

【数　学】（60分）〈満点：100点〉

【注意】1. コンパス・定規・分度器を使ってはいけません。

2. 円周率はπを用いて表しなさい。

1 次の各問いに答えよ。

（1） $(3-2\sqrt{2})^{2023}\times(3+2\sqrt{2})^{2024}\times(2-\sqrt{2})$を計算せよ。

（2） 連立方程式$\begin{cases}\dfrac{4}{x}+\dfrac{9}{y}=1\\[2mm]\dfrac{1}{x}+\dfrac{6}{y}=-1\end{cases}$を解け。

（3） $A=3x^2+5xy+2y^2$，$B=x^2-y^2$，$C=2x^2-xy-3y^2$のとき，$AC-6B^2=(x+y)^2y\times(\boxed{})$である。$\boxed{}$にあてはまる式を求めよ。

（4） 大小2つのサイコロを同時に投げて，大きいサイコロの目をa，小さいサイコロの目をbとする。

座標平面上で，直線$\dfrac{x}{2a}+\dfrac{y}{b}=1$と$x$軸，$y$軸で囲まれた三角形の面積が6以下となる確率を求めよ。

2 次の各問いに答えよ。

（1） 下の図のように，正方形ABCDの内部に正三角形ABEを作る。∠AEFの大きさを求めよ。

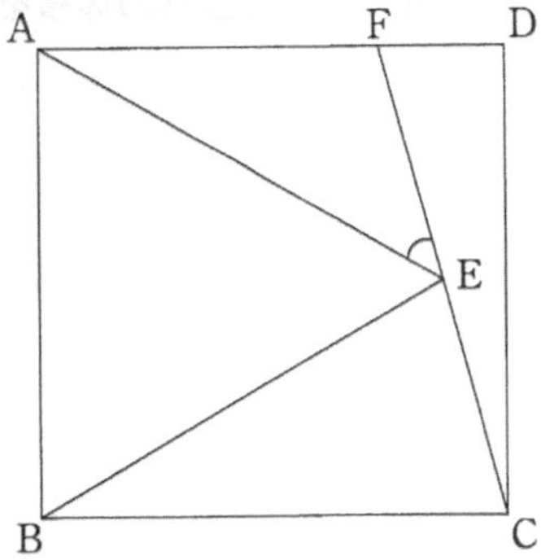

（２） 座標平面上にある長方形OABCの外接円とy軸との交点Pの座標を求めよ。ただし，O(0，0)，A(4，4)，C(−1，1)とする。

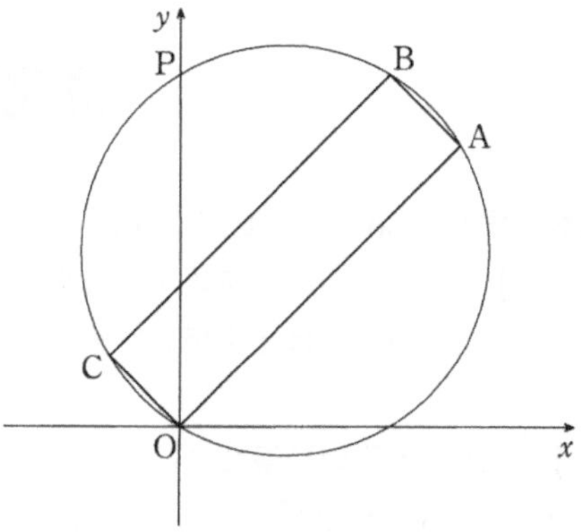

（３） 下の図は面積が$\sqrt{3}$の正三角形ABCである。線分の長さの和DE＋DFを求めよ。

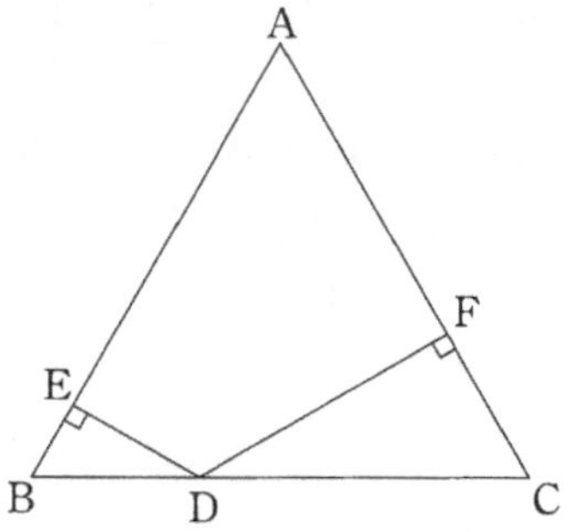

（４） 下の図のような，2つの直角三角形を組み合わせた五角形がある。この五角形を直線lを軸として1回転させてできる立体の体積を求めよ。

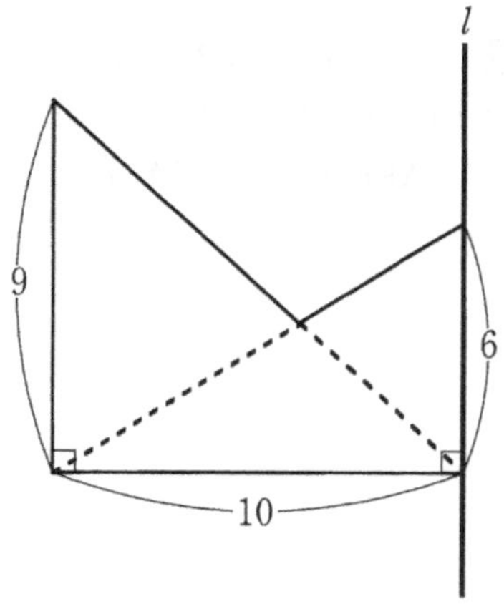

3 2つの関数$y=\frac{1}{2}x^2$…①，$y=\frac{4}{x}(x>0)$…②のグラフの交点をAとする。次の問いに答えよ。

（1） 点Aの座標を求めよ。

（2） ②のグラフ上の点Bで，△OABの面積が3となる点が2つある。この2つの点の座標を求めよ。

（3） （2）で求めた2点を通る直線と①のグラフの交点のx座標をすべて求めよ。

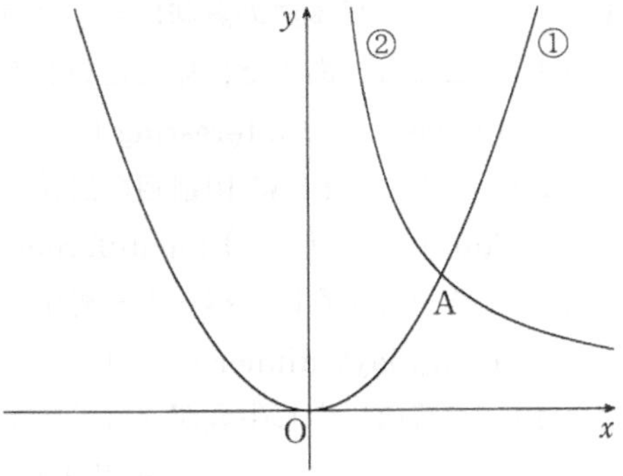

4 下の図のように，AB＝BC＝BD＝$3\sqrt{2}$，∠ABC＝∠ABD＝∠CBD＝90°の三角すいがある。AE：EB＝1：2，AF：FC＝AG：GD＝2：1であるとき，次の問いに答えよ。

（1） 三角すいA－BFGの体積を求めよ。

（2） BFの長さを求めよ。

（3） 点Eから平面BFGに下ろした垂線の長さを求めよ。

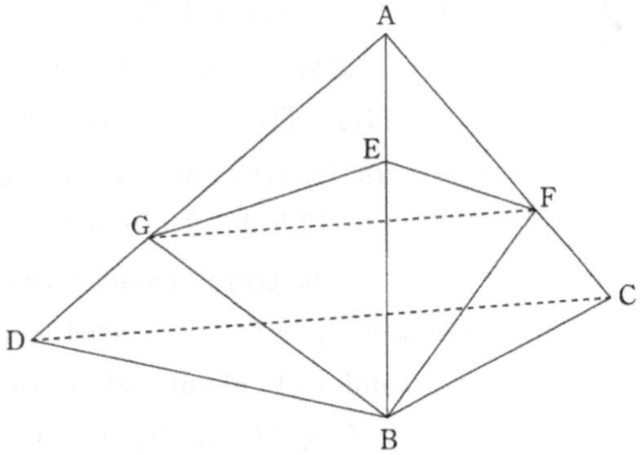

5 下の図のように，半径1の半円の弧AB上の点をCとする。点Cにおけるこの半円の接線に点Aから垂線AHを引き，直線BCとの交点をPとするとき，次の問いに答えよ。

（1） ∠ABC＝30°のとき，∠APBの大きさを求めよ。

（2） 点Cが，30°≦∠ABC≦75°の範囲で動くとき，点Pが動いた長さを求めよ。

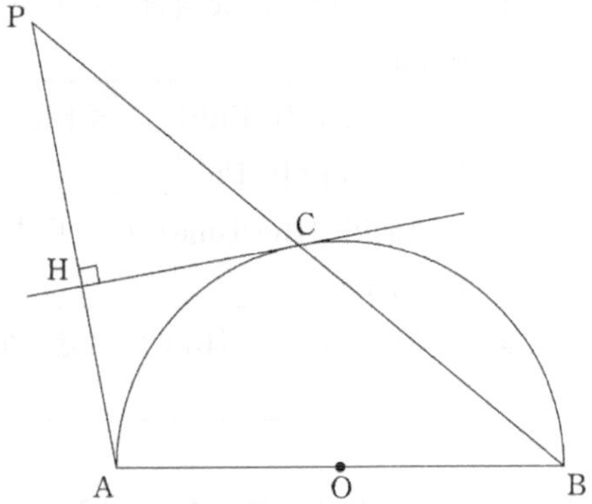

【英　語】（60分）〈満点：100点〉

1 それぞれの日本語の意味に合うように，かっこに適語を入れなさい。

（1） ここに，あなたに見せたいおもしろいものがあります。

I have (　　) interesting (　　) (　　) you here.

（2） アンは，1日に10品目の野菜を食べてみました。

Ann (　　) (　　) ten different vegetables a day.

（3） 昨日の夕食は，ベーカー先生が私たちに作ってくれました。

Yesterday's dinner (　　) (　　) (　　) us by Ms. Baker.

（4） 冷蔵庫に少し牛乳が残っていますよ。

There (　　) a (　　) milk left in the fridge.

（5） 私たちはエミが先月結婚したと聞いてうれしくなりました。

We were happy (　　) (　　) that Emi got married last month.

2 それぞれの日本語の意味に合うように，かっこ内の語(句)を並べかえて英文を完成させなさい。ただし，文頭にくる語も小文字で始めてあります。

（1） この辞書ほど役に立つ辞書はありません。

(other / dictionary / one / no / as / as / is / useful / this).

（2） 京都行きの列車は，まだ出発していません。

(goes / yet / the train / hasn't / which / left / Kyoto / to).

（3） 彼女は何の話をしているのかしら。

(she / wonder / I / about / what / talking / is).

（4） あなたが空港に着いたら，私たちに知らせて下さい。

Please (when / at / let / arrive / know / the airport / you / us).

3 それぞれの日本語の意味を表すように，下線部にあてはまる英語を答えなさい。

（1） あなたはどんな種類の音楽を聴きますか。

What ____ ?

（2） 富士山（Mt. Fuji）の頂上は今朝からずっと雪で覆われています。

The top of Mt. Fuji ____ this morning.

（3） 利根川（the Tone）は，日本で2番目に長い川です。

The Tone ____.

（4） 向こうでケン（Ken）と話している男性は，新しい先生に違いない。

____ must be a new teacher.

4 次の英文を読んで，あとの問いに答えなさい。

① It seems that people in every country have certain wrong ideas. The British think that they have terrible weather, but in fact theirs isn't really a cold country and has comfortable summers. The Americans—or some of them, at least—seem to think they invented *democracy. Japan has so many wrong ideas and I have been variously confused, interested and frustrated to learn them.

② "Japan is a small country." I have heard this many times and I remember reading once that a foreign writer was told by a Japanese man that he must be "a specialist in small countries" because he lived in *Belgium, *Singapore and Japan before. Of course, Japan is very large when it is compared to those places and is only "small" compared to the US or China. When someone says to me that Japan is small, I usually say: "Yes, only double the size of the UK !" Japanese are often surprised to hear that. I would say the correct sentence is: Japan is a (1)(　　　　) country.

③ "Japan has four seasons." Almost every foreigner who goes to Japan is told this and they don't know how to make a response. My own idea was that all countries have four seasons. Many Japanese seem to think Japan is the only place with four seasons, but in fact it is very common. I wouldn't even say that when I lived in Japan I found the seasons to be clearly judged. In Tokyo there is not as much green space as other places I have lived in so I didn't see the changes in nature. It's hot in summer but in other seasons the temperature is not changed so much. So: (2)(　　　　), Japan has four seasons.

④ "Japan has four seasons." I know that I wrote this above but I find it strange for another reason: Japan has a rainy season (*tsuyu*). Japanese people laugh at me when I talk about this. They say that it's just "part of summer." I would say that the weather is (3)(　　　　) the period before and the period that comes after, and it lasts for several weeks so it's a season itself. So: Japan has four main seasons.

⑤ "Japan is crowded." Japan has a lower population *density than other countries. People usually say that it is less densely populated than *the Netherlands (a country that doesn't seem crowded at all). Interestingly, it is also (4)(　　　　) my own country, England (which is different from the UK as a whole) and the population of England is still rising quickly. So I would say: Japan seems very crowded because so much of its population lives in the big cities and their surrounding areas.

⑥ "Japan is crowded because there are a lot of mountains and they can't live in those areas." Japan certainly has a lot of mountains. When I am flying over Japan I am often amazed at the scenes of the forested mountains. But I am not sure that it is impossible to live in the mountains. I believe the Italians do, for example, though of course I don't mean "at the top" of the big mountains. Japan also has quite a lot of countryside but people don't want to live there for a lot of cultural and economic reasons. So: Japan's (5)(　　　　) are very crowded because that's the place people live in in unbalanced numbers.

⑦ "Japan and the UK are similar." [6-A] But I don't think you would find many British people who think this. It's true that we are island nations, *constitutional monarchies, polite peoples... [6-B] Or I could equally find ways in which the British and Germans are similar (excited about football, *beer and meat dishes...)

So: Japan and the UK are not similar.

⑧ (7)(__________________) It's very hard to know how difficult it is to learn your native language because you didn't study it yourself so much as (8)"picked it up" as a child. It isn't surprising to me that Japanese think their language is very difficult for three reasons. One, not many foreigners speak it very well. Two, foreign people will often say how hard Japanese is. And three, the part that Japanese people did study—learning to write kanji *characters—is really difficult. In fact, in some ways Japanese is a very logical language and its *pronunciation is not hard. Some parts are easy and some parts are hard. I found Japanese difficult but mainly because I am not good at learning languages. So: Japanese can be a difficult language.

⑨ "Japan is a very expensive country." I think it was true 20 years ago but *deflation has brought a lot of things down in price while other countries (like the UK) have seen prices rise quickly. Now, there are many things that are cheaper—or at least better value—in Japan than England. It's cheaper to get a haircut in Japan, or stay in a basic hotel but more expensive to buy beer from the supermarket. So: Japan (9)(________) expensive.

(注)

democracy : 民主主義　Belgium : ベルギー(国名)　Singapore : シンガポール(国名)　density : 密度
the Netherlands : オランダ(国名)　constitutional monarchies : 立憲君主制　beer : ビール
character : 文字　pronunciation : 発音　deflation : デフレーション

問1　空所(1)に入る最も適切なものを次のア～エから1つ選び，記号で答えなさい。

ア　small-sized
イ　middle-sized
ウ　large-sized
エ　super-sized

問2　空所(2)に入る最も適切なものを次のア～エから1つ選び，記号で答えなさい。

ア　Like Britain
イ　Like Belgium or Singapore
ウ　Like US or China
エ　Like many other countries

問3　空所(3)に入る最も適切なものを次のア～エから1つ選び，記号で答えなさい。

ア　almost the same as
イ　quite different from
ウ　sometimes influenced by
エ　always followed by

問4　空所(4)に入る最も適切なものを次のア～エから1つ選び，記号で答えなさい。

ア　a little more crowded than
イ　much more crowded than

ウ as crowded as

エ not as crowded as

問5 空所(5)に入る最も適切な語を，①～⑤の段落中から1語で抜き出して答えなさい。

問6 空所[6-A][6-B]に入る最も適切なものを次のア～エから1つずつ選び，記号で答えなさい。

ア But I could easily find a lot of ways in which the Japanese and British are quite different.

イ Therefore, many people think Japan and the UK are similar.

ウ I don't like to compare Japan and the UK, since both countries have different cultures interesting to me.

エ I like to think that Japan and the UK are sister nations, as both countries are very important to me.

問7 空所(7)に入る最も適切なものを次のア～エから1つ選び，記号で答えなさい。

ア "Japanese is a very important language."

イ "Japanese is a very logical language."

ウ "Japanese is a very difficult language."

エ "Japanese is a very easy language."

問8 下線部(8)の意味として最も適切なものを次のア～エから1つ選び，記号で答えなさい。

ア 身につけた

イ 手に取った

ウ 車で迎えに行った

エ 回復した

問9 空所(9)に入る最も適切なものを次のア～エから1つ選び，記号で答えなさい。

ア has been

イ used to be

ウ is going to be

エ would like to be

問10 本文の内容に合うものを次のア～クから2つ選び，記号で答えなさい。

ア どの国の人にも間違った見方がある。たとえばイギリスでは気候が劣悪であると言われているが，実際には夏などは快適に過ごせる。

イ 日本は小さい国だと言われるが，多くの日本人も知っているように，実際にはイギリスの2倍の面積がある。

ウ 梅雨などあるものの，日本は他の国と比較すると，四季がはっきり区別されている国であるといえる。

エ 日本の人口密度が高いと思われるのは，山間部に住居が少ないことなどが原因であり，実際にはオランダと比べても人口密度は低い。

オ 人が住むのには適していない日本の山間部と違って，イタリアの山間部は，人々が好んで住める環境にある。

カ サッカー好き，肉料理好き，人が礼儀正しい，などはイギリス人とドイツ人の共通点だといえる。

キ　日本語が難しいと日本人が考える理由の中に，漢字の使用と，日本語の発音の難しさがある。

ク　日本は20年くらい前から物価が低下し始めたが，これはイギリスなど他国においても同様な傾向であった。

5 次の英文を読んで，あとの問いに答えなさい。

Miss Martha Meacham kept the little bakery on the corner.

Miss Martha was forty, her *bank-book showed a *savings of two thousand dollars, and she had a kind heart. (1) <u>Many people have married whose chances to do so were not as good as Miss Martha's.</u>

Two or three times each week a gentleman came into her bakery. She began to take an interest in him. He was middle-aged, wore glasses, and spoke English with a strong German *accent. His clothes were a little old and *worn, but he looked clean and had very good manners.

He always bought two *loaves of stale bread. Fresh bread was five cents a loaf. Stale ones were two for five. (2) <u>Never did he call for anything but stale bread.</u>

Once, Miss Martha noticed some red and brown paint on his fingers. She was sure then that he was an artist and very poor. *No doubt he lived in a small room, and there he painted pictures, ate stale bread and thought of the good things to eat in Miss Martha's bakery.

One day, she decided to test her idea about whether or not he was an artist. She brought from her room a painting that she bought at a sale earlier in the week. She placed it against the wall behind the bread counter.

It was a painting of Venice *complete with churches, water, boats, and a beautiful sunset. No artist would fail to notice it.

Two days later her gentleman came in.

"Two loaves of stale bread, if you please," he said in his strong accent. "You have here a fine picture," he said while she was putting the bread in a bag.

"You think it is a good picture ?" said Miss Martha.

"The *point of view and the direction of the lines do not appear true to one another." he said, half in German. "Have a good day." He took his bread, touched his hat and hurried out.

Yes, he must be an【 A 】. Miss Martha took the picture back to her room. How gentle and kind his eyes shined behind his glasses. What a fine mind he had ! To be able to judge good art so quickly. And to live on stale bread ! But of course, life is difficult for the best artists until they are discovered.

She thought he was beginning to look increasingly thin. Her heart badly wanted to add something more to his dry bread. However, she knew that artists were proud people, and she was afraid to hurt that pride by giving him something for nothing.

One day, the gentleman came in as usual, put his【 B 】cents on the counter and called for his two stale loaves. While Miss Martha was reaching to get them, a great noise came from outside. Bells started to ring loudly, some men were shouting, and soon several big fire trucks passed in front of the bakery.

The gentleman hurried to the door for a look outside, as anyone would. At that moment, (あ)<u>an idea</u> came into Miss Martha's head.

On a table behind the counter was a *pound of fresh butter that was brought to the bakery just an hour earlier. Quickly Miss Martha made a deep cut in each of the two loaves, placed a large amount of butter into each one, then pressed the loaves back together again.

When the gentleman finally turned around, she was already putting the loaves into a bag. When he went, after an especially nice little talk, Miss Martha's heart was smiling *broadly.

Later she wondered — (3)<u>Was she too forward ?</u> Would he enjoy her little gift ? But surely it was all right for a lady to offer a gentleman a bit of butter ?

For a long time that day Miss Martha thought about her surprise. She thought of her gentleman there in his room painting his beautiful picture. Soon he would *lay down his paints and prepare to eat his daily lunch of dry bread and water. He would open the loaf and —ah ! Miss Martha would like to be there to see it. Would he think of the hand that placed it there as he ate ? Would he —

The front door bell sounded loudly. Somebody was coming in, making a great noise. Miss Martha hurried to the front.

Two men were there. One was a young man whom she saw for the first time. The other was her artist.

His face was red, his hat was on the back of his head, and his hair was *disorderly. He shook both his hands angrily at Miss Martha.

"[a] woman !" he shouted loudly in German, followed by several other [b] words which she did not understand.

Miss Martha felt suddenly very [c]. She could not believe what he was saying. Finally, the young man took him by the arm.

"Come on." he said, "you've said enough." He pulled the [d] one away from the counter and out the door to the street. Then he came back. "I guess you should be told," he said, "what the problem is. That's Mr. Blumberger. He's an *architectural draftsman. We work in the same office.

"He's been working very hard now for three months on a plan for a new city hall building. He finished drawing the lines in ink yesterday. You know, a draftsman always makes his drawing in pencil first before he uses the ink. When it's done he removes the pencil lines with stale bread because it works so well.

"(い)<u>Blumberger's been buying the bread here</u>. Well, today—well, you know, that butter isn't—well, Blumberger's plan isn't good for anything now except maybe to light a fire."

(注)

bank-book : 預金通帳　　savings : 貯金　　accent : なまり　　worn : 使い古しの

loaves : loaf (パンの一塊) の複数形　no doubt : きっと　complete with ～ : ～が描かれた
point of view : 視点　pound : ポンド(重さの単位)　broadly : 大きく
lay down ～ : ～を置く　disorderly : ボサボサの　architectural draftsman : 建築製図技術者

問1　下線部(1)～(3)の解釈として最も適切なものを次のア～エから1つずつ選び，記号で答えなさい。

(1)　Many people have married whose chances to do so were not as good as Miss Martha's.

ア　Miss Martha didn't marry because she wasn't as kind as other people.
イ　Miss Martha didn't marry although she was more attractive than those who did.
ウ　Many people married though they didn't have to do so like Miss Martha.
エ　Many people married because they had more chances to marry than Miss Martha.

(2)　Never did he call for anything but stale bread.

ア　He only wanted to buy dry bread.
イ　He needed not only dry bread but also fresh bread.
ウ　He never called before coming to buy dry bread.
エ　He liked fresh bread better than anything else.

(3)　Was she too forward ?

ア　Was she looking forward to seeing him ?
イ　Was it too early for her to decide that he was a painter ?
ウ　Did she do much more than she had to do ?
エ　Did she press the bread back in the wrong bag ?

問2　空所【 A 】,【 B 】に入る最も適切な語を，本文中からそれぞれ1語で抜き出して答えなさい。

問3　下線部(あ)とは具体的にどのような考えか。本文の内容に即して20字以内の日本語で説明しなさい。ただし，句読点も字数に含めます。

問4　空所[a]～[d]に入る最も適切な語を次のア～オから1つずつ選び，記号で答えなさい。ただし，同じ記号を2度使ってはいけません。

ア　angry　　イ　exciting　　ウ　foolish　　エ　unkind　　オ　weak

問5　下線部(い)について，Blumberger はどのようなパンを必要としていたか。その理由を含めて25字以内の日本語で説明しなさい。ただし，句読点も字数に含めます。

問6　本文の内容に合うものを次のア～キから2つ選び，記号で答えなさい。

ア　At Martha's bakery, a loaf of fresh bread was twice as expensive as a loaf of stale bread.
イ　Blumberger said that the painting of Venice was a fake.
ウ　Martha was afraid that she would hurt Blumberger's pride by selling him cheap bread.
エ　One hour before fire trucks passed in front of the bakery, a pound of fresh butter

arrived.

オ　Martha was very happy to see that Blumberger ate the bread she sold in his room.

カ　The young man stopped Blumberger, but he kept saying bad things about Martha.

キ　Blumberger was glad to know his plan was useful enough to burn things.

みとれますか。その説明として最もふさわしいものを次の中から選び、記号で答えなさい。

ア　善十の裏切りと死によって傷心しているおみのを労らず、すぐさま自分の欲望のはけ口にしようとする弥吉への強い拒絶感。

イ　善十の策に乗せられておみのに苦労をかけたにもかかわらず、何の謝罪もなく元の夫婦に戻ろうとする弥吉への強い不信感。

ウ　善十の悪意がもたらした結果とはいえ、報復のためにわざわざ戻ってきて善十との平穏な生活を崩壊させた弥吉への強い恨み。

エ　善十の身勝手な欲望に振り回されたおみのを、今度は自分の欲望の対象にしようとする弥吉の振る舞いに対する強い憤り。

問8　――⑦「苛立ちと、少しだけの爽快さが身を浸していた」とありますが、それはなぜですか。70字以内で説明しなさい。

問9　次の会話文は、この文章について生徒たちが感想を述べ合ったものです。この中で、この文章の感想として最もふさわしいものを選び、記号で答えなさい。

ア　〔生徒A〕乱暴者の弥吉、気弱で陰湿な善十、気の強いおみのと、それぞれの性格が一貫して描かれていて、登場人物の特徴や関係性がつかみやすくなっているね。

イ　〔生徒B〕ひどい目に遭わされても、弥吉に感謝したり善十を憎みきれなかったりするおみのの姿を通して、簡単には割り切れない人情の機微がうまく描かれているよ。

ウ　〔生徒C〕行動や表情を語るだけではなく、登場人物たちの心の中を直接言葉で語ることによって、その場面や状況での人物の心情が正確に伝わるようになっているね。

エ　〔生徒D〕舞台を現代ではなく江戸時代に設定することで、現代社会においては非現実的な登場人物の行動や心情でも、違和感なく読者に受け入れられるようになっているよ。

三

次の傍線部のカタカナを、漢字に直しなさい。

1　骨董品を棚にチンレツする。
2　法廷のボウチョウ席に座る。
3　彼の作品はボンヨウで退屈だ。
4　「イキ」は日本独自の美学だ。
5　公園は市民のイコいの場だ。

ということ。

問3　――②「はっとなって唇をつぐんだ」とありますが、この時のおみのの心情を説明したものとして最もふさわしいものを次の中から選び、記号で答えなさい。

ア　不意に弥吉を夫と見なす発言をしてしまったことに驚き、今でも善十ではなく弥吉を夫として慕う自分の本心に気づかされ、動揺している。

イ　共に暮らしていても、善十では弥吉ほどには自分の心を動かすことができないという事実に思い至り、善十と暮らし始めたことを後悔している。

ウ　今まで善十に隠してきた、弥吉の帰りを待ち続ける自分の本心を吐露してしまったことに気づいたが、善十に悟られないように努めている。

エ　弥吉を裏切り善十と暮らし始めた自分が、いまさら妻として弥吉に話しかけるのはおこがましいことだと気づき、軽率な行動を恥じている。

問4　――③「するどい痛みが耳の奥から頭の芯へと駆けあがってゆく」とありますが、ここからおみののどのような様子が読みとれますか。**50**字以内で説明しなさい。

問5　――④「声まではじめて聞くもののように感じる」とありますが、おみのがこのように感じたのはなぜだと考えられますか。その説明として最もふさわしいものを次の中から選び、記号で答えなさい。

ア　気弱だと思っていた善十が、大胆にも力ずくで目的を達成しようとしていることを意外に感じているから。

イ　今まで知らなかった善十のおぞましい側面を知り、まるで別人であるかのように感じられているから。

ウ　今までそれなりに善十のことを愛していたが、痛めつけられた今は嫌悪する対象になってしまったから。

エ　弥吉にこれまでにないほど追い込まれた善十が、自暴自棄になって本来の優しさを失ってしまったから。

問6　――⑤「下腹の奥で灼けるような熱がはしった」とありますが、どういうことですか。その説明として最もふさわしいものを次の中から選び、記号で答えなさい。

ア　おみのを所有物であるかのように扱う善十を前に、激しい怒りとともに自分の人生を全うしようという気力が心の奥底からわき上がったということ。

イ　善十がおみのの命ですら自分の欲望のために利用していることに気づいたことで、自分の命を自分で守ろうとする強い生存本能が芽生えたということ。

ウ　善十程度の人間に自分の人生をほしいままにされ嫌気がさしていたが、一度死を覚悟したことで新たな人生を歩むための希望を心に抱いたということ。

エ　おみのの人生を我が物にしようとする善十を突き放し、今までの人生を自分自身の選択の結果として受け入れ、肯定する勇気が生まれたということ。

問7　――⑥「おみのは身をよじって振り払い、思いきり男の頬を張った」とありますが、ここからはおみののどのような心情が読

「あんたも、おれのもんだって言いたかったんだろ」

「……いけねえのかよ」

口ごもりがちな男の声を背に受けながら、ふたたび溟い川面へ目をやる。あるかなきかの漣《さざなみ》が、しろい光をあびてたゆたっていた。この黒い水がそのまま軀の奥へ流れ込んでくるように感じる。善十が憎いのかどうか自分でも分からなかったが、生きていてくれればと思ったのも本当だった。

「でも、ありがとう」

おみのは弥吉へ向き直ると、一度だけゆっくりこうべを下げた。おもむろに身を起こすと、男から離れて歩きだす。おい、という声が追いすがってきたが、振りかえる気はなかった。駄目かもしれないが、注6老爺《ろうや》の居酒屋へ行ってみるつもりでいる。

⑦苛立ちと、少しだけの爽快さが身を浸していた。

「——どいつもこいつも、こけにしやがって」

胸の深いところから、つぶやきが洩れる。善十も同じことを言っていたな、とすぐに気づいた。

（砂原《すなはら》浩《こう》太朗《たろう》「帰ってきた」による）

注1 「逐電」…逃げ出して行方をくらますこと。

注2 「麦飯や佃煮」…おみのが善十のために作った弁当の中身。おみのは弁当を善十の仕事場へ届けにいった時に弥吉を見かけ、逃げ出す際に弁当を落としていた。

注3 「賭場の中盆」…賭場で博打の進行や審判をする役割のこと。

注4 「喰らいこめばいい」…牢に入ればよい、の意。

注5 「吉原」…江戸幕府公認の遊郭。

注6 「老爺の居酒屋」…おみのが働いていた場所。弥吉に見つかることを恐れたおみのは、しばらく居酒屋での仕事を休んでいた。

問1 ～～ⓐ・ⓑの本文中での意味として最もふさわしいものを次の中からそれぞれ選び、記号で答えなさい。

ⓐ 虚を衝かれた

ア 慢心を見抜かれてあわてた
イ 想定外の出来事に面食らった
ウ 意味が理解できず困惑した
エ 恐ろしくて体が硬直した

ⓑ 精悍な

ア 端整で魅力がある
イ 無骨で男らしい
ウ 勇ましくするどい
エ 強い意志が宿った

問2 ——①「黒く塗りこめられたような」とありますが、この比喩はどのようなことをたとえたものですか。その説明として最もふさわしいものを次の中から選び、記号で答えなさい。

ア 弥吉からは逃げられず、今後もおびえ続ける生活を強いられるということ。
イ 弥吉だけではなく、妻であるおみのにも罪を背負う責任があるということ。
ウ おみのの人生が、先の見えない苦しみにとらわれてしまったということ。
エ 最初から、おみのは幸せになどなれない運命を背負っていた

善十がぐいと簪を押しつけ、目のまえが暗くなる。瞼《まぶた》はたしかに開いていたが、眼下に映る川面はただの闇にしか見えなかった。

「よさねえかっ」

弥吉がようやく一歩踏みだし、威嚇するように言い放つ。善十はびくっと身をすくめたものの、

「兄きにゃ渡さねえ」

ことさら甲高い声を張り上げる。その叫びは、どこか遠いところで響いていた。もうだめだ、という言葉だけを喉の奥で繰りかえす。

善十が哭《な》きながら喚《わめ》いた。

「こ、こいつはおれのもんだ」

その瞬間、⑤下腹の奥で灼《や》けるような熱がはしった。

「ちがうっ」気づいたときには、自分のものとも思えぬ声がほとばしっている。「あたしはあたしのもんだっ」

つかのまⓐ虚を衝《つ》かれた善十の懐にすかさず弥吉が飛びこみ、顎《あご》へ拳を叩きこんだ。わずかにおみのの首すじを抉《えぐ》った簪が、音を立てて橋のおもてに転がり落ちる。弥吉の足が、すばやくそれを川のほうへ払った。月明かりにきらめく銀の糸が、弧をえがいて闇の奥に落ちてゆく。水音は聞こえなかった。

全身の力が抜け落ち、腰をつく。泣き叫ぶような声に顔をあげると、弥吉が善十の胸倉をつかんで拳を振りあげていた。とっさに止めようとしたが、それより前に、うひぇっという叫びをあげて善十が身をもみ、弥吉の手を振りほどく。そのまま欄干にへばりつき、おびえた猿のような眼差しでぴくぴくと全身を震わせた。

「やめてくれ、やめてくれよう」

駄々をこねる童《わらべ》のごとき口調だった。弥吉が頬をゆがめ、舌打ちを洩らす。

「それは、こっちの科白《せりふ》だろうが――」

荒々しく一歩踏み出した途端、

「もう殴らないでくれようっ」

はっきりと涙まじりの声をあげて、善十が欄干から身を躍《おど》らせる。あっ、と声をあげる間もなかった。おみのが身を乗りだし、川面を覗《のぞ》きこんだときは、すでに重く沈んだ音が響いている。ふかく溟い流れには乱れらしきものすら窺《うかが》えなかった。

呆然《ぼうぜん》と立ちつくしていると、ふいに肩へ重いものを感じる。振りかえると、弥吉の厚い掌が置かれていた。ⓑ精悍《せいかん》な面ざしに混み入った表情をたたえている。

「災難だったな」

「………」

「ひとが来ねえうちに行くぞ」

弥吉の手に力が籠った。いきなりにやりと笑うと、そのまま指さきを胸元へ滑りこませようとする。⑥おみのは身をよじって振り払い、思いきり男の頬を張った。目を丸くした弥吉は、すぐに向きなおると、声を低めてすごんだ。

「あの薄のろから助けてやったのは、誰だと思ってやがる」

おみのは相手の目を見据え、叩きつけるように言い放つ。

「その薄のろに、手もなく乗せられたのは、どこのどいつだよ」

弥吉は、うっと呻《うめ》いてことばを失った。おみのは踵《きびす》を返しながら語を継ぐ。

「お前が欲しいからに決まってるだろうが――」

吐き捨てる声に縛《いまし》めを解かれたかのごとく、ようやく首から上が動いて、かたわらを振りかえる。

うつむいた善十の横顔は、ひどく溟《くら》い影に覆われていた。どす黒く塗られた面ざしのなかでゆっくりと唇が動き、捩《ねじ》れたふうなかたちをつくる。そこに浮かんだのは、蜥蜴《とかげ》か守宮《やもり》が笑ったらこうかと思えるような表情で、おみのがはじめて見るものだった。

背すじに冷たいものが突き立った、と感じるまえに、われしらず走り出している。おいっと叫ぶ声を背後に浴びながら、夢中で駆けつづけた。走れなくなりうずくまったのは大川橋の上で、肩を落として息を切らせている。

鬢《びん》のあたりから汗のしずくが落ち、橋板に吸いこまれていった。昼間は大勢のひとが行き交うあたりだが、遅い時刻のせいか、ほかに人影は見当たらない。息をしずめながら頭をめぐらせたが、彼方《かなた》の闇に注5吉原《よしわら》らしき灯がにじんでいるほかは、とぼしい明かりがちらほら目につくばかりだった。

にわかに荒々しい息づかいを浴びた、と思った途端、つよい力に抱えこまれ、欄干《らんかん》へ押しつけられる。首すじへ何かが当たると同時に、肌を引き裂かれるような痛みをおぼえた。

「放しゃしねえ」

しゃがれた響きは善十のものだった。④声まではじめて聞くもののように感じる。「おれと来るんだ。これからもずっと」

男が息を吐くたびに手もとが揺れ、首のあたりにするどいものが走る。軀がこわばり目も向けられないが、簪《かんざし》の先を押し当てているらしかった。生暖かい息が耳朶《みみたぶ》にかかり、背骨の奥で何百もの虫がうごめくような感覚におそわれる。

「汚ねえ手を離しやがれっ」

叫びながら弥吉が追いすがり、三間ほどのへだたりを置いて向かい合う。肩を波打たせ、荒い息を洩らしていた。善十がへっと笑い、もう一度おみのの胸元を欄干に押しつける。その拍子に首すじの皮がやぶれ、つっと血が滴り落ちた。震えたら刺さっちまう、と思いながらも軀の揺らぎが止められない。絶え間ない痛みが首すじを襲いつづけた。

「――お前さんって呼べよ」

善十が耳もとへ唇を寄せてささやく。

「えっ」

おもわず裏返った声を発すると、

「おれのことも、お前さんって呼べよっ」

子どもが泣くような叫びをあげた。なにか言い返そうとするほど、ことばが喉の奥へ下りてゆく。弥吉もなすすべがないらしく、棒立ちとなっていた。

「お……」

とにかく言われたとおり呼ぼうとしたが、声が途切れてつづかない。善十が苛立たしげに軀を揺すった。

「お前さん、だよ。言えねえのか、おれみたいな薄のろには言えねえのかよっ」

おもわず悲鳴を洩らすと、身悶《みもだ》えしながら足を踏みならしてくる。

「どいつもこいつも、痴《こけ》にしやがって――」

「はやく逃げないと」

「――そうはいかねえ」

言いおえぬうち、べつの声がかぶさった。悲鳴を呑《の》みながら振りかえると、夜を掻《か》き分けるようにして長身の影がひとつ近づいてくる。灯火は持っていなかったが、声だけでだれか分かっていた。おぼろな月明かりに浮かぶ輪郭が、待つほどもなく、はっきりした形をとる。

「忘れもんだぜ」

弥吉が忌々《いまいま》しげな声を発しながら、布包みを放り投げてくる。おみのの足もとで音をたてて包みが開き、[注2]麦飯や佃《つくだ》煮《に》が石畳に散らばった。善十がおびえたように後じさりする。

「お前さん――」

慣れた呼び方が、しぜんと口をついて出た。弥吉が口もとへ苦い笑みをのぼせる。

「まだ、そう呼んでくれんのか」

②はっとなって唇をつぐんだ。この三年間、善十には、ねえ、とか、ちょいと、としか声をかけてこなかった気がする。少しへだたりが縮まったと思えるこの数日でも、それはかわらなかった。

かたわらを見やると、当の善十が蒼《あお》ざめた顔を月光にさらしている。もともとことばの出にくい男だが、いまも唇をぶるぶる震わせるだけで一言も発することができないらしかった。弥吉が歩を進めたのへ合わせるように、ようやくしゃがれた声をしぼりだす。

「あにき……」

弥吉は、ちっと言って唾を吐いた。

「どの面《つら》さげての兄き呼ばわり」

「待っとくれ」

おみのは善十をかばうように一歩踏み出した。弥吉が濃い眉をゆがめて声を荒らげる。

「いや、待てねえな」

「そんな――」

「待てねえといったら待てねえんだ」

言い捨てて、激しくかぶりを振る。ぎらぎらと燃える目を虚空に向け、重い声を叩きつけてきた。

「おめえの後ろに隠れてる、ぐずでのろまな善十が、おれをはめやがったのよ」

③するどい痛みが耳の奥から頭の芯へと駆けあがってゆく。善十のほうを振りかえろうとしたが、首が膠《にかわ》でかためられたように動かなかった。男の息づかいが背後で荒さをましてゆくことだけを感じている。

立ち竦《すく》むおみのをどこか満足げな眼差しで捉えながら、弥吉が語を継いだ。

「島でいっしょになった男が、あの[注3]賭場の中盆《なかぼん》だった奴でな」

いかさまだと因縁をつけてきた男は善十の知り人で、喧嘩っぱやい弥吉に騒ぎを起こさせるよう頼まれたのだという。ひと月ほど[注4]喰《く》らいこめばいい、という話だったが、相手が大けがを負ってしまったため、島送りとなった。

弥吉は、おみのの背後にするどい眼差しを放ち、吠《ほ》えるような声を浴びせた。

「この野郎、手のこんだことしやがって」

「……なんだってそんなこと」

エ　［生徒D］現在の政治の混迷の背景には、明治期に政治の秘訣は民意の実現にあるという観念を西洋から無批判に受容してしまったことがあるよ。今後の社会を安定させるには、民意を政治から切り離していくことが求められるよね。

オ　［生徒E］マスメディアやジャーナリズムが日本社会の将来像を描き、人々に提示していくことも重要だね。ただ、それに追従することなく、僕たちは民主政治を担う一人として自分の意思で情報を取捨選択し、行動していくべきだよ。

二

次の文章を読んで、後の問いに答えなさい（設問の都合上、本文の一部を変更してあります）。

> おみのはすぐれた錺《かざり》職人の弥吉《やきち》と夫婦だったが、博打《ばくち》にのめり込んだ乱暴者の弥吉は賭場《とば》で因縁をつけられた相手に暴力を振るい、島流しの刑となった。その後、おみのは弥吉の弟弟子《おとうとでし》であった善十《ぜんじゅう》と男女の仲になり、善十の仕事場と家を変えて暮らしていた。そんなある日、おみのは赦免《しゃめん》となり帰ってきた弥吉を善十の仕事場近くで見かけ、その場を離れて夜まで逃げ回り、神社に身を隠した。

あの後、弥吉は仕事場に乗りこんでいったのだろうか。善十も替えのきかない腕利きではないから、騒ぎをおこせば馘《くび》ということもあり得る。八方ふさがりというやつだが、暮らし向きを案じるまえに、ふたりとも五体満足でいられるかどうかがおぼつかない。

弥吉は喧嘩《けんか》っぱやい男だったから、賭場で相手を半殺しにしたと聞いたときも、おどろきはしなかった。①黒く塗りこめられたような絶望感で胸がふさがっただけである。自分の留守中、女房と弟分が手を取り合い逐電《ちくでん》[注1]したと聞いたら、なにをするか分からない。

気味のわるい汗が額から頬を濡らした。鎮めようとしても、ますます息が荒くなる。おみのは貝にでも籠るかのごとく躯《からだ》をちぢめた。耳の奥でしきりに梟《ふくろう》の鳴き声が谺《こだま》する。

次の瞬間、にわかに背すじが跳ねた。

いそぎ足で境内に飛びこんでくる人影がある。石灯籠《いしどうろう》へ貼りつくようにして目を凝らしたが、参道沿いに植えられた松の陰になって顔は見えなかった。息を詰めているうち、のめりがちな足音がこちらへ近づいてくる。手にした提灯《ちょうちん》の明かりをうけ、相手の面ざしが夜闇へ滲《にじ》むごとくかたちを結んだ。

おみのは灯籠のうしろから飛び出すと、物もいわず善十にしがみついた。男はしんそこ驚いたらしく、わっと大きな声をあげて、のけぞりそうになる。おみのは、いっそう強く男の手を握りしめた。

「……ぶじだったんだね」

息せき切って告げると、善十が呆《ほう》けたような表情でこたえる。

「それは、こっちのいうことだぜ。家に帰ったら真っ暗だし、近所で聞いたら、昼ごろ出かけたきりだっていうし」

胆《きも》がちぢんだよ、と気弱げな笑みを洩《も》らした。いつもと変わらぬのっぺりした顔に、痣《あざ》や傷といったものは見当たらない。わずかに安堵《あんど》したものの、おみのは迫るようにして畳みかけた。

ても、主権自体が絶対的であるため、その正統性を批判的に検証することができないから。

問6 ――⑤「『手続きとしての民主主義』である」とありますが、「手続きとしての民主主義」を筆者が重要視しているのはなぜですか。その内容に言及しながら、90字以内で説明しなさい。

問7 ――⑥「150年前の福澤の主張は、今日ますます新たな意味をもっているのではなかろうか」とありますが、ここで筆者が述べようとしているのはどのようなことですか。その説明として最もふさわしいものを次の中から選び、記号で答えなさい。

ア 大衆世論に迎合することなく国が進むべき方向を示す必要性を福澤は明治初期から唱えていたが、政治が混迷を極めて将来への共通認識を持ちづらくなった今日においては、先を見通す視野を持って大衆世論を導いていく知識人層の役割が更に重要となるということ。

イ 大衆世論が政治家の言いなりになってしまう未来を福澤は明治初期から予期していたが、これまでの国際秩序が崩れて政治的な混乱を見せる今日においては、政治家の代わりに未来への道筋を人々へと示すことのできる知識人層の存在が更に必要となるということ。

ウ 国民主権の民主主義が内包する危うさに福澤は明治初期から警鐘を鳴らしていたが、今まで世界で共有されてきた政治上の価値観が崩壊しつつある今日においては、知識人層が先頭に立って国民主権の民主主義に代わる新たな民主主義を広めていくべきだということ。

エ 政治が大衆世論に振り回されてしまうことの危険性を福澤は明治初期から見抜いていたが、従来通りの価値観や政治が機能しなくなりつつある今日においては、将来を見渡せる視野を持った知識人層が主権を握り国家の運営に携わっていかなければならないということ。

問8 次の場面は、生徒たちが「民主的な社会を発展させるために求められること」というテーマで話し合っているものです。本文の内容を正しく理解した上での発言として**明らかに誤っているものを次の中から二つ選び**、記号で答えなさい。

ア 〔生徒A〕日本では国民主権が絶対のものだと信じこまれてしまっているせいで、むしろ民主政治が機能不全に陥っている側面があるね。他国の状況と比較して、日本の民主政治を相対化することが状況を改善する第一歩になるよ。

イ 〔生徒B〕民主的な社会であるためには、自分の国のことを自分たちで決められるよう主権が国民の手に存在しないといけないよ。大切なのは、国家の判断を投票で決め、その決定には必ず従うという制度の徹底にあるんじゃないかな。

ウ 〔生徒C〕全てを国民の多数決に委ねることには、その時の社会の雰囲気に流されて安直な結論を導くリスクがあるよ。多数決自体には反対しないけれど、その前に代表者が中心となって反対意見も交えた熟議を行う必要があるね。

注「自民党の党首選」…自由民主党総裁選挙（令和3年9月17日告示、29日開票）のこと。本稿が発表されたのは同年9月25日である。

問1　本文中の A ・ B に当てはまる言葉として最もふさわしいものを次の中からそれぞれ選び、記号で答えなさい。

・ A

ア　軌を一にして
イ　機先を制して
ウ　様相を呈して
エ　一線を画して

・ B

ア　混迷を極める
イ　均衡を保つ
ウ　歓心を買う
エ　采配を振る

問2　――①「衆論の非を改める方が大事である」とありますが、それはなぜですか。50字以内で説明しなさい。

問3　――②「ここにはある前提が暗黙裡に存在する」とありますが、どういうことですか。その説明として最もふさわしいものを次の中から選び、記号で答えなさい。

ア　明治時代から一貫して世論が政治を動かしてきた背景には、一国の首相は国民の支持を受けて選ばれるべきだという民主主義の原理が存在するということ。
イ　国民主権という考え方が日本人に刷り込まれているのは、政治家たちは世論やメディアを意識しなければならないという日本の慣例があったからだということ。
ウ　日本には国の最高責任者は国民の支持を受けているべきだという観念があるからこそ、自民党の党首選においても世論の動向が注視されているということ。
エ　自民党の党首選の動向がメディアで盛んに報道されている現状の根底には、民主主義国家では一国の首相を国民が直接選ぶべきだという理念があるということ。

問4　――③「民主主義の暴走への歯止め」とありますが、これと同じ内容を表す言葉を本文中から35字以内で探し、最初と最後の3字を書きなさい。

問5　――④「『主権』という概念が問題なのである」とありますが、なぜそう言えるのですか。その説明として最もふさわしいものを次の中から選び、記号で答えなさい。

ア　絶対的権力を一人の君主が有する絶対主義体制と比較したとき、民主主義社会において主権者たる国民とは実体を持たず、正統性を持ちえないから。
イ　絶対主義的か民主主義的かを問わず、主権概念とは移ろいやすく危なっかしいものであり、健全な民主政治の実現においてはむしろ有害なものであるから。
ウ　絶対君主制を打破して民主制に基づく新たな政府が誕生したとしても、その正統性を国民に求めている限り、決断力に乏しい政治しか行えないから。
エ　主権者の行う政治的判断が短絡的で危ういものであったとし

「世論」の評価にかける。ところがその世論はしばしば「空気」によって左右される。それが「主権」の表明だとすれば、主権とは何とも移りやすく危なっかしいものというほかない。絶対主義の主権が危なっかしいのであれば、国民の主権もまた危ういものなのである。

にもかかわらず、「国民主権の民主主義」は、この危なっかしい主権に全体重をかけており、主権は絶対的なので、その正統性について誰も異を唱えることができない。私には、絶対主義的な主権にせよ、民主主義的な主権にせよ、「主権」概念こそが、とてつもない危険なものを内包しているように思われる。

では「国民主権としての民主主義」とは異なった民主主義の理解はありえないのだろうか。ありうる。というより、実にシンプルなもので、それはあくまで政治的意思決定のプロセスとして民主主義を理解することだ。⑤「手続きとしての民主主義」である。論議を尽くした上での投票による意思決定という手続きである。

そしてある程度有意味な議論が可能となるためには、限定された代表者による集会が不可欠になろう。これが議会主義であり、代表者を選ぶのが普通選挙であって、この手続き全体の妥当性が民主主義とよばれるものなのである。

議会主義にせよ、議院内閣制にせよ、こういう発想に基づくものであった。したがって、議院内閣制は、あくまで、民意や世論という「主権」からは距離をとるものであり、そこにこそ、「手続きとしての民主主義」の意味がある。

デモクラシー、つまり「民衆（デモス）の支配（クラティア）」は日本では「民主主義」と訳され、「主義」としての思想的な意義を与えられてきた。それは、ひとつの理念であり理想を実現する運動であった。この運動の目指すところは「民意の実現」にあった。だから、政治がうまくいかないのは、政治が民意を無視しているからだ、ということになる。言い換えれば、民意を実現しさえすれば政治はうまくゆく、という。こういう理解がいつのまにか定着してしまった。

私にはとてもそうだとは思えない。今日の政治の混迷は、将来へ向けた日本の方向がまったく見えないからである。将来像についてのある程度の共通了解が国民の間にあればよいが、それがまったく失われている。しかもそれは、どうやら日本だけのことではない。グローバリズム、経済成長主義、覇権安定による国際秩序、経済と環境の両立、リベラルな正義などといった従来の価値観や方法が、世界中でもはや信頼を失っている。

むろんそんな大問題について「民意」がそれなりの答えをだせるはずもない。だから目先の、被害者や加害者がわかりやすい、しかも「民意」がすぐに反応しやすい論点へと政治は流されてゆく。

福澤流にいえば、将来を見渡せる大きな文明論が必要なのであり、それを行うのは学者、すなわちジャーナリズムも含めた知識人層の課題であろう。福澤は、この知識人層が大衆世論（社会の空気）に迎合していることを強く難じた。

知識人層は、民意の動きを読み、同調するのではなく、⑥逆にそれに抗しつつ、それを動かしてゆくものだ、というのである。150年前の福澤の主張は、今日ますます新たな意味をもっているのではなかろうか。

（佐伯啓思《さえきけいし》『さらば、欲望　資本主義の隘路《あいろ》をどう脱出するか』による）

が選出するのは議会の議員と政党である。議会では多数政党の党首が通常は首相となる。これは大統領のような、直接選挙による選出とは［　A　］いる。代表を選ぶにせよ、政策を決定するにせよ、議会（したがって議員）が決定的な役割を担うのである。

　念のためにいっておけば、この面倒な間接的方式は、もともと「民主主義の原則からの逸脱」というよりも、③「民主主義の暴走への歯止め」とみなされてきた。この場合の「民主主義の暴走」とは、国民世論にしばしば見られる情緒的な動揺や、過度に短期的で短絡的な反応によって政治が翻弄《ほんろう》されることである。

　端的に言えば、世論は、安定した常識に支えられた「パブリック・オピニオン」であることはまれで、しばしば、その時々の情緒や社会の雰囲気（つまり「空気」）に左右される「マス・センチメント」へと流されるのである。そして、この不安定な「世論」が国民の意思つまり「民意」とみなされ、その結果、民主主義は世論による政治ということになる。

　議院内閣制とは、まさにこの意味での国民主権の民主主義を部分的に抑制しようとするものであった。たとえば、英国人にとって英国の政治体制は何かと問えば、主権者は王であり、政治体制は議会主義だと答えるであろう。議会での討論こそが決定的な意味を持っており、民主主義はせいぜい選挙制度のうちに組み込まれている程度である。

　近年の英国の風潮も多少変化してきているとしても、君主制と議会主義への強いこだわりは、「国民主権としての民主主義」への警戒感に発するものであった。これが、世界でもっとも早く近代的政治体制を作り上げた国なのである。大衆世論の一時的な情緒やある種の扇動によって政治が動揺することを防ぐというわけである。

　ついでにいえば、米国の場合には、事実上の直接民主主義である大統領制と間接民主主義である議会制に分割され、さらに議会は上院、下院に分割され、また政府も連邦政府と州政府に分割されている。分割されるものは何かといえば「権力」である。分割された権力が拮抗《きっこう》しあい、［　B　］のが、本来の米国の政治体制である。

　このことは、国民主権という観念に対していささかの疑念をもたせるに十分であろう。というのも、「主権」とは、絶対的な権力にほかならないからである。君主主権とは君主が絶対的権力をもつ政治である。これはわかりやすい。

　では国民主権とは何であろうか。「国民」が絶対的権力をもつ政治である。では「国民」とは何か。こうなると話はややこしくなる。「国民」という実体はどこにも存在しないからだ。それは、実際には、多様な利益集団であり、様々な思想やイデオロギーの寄せ集めであり、知識も関心も生活もまったく違った人々の集合体に過ぎない。そこでやむを得ず「世論」なるものを「国民の意思」とみなすことにしたとしても、問題は、それに絶対的な権力を付与した点にある。④「主権」という概念が問題なのである。

　もちろん、政治思想史の文脈に立ち返れば、国民主権は、絶対主義体制を打ち壊し、政府の正統性の源泉を国民に求めるものであった。ここには、たとえばフランス革命の歴史的経緯があり、また一定の思想的意味もあった。

　しかし、今日、われわれはひとつひとつの政策の妥当性まで「世論」の法廷に引きずりだし、ほとんど1ヶ月ごとに内閣の妥当性を

【国　語】（六〇分）〈満点：一〇〇点〉

【注意】一、解答するときには、句読点や記号も一字と数えます。

一　次の文章を読んで、後の問いに答えなさい。

かつて福澤諭吉《ふくざわゆきち》は『文明論之概略《ぶんめいろんのがいりゃく》』のなかで次のようなことを書いていた。近年の日本政府は十分な成果をあげていない。政府の役人も行政府の中心人物もきわめて優秀なのに政府は成果をあげられない。その原因はどこにあるのか。その理由は、政府は「多勢」の「衆論」、つまり大衆世論に従うほかないからだ。ある政策がまずいとわかっていても世論に従うほかない。役人もすぐに衆論に追従してしまう。衆論がどのように形成されるのかはよくわからないが、衆論の向かうところ天下に敵なしであり、それは一国の政策を左右する力をもっている。だから、行政がうまくいかないのは、政府の役人の罪というより衆論の罪であり、まずは衆論の非を正すことこそが天下の急務である、と。

さらに次のようにもいっている。衆論の非を多少なりとも正すことのできるのは学者であるが、今日の学者はその本分を忘れて世間を走り回り、役人に利用されて目前の利害にばかり関心を寄せ、品格を失っているものもいる。学者たるもの、目前の問題よりも、将来を見通せる大きな文明論にたって衆論の方向を改めさせるべきである。政府を批判するよりも、①衆論の非を改める方が大事である。

書かれたのは1875(明治8)年だが、このような一節を読むと、150年ほどの年月を一気に飛び越してしまうような気にもなる。ここで福澤のいう「学者」を広い意味での知識人層、つまりマスメディア、ジャーナリズム、評論家まで含めて理解すれば、今日の知識人層にも耳の痛い話であろう。まだ民主主義などというものが明確な姿を現していない近代日本の端緒《たんしょ》にあって、福澤は、多数を恃《たの》んで政治に影響を与える大衆世論のもつ力とその危険を十分に察知していたわけである。

さて、本稿執筆中の日本は、注自民党の党首選の真っ最中であった。一政党の党首選ではあるものの、ここでも世論が重要な役割を果たしている。候補者の国民的な支持率や人気度が間断なくメディアで報じられ、暗黙のうちに世論が選挙へ影響をおよぼしている。

少なくとも総選挙後の国会召集時までは、自民党の党首は日本国首相となるのだから、確かに、国民世論が一政党の党首選に影響を与えることにも一理はあろう。また、候補者たちも自民党員たちも明らかに世論を気にし、メディアの報道に関心を払っている。

しかしそうであれば、②ここにはある前提が暗黙裡《あんもくり》に存在することになろう。一国の首相は、国民世論の大きな支持を受けて選出されるべきだ、という想定がそれだ。そのことを正面から批判するものはまずいない。なぜなら、一国の最高責任者は主権者である国民によって選出されるべきであり、それこそが民主主義の基本原理だとみなされているからだ。

私は、「民主主義の根本原理は国民主権にあり」というこの疑い得ない命題に対して、ずっとある疑いの念をもってきた。いやもう少し正確に述べれば、この根本原則の解釈の仕方についてである。

きわめて単純な事実から述べれば、今日の多くの国で採用されている議院内閣制は、すでにこの民主主義の原則から逸脱している。国民

MEMO

大切なことはメモしておこうネ！

2023年度

解　答　と　解　説

《2023年度の配点は解答欄に掲載してあります。》

＜数学解答＞

1　(1)　$2+\sqrt{2}$　(2)　$x=1,\ y=-3$　(3)　$7x-12y$　(4)　$\frac{7}{18}$

2　(1)　45度　(2)　P(0，5)　(3)　$\sqrt{3}$　(4)　632π

3　(1)　A(2，2)　(2)　(1，4)，(4，1)　(3)　$x=-1\pm\sqrt{11}$

4　(1)　$4\sqrt{2}$　(2)　$\sqrt{10}$　(3)　$\frac{4\sqrt{3}}{3}$

5　(1)　30度　(2)　π

○推定配点○

1　各6点×4　2　各6点×4　3　(3)　8点　他　各6点×2　4　各6点×3

5　(1)　6点　(2)　8点　計100点

＜数学解説＞

1　（計算の工夫，連立方程式，因数分解，確率）

(1)　$(3-2\sqrt{2})^{2023}\times(3+2\sqrt{2})^{2024}\times(2-\sqrt{2})=\{(3-2\sqrt{2})(3+2\sqrt{2})\}^{2023}\times(3+2\sqrt{2})(2-\sqrt{2})=(9-8)^{2023}\times(6-3\sqrt{2}+4\sqrt{2}-4)=2+\sqrt{2}$

基本　(2)　$\frac{1}{x}=X$，$\frac{1}{y}=Y$と置き換えると，$4X+9Y=1$…①，$X+6Y=-1$…②　②×4－①より，$15Y=-5$　$Y=-\frac{1}{3}$　これを②に代入して，$X-2=-1$　$X=1$　よって，$x=\frac{1}{X}=1$，$y=\frac{1}{Y}=-3$

(3)　$A=3x^2+5xy+2y^2=(x+y)(3x+2y)$，$B=x^2-y^2=(x+y)(x-y)$，$C=2x^2-xy-3y^2=(x+y)(2x-3y)$より，$AC-6B^2=(x+y)(3x+2y)\times(x+y)(2x-3y)-6\{(x+y)(x-y)\}^2=(x+y)^2\{(3x+2y)(2x-3y)-6(x-y)^2\}=(x+y)^2\{6x^2-5xy-6y^2-6(x^2-2xy+y^2)\}=(x+y)^2(7xy-12y^2)=(x+y)^2y\times(7x-12y)$

(4)　サイコロの目の出方の総数は6×6＝36(通り)　直線$\frac{x}{2a}+\frac{y}{b}=1$と$x$軸，$y$軸との交点の座標はそれぞれ$(2a,\ 0)$，$(0,\ b)$だから，座標平面上の三角形面積は，$\frac{1}{2}\times2a\times b=ab$　よって，$ab\leqq6$となるa，bの値の組は，$(a,\ b)=(1,\ 1)$，(1，2)，(1，3)，(1，4)，(1，5)，(1，6)，(2，1)，(2，2)，(2，3)，(3，1)，(3，2)，(4，1)，(5，1)，(6，1)の14通りだから，求める確率は，$\frac{14}{36}=\frac{7}{18}$

2　（図形の計量）

基本　(1)　∠CBE＝90°－60°＝30°，BC＝BEより，∠BEC＝(180°－30°)÷2＝75°　△ABEは正三角形だから，∠AEB＝60°　よって，∠AEF＝180°－75°－60°＝45°

重要　(2)　四角形OABCは長方形だから，∠AOC＝90°　よって，線分ACは円の直径となり，∠APC＝

90°　点Pの座標を$(0,\ p)$とすると，△ACPに三平方の定理を用いて，$AP^2+CP^2=AC^2$　$(0-4)^2+(p-4)^2+(0+1)^2+(p-1)^2=(4+1)^2+(4-1)^2$　$16+p^2-8p+16+1+p^2-2p+1=25+9$　$2p^2-10p=0$　$p(p-5)=0$　$p>0$より，$p=5$　よって，P(0, 5)

(3)　正三角形の1辺の長さをaとすると，$\frac{\sqrt{3}}{4}a^2=\sqrt{3}$　$a^2=4$　$a>0$より$a=2$　BC=2より，BD=bとすると，CD=$2-b$　△BDE，△CDFは内角が30°，60°，90°の直角三角形だから，$DE+DF=\frac{\sqrt{3}}{2}b+\frac{\sqrt{3}}{2}(2-b)=\sqrt{3}$

重要　(4)　右の図のように，A～Gをとる。平行線と比の定理より，BF：FE＝AB：EC＝9：6＝3：2　FG：BC＝EF：EB＝2：5　$FG=10\times\frac{2}{5}=4$　長方形ABCDを直線ℓを軸として1回転させてできる立体の体積を[ABCD]と表すと，求める立体の体積は，[ABCD]－[ACD]＋[CFG]＋[EFG]で求められるから，$\pi\times10^2\times9-\frac{1}{3}\pi\times10^2\times9+\frac{1}{3}\pi\times4^2\times CG+\frac{1}{3}\pi\times4^2\times EG=900\pi-300\pi+32\pi=632\pi$

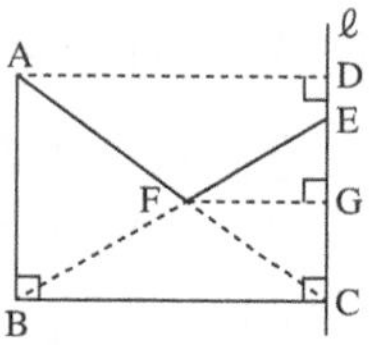

3　(図形と関数・グラフの融合問題)

基本　(1)　$y=\frac{1}{2}x^2$と$y=\frac{4}{x}$からyを消去して，$\frac{1}{2}x^2=\frac{4}{x}$　$x^3=8$　$x>0$より，$x=2$　$y=\frac{4}{x}$に$x=2$を代入して，$y=2$　よって，A(2, 2)

重要　(2)　点Bのx座標をtとすると，$B\left(t,\ \frac{4}{t}\right)$　2点A，Bからx軸にひいた垂線をそれぞれAC，BDとする。$0<t<2$のとき，△OAB＝△OBD＋台形ACDB－△OAC＝台形ACDB$=\frac{1}{2}\times\left(2+\frac{4}{t}\right)\times(2-t)=2-t+\frac{4}{t}-2=\frac{4}{t}-t$　$\frac{4}{t}-t=3$　$t^2+3t-4=0$　$(t+4)(t-1)=0$　$0<t<2$より，$t=1$　よって，(1, 4)　$t>2$のとき，△OAB＝台形ACDB$=\frac{1}{2}\times\left(2+\frac{4}{t}\right)\times(t-2)=t-\frac{4}{t}$　$t-\frac{4}{t}=3$　$t^2-3t-4=0$　$(t-4)(t+1)=0$　$t>2$より，$t=4$　よって，(4, 1)

基本　(3)　2点(1, 4)，(4, 1)を通る直線の式は，$y=-x+5$　$y=\frac{1}{2}x^2$と$y=-x+5$からyを消去して，$\frac{1}{2}x^2=-x+5$　$x^2+2x=10$　$(x+1)^2=10+1$　$x+1=\pm\sqrt{11}$　$x=-1\pm\sqrt{11}$

重要　4　(空間図形の計量)

(1)　三角すいA－BCDの体積は，$\frac{1}{3}\times\frac{1}{2}\times(3\sqrt{2})^2\times3\sqrt{2}=9\sqrt{2}$　三角すいB－ACDと三角すいB－AFGの体積比は，底面の△ACDと△AFGの面積比に等しい。△ACD∽△AFGだから，相似比AC：AF＝3：2より，面積比は$3^2:2^2=9:4$　よって，三角すいA－BFGの体積は，$\frac{4}{9}\times9\sqrt{2}=4\sqrt{2}$

(2)　△ABCにおいて，$AC=\sqrt{2}AB=6$　点Bから辺ACにひいた垂線をBHとすると，$BH=CH=\frac{1}{2}AC=3$　$FC=\frac{1}{3}AC=2$より，$FH=3-2=1$　△BFHに三平方の定理を用いて，$BF=\sqrt{3^2+1^2}=\sqrt{10}$

(3)　$BG=BF=\sqrt{10}$　CD＝AC＝6より，$FG=\frac{2}{3}CD=4$　BからFGにひいた垂線をBIとすると，$FI=\frac{1}{2}FG=2$より，$BI=\sqrt{(\sqrt{10})^2-2^2}=\sqrt{6}$　よって，$\triangle BFG=\frac{1}{2}\times4\times\sqrt{6}=2\sqrt{6}$　点Eから

平面BFGにひいた垂線の長さをhとすると，点Aから平面BFGにひいた垂線の長さは$\frac{3}{2}h$となるから，三角すいA－BFGの体積について，$\frac{1}{3}\times2\sqrt{6}\times\frac{3}{2}h=4\sqrt{2}$　$h=\frac{4\sqrt{2}}{\sqrt{6}}=\frac{4\sqrt{3}}{3}$

5 （平面図形の計量）

基本 (1)　線分ABは円Oの直径だから，∠ACB＝90°　直線CHは接線だから，接弦定理より，∠ACH＝∠ABC＝30°　よって，∠PCH＝180°－90°－30°＝60°より，∠APB＝∠HPC＝180°－90°－60°＝30°

重要 (2)　∠ABC＝30°のとき，AP＝ABで，∠PAB＝180°－30°×2＝120°　同様にして，∠ABC＝75°のときも，∠ABC＝∠APBだから，AP＝ABで，∠PAB＝180°－75°×2＝30°　よって，30°≦∠ABC≦75°のとき，点Pが動いた長さは，半径AB＝2で，中心角の大きさが120°－30°＝90°のおうぎ形の弧の長さに等しい。よって，$2\pi\times2\times\frac{90}{360}=\pi$

★ワンポイントアドバイス★

ここ数年，図形分野重視の出題が続き，難易度も変わらない。図形の定理や公式は十分使いこなせるようにしておき，いろいろな問題を解いておこう。

＜英語解答＞

1 (1) something, to show　(2) tried eating　(3) was made for
(4) is, little　(5) to hear

2 (1) No other dictionary is as useful as this one(.)
(2) The train which goes to Kyoto hasn't left yet(.)
(3) I wonder what she is talking about(.)
(4) (Please) let us know when you arrive at the airport(.)

3 (1) (What) kind of music do you listen to(?)
(2) (The top of Mt. Fuji) has been covered with snow since (this morning.)
(3) (The Tone) is the second longest river in Japan(.)
(4) The man talking with Ken over there (must be a new teacher.)

4 問1 イ　問2 エ　問3 イ　問4 エ　問5 cities　問6 6-A エ　6-B ア
問7 ウ　問8 ア　問9 イ　問10 ア，エ

5 問1 (1) イ　(2) ア　(3) ウ　問2 【A】 artist　【B】 five
問3 パンの間にバターを挟むという考え。　問4 (a) ウ　(b) エ　(c) オ
(d) ア　問5 鉛筆の下書きを消すための，乾燥したパン。　問6 ア，エ

○推定配点○

1 各3点×5　2 各3点×4　3 各4点×4　4 問5 3点　他 各2点×11
5 問2・問3 各3点×3　問5 5点　他 各2点×9　計100点

＜英語解説＞

重要 **1** （文法：適語補充・記述，不定詞，動名詞，受動態，前置詞，分詞）

(1)　〈something ＋形容詞〉「～なもの」の語順に注意。不定詞の形容詞的用法 something interesting to show ～ ←〈名詞＋不定詞〉「～するための［すべき］名詞」

(2)　〈try ＋動名詞〉「試しに～してみた」 cf.〈try ＋不定詞〉「～しようと試みる」 a day「1日につき」

(3)　「作ってくれた」 was made ←受動態〈be動詞＋過去分詞〉「～される，されている」 make A B「AをBに作る」⇔ make B for A「BをAのために作る」

(4)　milk は数えられないので，単数扱い。a little「少し」〈There ＋be動詞＋ S ＋過去分詞〉「Sが～［過去分詞］された状態で存在している」

(5)　〈感情を表す語＋不定詞〉「～［不定詞］してある感情が沸き起こる」

基本 **2** （文法・作文：語句整序，比較，関係代名詞，現在完了，間接疑問文，接続詞）

(1)　〈A ＋動詞＋ as ＋原級＋ as ＋ B〉の否定形 →「AはBほど～でない」 one「（前に出てきた名詞の代わりに）1つ，1人，～なもの」ここでは a dictionary の代わりに使われている。

(2)　the train which goes to「～へ行く電車」←〈先行詞（もの）＋主格の関係代名詞 which ＋動詞〉「動詞する先行詞」 hasn't left yet ←〈haven't［hasn't］＋過去分詞＋ yet〉「まだ～していない」未完了を示す現在完了。

(3)　〈wonder ＋ wh-節〉「～かしらと思う」疑問文（What is she talking about?）が他の文に組み込まれる［間接疑問文］と〈疑問詞＋主語＋動詞〉の語順（what she is talking about）になる。

(4)　〈let ＋人＋原形〉「人に～させる」〈when ＋主語＋動詞〉「主語が動詞する時に」

やや難 **3** （文法・作文：和文英訳：現在完了，受動態，比較，分詞，助動詞）

(1)　「どのような種類の音楽」 what kind of music「～を聞く」 listen to ～

(2)　「～で覆われている」〈be動詞＋ covered with ～〉「ずっと～されている」なので，現在完了の受動態〈have［has］＋ been ＋過去分詞〉（継続）で表す。「（現在完了と共に）～から」 since ～

(3)　「2番目に～」〈the second ＋最上級〉「…おいて最も～」〈the ＋最上級＋ in ＋単数名詞［of ＋複数名詞］〉ここでは in Japan となる。「長い」 long の最上級は longest である。

(4)　the man talking with ～「～と話している男性」←〈名詞＋現在分詞＋他の語句〉「～している名詞」現在分詞の形容詞的用法「向こうで」 over there must「～に違いない，しなければならない」

4 （長文読解問題・エッセイ：語句補充・選択・記述，文挿入，内容吟味，語句解釈，要旨把握，受動態，分詞，比較，接続詞，関係代名詞，進行形，助動詞，現在完了，不定詞）

（全訳）　①　すべての国の人々はある種の誤った考えを抱いているようである。英国人は，自分らの国の天候がひどいと考えるが，実際には，彼らの国はあまり寒い国ではなく，快適な夏が存在している。アメリカ人，あるいは，少なくとも彼らの一部は，彼らが民主主義を発明したと考えているようである。日本には非常に多くの誤った考えが存在していて，私はそのことを知り，これまでに，いろいろと混乱し，興味を抱き，そして，いらいらしてきたのである。

②　“日本は小さな国である。”私はこのせりふを何度も耳にしてきた。そして，以前，ベルギー，シンガポール，そして，日本に住んだというだけで，ある外国人作家が“小国の専門家”であるに違いない，と日本人から言われたというのを，以前，どこかで読んだことがあることを思い出す。もちろん，これらの場所と比較すると，日本は非常に大きいが，アメリカや中国と比較すると，単に“小さい”ということになる。誰かに日本は小さいと言われると，通常，私は次のように返答することにしている。「そうですね，英国のたった2倍の大きさにすぎませんからね！」このことを聞くと，

日本人はしばしば驚く。正しい文は次のようになるだろう：日本は(1)中くらいの大きさの国である。

③ “日本には四季がある。”来日するほぼすべての外国人に対して，このことが告げられ，彼らはどうやって答えたら良いかわからない。私自身の考えでは，全ての国には四季がある。多くの日本人は，日本が唯一の四季のある場所だと考えているようであるが，実は，このこと[四季があるということ]は非常にありふれた事なのである。私が日本に住んでいた時に，季節の存在を明らかに意識できた，とは言い難いだろう。私が住んだことがある他の場所に比べて，東京には緑地が少ないので，自然の変化が目に映らなかった。夏は暑いが，他の季節では，気温はそれほど大きく変化することはない。結論：(2)他の国と同様に，日本には四季が存在するのである。

④ “日本には四季がある。”このことを前述したことはわかっているが，この記述は別の理由で奇妙に感じる：日本には雨季(梅雨)があるからである。このことに言及すると，日本人は笑う。雨季は単に“夏の一部”だ，と彼らは言う。その天候は，その前の時期やその後にくる時期(3)とは明らかに違い，数週間続くので，それは1つの季節そのものである，と私は主張したい。結論：日本には主だった4つの季節が存在するのである。

⑤ “日本は密集している。”他の国に比べて，日本の人口密度は低い。オランダ(全く密集しているように見えない国)よりも，日本は人口密度が低い，と人々はよく言う。興味深いことに，同様に，私の祖国であるイングランド(全体としての英国とは異なる)(4)ほど密集しておらず，そして，イングランドの人口はいまだに急速に増えているのである。そこで，私は次のように述べたい。日本は非常に密集しているように見える。というのは，その人口の非常に多くが大都市やその周辺の地域に住んでいるからである。

⑥ “多くの山があり，それらの地域には人々が住むことが出来ないので，日本は密集している。”日本には確かに多くの山がある。日本の上空を飛行機で飛んでいると，森林で山が覆われた光景にしばしば驚かされる。でも，山間部に住むことが不可能かどうかは定かでない。例えば，イタリア人はそうしているのではないか。もちろん，大きな山の“頂上”というわけではないが。日本にはたくさんの田舎も存在するが，多くの文化的，経済的理由により，人々はそこに住みたがらない。結論：日本の(5)都市は非常に密集しているのである。というのは，そこは均衡の取れていない人数で，人々が住んでいる場所だからである。

⑦ “日本と英国は似ている。”6-A エ両国とも私にとっては非常に重要なので，日本と英国は姉妹国家であると思いたい。でも，このように考える多くの英国人を探し出すことはできないだろう，と私は考えるのである。確かに，私達は島国で，立憲君主制で，礼儀正しい国民で…6-B アでも，日本人と英国人は非常に異なるという多くの事項を簡単に見つけ出すことができるだろう。あるいは，同様に，英国人とドイツ人が似ている点を見出すことができるだろう(フットボール，ビール，そして，肉料理に熱中している)。結論：日本と英国は似ていないのである。

⑧ (7)ウ“日本語は非常に難しい言語である。”自己の母語を学ぶのはいかに難しいかを自覚することは，非常に困難である。というのは，懸命に自分自身で母語を勉強したというよりも，子供の頃，それを(8)“身につけた”からである。自分らの言語は非常に難しいと日本人が考えることは，以下の3つの理由により，私にとって驚くべきことに該当しない。第1に，日本語を非常に上手く話す外国人がそれほど多くない点で，第2に，外国人は日本語がいかに難しいか，しばしば口にする点，そして，第3に，日本人が勉強してきたもの—漢字学習—が(外国人にとっては)非常に難しい点が挙げられる。実際には，ある点において，日本語は非常に論理的言語で，その発音は難しくない。ある部分は簡単で，他の部分は難しい。私は日本語が難しいと思ったが，主に，私が言語を学ぶことが不得手であるからだ。結論：日本語は難しい言語でありうる。

⑨ “日本はとても物価が高い国である。”そのことは，20年前は事実だったと思うが，デフレー

ションで，多くのものの価格が下がっている。一方，(英国のような)他の国では，物価の急上昇が見受けられる。現在では，英国よりも日本の方が，より安くて一あるいは，少なくとも価値がより高い一多くのものが存在している。日本の方が散髪は安い，あるいは，通常のホテルに滞在するのは安いが，スーパーマーケットでビールを買うのは高い。結論：日本は(9)以前は物価が高かったのである。

基本 問1 第2段落の Japan is very large when it is compared to those places[Belgium and Singapore] and is only “small” compared to the US or China.／When someone says to me that Japan is small, I usually say: “Yes, only double the size of the UK!” 等から判断すること。正解は，イ「中くらいの大きさの」。ア「小さな大きさの」 ウ「大きな大きさの」 エ「飛び抜けた大きさの」 is compared「比較される」←〈be動詞＋過去分詞〉「～される，されている」受動態 compared to「～と比較すると」 double the size of「～の2倍の大きさ」

基本 問2 第3段落第3・4文に My own idea was that all countries have four seasons. Many Japanese seem to think Japan is the only place with four seasons, but in fact it is very common. とあることから，正解は，「エ多くの他の国のように，日本には四季がある」。ア「英国のように」 イ「ベルギーやシンガポールのように」 ウ「米国，あるいは，中国のように」 第3段落では，特定の国を挙げて，日本の四季のことを論じていないので，不適。

やや難 問3 空所を含む文は「その天候[雨季]は，その前の時期やその後にくる時期(3)_______，そして，数週間続くので，それは季節そのものである，と私は主張したい」の意。第4段落では，筆者は，雨季を四季とは異なる独立した別の季節だと捉えていることが読み取れる(Japan has a rainy season.／Japan has four main season.)。正解は，イ「とは非常に異なっていて」。different from「～とは異なる」 ～ so …「～である，だから…」 the period that comes after ←〈先行詞＋主格の関係代名詞 that ＋動詞〉「動詞する先行詞」 ア「とほぼ同じで」 the same as「～と同様」 ウ「に時には影響を受けて」 エ「に常に続いて」 is influenced／is followed ←受動態〈be動詞＋過去分詞〉「～される，されている」

基本 問4 空所を含む文意は「興味深いことに，日本はまた[also]私の祖国イングランド(4)_______，そして，イングランドの人口はいまだに急速に増加している」。「日本は他国よりも人口密度が低い。日本はオランダよりも人口が密集していないと言われている」という趣旨の文章が空所を含む文の前に記されており，空所を含む文に「同様に」という意の also が使われていることに注意して考える。正解は，エ「よりも密集していない」。〈A ＋動詞＋ as ＋原級＋ as ＋ B〉の否定形「AはBほど～ない」 lower ← low「低い」の比較級 less densely populated「より人口が密集していない」← less：little の比較級「もっと少ない[少なく]」 is still rising ←現在進行形〈is[am／are]＋ -ing〉「～しているところだ」 ア「と比べて，少しだけより密集している」 more crowded ← crowded「密集して」の比較級 イ「と比べて，はるかに密集して」 much more crowded ←〈much ＋比較級〉比較級の強調 ウ「と同じくらい密集して」〈A ＋動詞＋ as ＋原級＋ as ＋ B〉「AはBと同じくらい～」

やや難 問5 空所を含む文は「日本の(5)(　　)は非常に密集している。というのは，そこは均衡の取れていない数で，人々が住んでいる場所だからである」の意。第6段落では，山間部や田舎には人々はそれほど住んでいない，ということが書かれている。また，第5段落の最後に Japan seems very crowded because so much of its population lives in the big cities and their surrounding areas. という文があり，人口密度の不均等さを示している。したがって，正解は，「都市」を表す cities となる。

やや難 問6 「日本と英国は似ている」→6-A エ「両国とも私にとっては非常に重要なので，日本と英国は姉妹国家であると思いたい」→「でも，このように考える多くの英国人を探し出すことはできないだろう」→「確かに，私達は島国で，立憲君主制で，礼儀正しい国民で…」→6-B ア「でも，日本人と英国人は非常に異なるという多くの事項を簡単に見つけ出すことができるだろう」→「あるいは，同様に，英国人とドイツ人が似ている点を見出すことができるだろう」 a lot of ways in which the Japanese and British are quite different ←〈前置詞＋関係代名詞〉前置詞の目的語の位置に関係代名詞が置かれているケース。 イ「それゆえに，多くの人々が日本と英国は似ていると考えている」 therefore「それゆえに，したがって」 ウ「両国が私にとって興味深い異なった文化を有しているので，日本と英国を比較したくない」 since「～してから(ずっと)，だから」

重要 問7 各段落の冒頭にある引用符で囲まれた文は，日本人のよく陥る誤解の例を端的に1文で示している。また，第8段落の趣旨は，「日本語が難しいと日本人は考えるが(It isn't surprising to me that Japanese think their language is very difficult ～)，実際には，難しい面と簡単な面があり，日本語は難しい言語となりうる(Japanese can be a difficult language.)」である。したがって，正解は，ウ「日本語は非常に難しい言語である」。 ア「日本語は非常に重要な言語である」 イ「日本語は非常に論理的な言語である」 エ「日本語は非常に簡単な言語である」

基本 問8 pick up には「拾い上げる，(車などに人を)乗せる，車で(人を)迎えに行く，(言語などを)自然に覚える」等，様々な意味があるが，文脈に照らし合わせて考える。

基本 問9 第9段落の1・2文 "Japan is a very expensive country." I think it was true 20 years ago but deflation has brought a lot of things down in price ～ を参考にする。正解は，「日本はイ以前，物価が高かった」。〈used ＋不定詞〉「以前は～であった，以前はよく～したものだ」 has brought(現在完了形：完了) ア「ずっと物価が高い」 has been 現在完了〈have[has]＋過去分詞〉(完了・結果・経験・継続) ウ「物価が高くなるだろう」〈be動詞＋ going ＋不定詞〉「～しようとしている，するつもりである」 エ「物価高にしたいと思う」〈would like ＋不定詞〉「～したいと思う」

重要 問10 ア 第1段落第1・第2文に一致。in fact 「実際には」 イ「日本は英国の2倍である」という発言を聞いた際の反応は Japanese are often surprised to hear that.(第2段落)なので，不一致。〈感情を表す語＋不定詞〉「～[不定詞]して感情がわきおこる」 ウ 第3段落で，四季に関する考えを筆者は My own idea was that all countries have four seasons.／I wouldn't even say that when I lived in Japan I found the seasons to be clearly judged.(日本に住んでいた時に，季節をはっきりと意識していたとは言い難い)と述べているので，不可。 エ 第5・6段落の記述(Japan certainly has a lot of mountains.／Japan seems very crowded because so much of its population lives in the big cities and their surrounding areas.／it[Japan] is less densely populated than the Netherlands.)に一致。less ← little の比較級「もっと少ない[少なく]」 オ 山間部の居住に関するイタリア人の考えは，「山間部に住むことが不可能かどうかは定かでない。例えば，イタリア人はそうしている[山間部に住んでいる]と思う。もちろん，大きな山の"頂上"というわけではないが」(第6段落)と述べられているにすぎず，「イタリアの山間部は人々が好んで住める環境である」とは言えない。it is impossible to live ～←〈It is ＋形容詞＋不定詞〉「～[不定詞]することは…[形容詞]である」 カ 礼儀正しいは，日本人と英国人の共通点として挙げられている(第7段落)。 キ 日本語の発音は難しくはないと作者は述べている(第8段落：its pronunciation is not hard.)。 ク 第9段落第1・2文で，「日本はとても物価が高い国だ。それは，20年前は該当したと思うが，デフレーションで，多くのものの価格が下がっている。一方，(英国のような)他の国では，物価の急上昇が見受けられる」と書かれているので，不可。has brought down／have seen ←〈have[has]＋過去分詞〉(完了・結果・経験・継続)現在完了　while「～する間に，～だが，ところが一方では」

5 (長文読解問題・物語：語句解釈，語句補充・記述・選択，内容吟味，要旨把握，現在完了，関係代名詞，比較，接続詞，助動詞，動名詞，進行形，不定詞，分詞，間接疑問文，受動態，前置詞)

(全訳)　マーサ・ミーチャム女史は角で小さなパン屋を経営していた。

マーサは40歳で，彼女の預金通帳は2000ドルの貯金があることを示していて，彼女は親切な心の持ち主だった。(1)結婚する機会がマーサほど恵まれていない多くの人々が結婚していた。

毎週2，3回，彼女のパン屋をある紳士が訪れた。彼女は彼に興味を持ち始めた。彼は中年で，眼鏡をかけていて，強いドイツなまりの英語を話した。彼の服は少しだけ古びていて，使い古されていたが，彼は清潔に見えて，非常に礼儀正しかった。

彼は常に干からびた2塊のパンを買った。新鮮なパンは1塊が5セントだった。干からびたものは2塊で5セントだった。(2)彼は干からびたパン以外決して求めることはなかった。

1度だけ，マーサは，彼の指に赤と茶色の塗料がついていることに気づいた。彼は芸術家で，とても貧しいに違いない，と彼女は思った。きっと，彼は小さな部屋に住んでいて，そこで絵を描き，干からびたパンを食べて，マーサのパン屋で食べることができるより良いパンについて思いやっているに違いなかった。

ある日，彼が芸術家であるか，芸術家でないかに関して，彼女はみずからの考えを試してみようと決意した。彼女はその週の前半に割引で購入した1枚の絵画を彼女の部屋から持ち出した。彼女はそれをパンカウンターの背後の壁に立てかけた。

それはヴェニスの絵で，教会，水辺，ボート，そして，美しい日没が描かれていた。芸術家であれば気づかないはずがなかった。

2日後，彼女の紳士が入ってきた。

「どうか，干からびたパンを2塊下さい」と彼は強いなまりのある口調で言った。「良い絵をお持ちですね」彼女がパンを袋へ入れている間に，彼は言った。

「良い絵だと思いますか？」マーサは言った。

「視点と線の方向が互いに忠実ではないようですね」と，半分ドイツ語を交えて，彼は言った。「良い1日をお過ごしください」彼はパンを手にすると，帽子に手を触れて，急いでその場から出て行った。

そうだ，彼はA芸術家に違いない。マーサはその絵を自分の部屋に戻した。眼鏡の背後で，何と優しく，親切に，彼の眼は輝いていたことだろう。彼は何と素晴らしい心の持ち主なのだろう！良い芸術作品をあのように素早く評価できるのである。そして，干からびたパンを食べて生きているのだ！　でも，もちろん，認められるまでは，最良の芸術家達にとって，生活は困難なのである。

彼は次第に痩せ始めているように彼女は感じた。彼の乾いたパンに何かをもっと加えたい，と彼女の心は強く願った。しかし，芸術家は誇り高き人々で，タダで彼に何かを与えることで，その誇りを傷つけるのではないか，と彼女は恐れた。

ある日，例の紳士がいつものようにやって来て，B5セントをカウンターに置くと，いつもの2塊の干からびたパンを求めた。マーサがそれらを手にしようと手を伸ばしていると，外で大きな音が鳴り響いた。ベルが大きく鳴り出し，叫ぶ者もいて，まもなく，何台かの大型の消防車がパン屋の前を通り過ぎた。

誰もがするように，外の様子を見ようと，紳士は入口まで急いで移動した。その瞬間，(あ)ある考えがマーサの頭に思い浮かんだ。

カウンターの背後のテーブルには，たった1時間前にパン屋に届いた1ポンドの新鮮なバターが置かれていた。素早くマーサは2つの塊の各々に深い切込みを入れて，それぞれにバターをたっぷりと載せ，再び，塊を元の状態に押し戻した。

紳士がようやく振り返ると，彼女は既にパンの塊を袋に詰めていた。特別に素敵な会話を少しだけ交わした後に，彼が店を後にすると，マーサは心の底で大きく微笑んだ。

後になって，彼女は考えた。—(3)彼女は出しゃばり過ぎただろうか？　彼は彼女のちょっとした贈り物を楽しんだであろうか。でも，きっと，婦人が紳士にバターを少しばかり提供しても差し支えないに違いない。

その日，長い間，マーサは彼女の思いがけない贈り物について思った。紳士が自分の部屋で美しい絵を描いている姿を彼女は思い描いた。まもなく，彼は自分の描いた絵を置いて，彼の日々の昼食である乾いたパンと水を口にする準備をするだろう。彼はパンの塊を開くと，—あっ！　マーサはそれを目撃するためにその場に立ち会いたかった。彼は食べながら，バターを載せた手を思うだろうか。彼は—

玄関のドアベルが大きく鳴り響いた。誰かが大きな音を立てながら，入ってきた。マーサは急いで正面に向かった。

2人の男性がそこにいた。1人は彼女が初めて見かける若者だった。もう1人は例の芸術家だった。

彼の顔は赤くて，彼の帽子は頭の後ろ側に傾いており，髪はボサボサだった。彼は怒って両手をマーサに向けて振りかざした。

「[a]ウ愚かな女性だ！」彼はドイツ語にて大声で叫び，彼女が理解不能な他のいくつかの[b]エ意地悪な言葉が続いた。

マーサは，突然，非常に[c]オ自分が劣っているように感じた。彼が言っていることが彼女には信じられなかった。ようやく，若者が彼の腕を掴んだ。

「やめてください」彼は言った。「十分言いましたよね」彼は[d]ア怒っている人物をカウンターから引きはがすと，扉から外の通りへと押し出した。そして，彼は戻ってきた。「あなたには言っておくべきでしょう」彼は言った。「問題なのは…それはブラムバーガーさんなのです。彼は建築製図技術者です。私達は同じ事務所に勤めています」

「この3か月間，彼は新しい市庁舎の建物に対する計画に懸命に取り組んできたのです。彼は昨日インクによる製図を終えました。ご存じだと思いますが，製図技術者はインクを使う前に，常に，鉛筆で製図をします。それが終ると，干からびたパンで鉛筆の線を消すのです。そうすると上手くいくからです」

「(い)ブラムバーガーさんはここでパンを買い続けてきました。えーと，今日は…そうですね，おわかりでしょう。あのバターは…良くありませんでした。ブラムバーガーさんの計画は，おそらく火をつけて燃やす以外に，役に立たないでしょう」

やや難　問1　(1)「そうする[結婚する]機会がマーサほど恵まれていない多くの人々が結婚していた」そうする機会がマーサよりも良くない，とはどういうことか考えること。正解は，イ「マーサは結婚した人々よりも魅力的であるにもかかわらず，結婚していない」。have married ←〈have[has]＋過去分詞〉現在完了 whose chances ←目的格の関係代名詞　〈A ＋動詞＋ as ＋原級＋ as ＋ B〉の否定形「AはBほど～でない」 although「けれども」 more attractive ← attractive「魅力的」の比較級　those who (people)「～する人々」 ア「マーサは他の人々ほど親切ではなかったので，結婚しなかった」〈A ＋動詞＋ as ＋原級＋ as ＋ B〉の否定形「AはBほど～でない」 ウ「マーサのようにそうする必要はなかったが，多くの人々は結婚した」 though「けれども」〈have ＋不定詞〉の否定形「～する必要はない」 エ「マーサと比べて，結婚するより多くの機会があったので，多くの人々は結婚した」 more ← many／much の比較級「もっと多く(の)」

(2) 「彼は干からびたパン以外決して求めなかった」 anything but A「Aのほかは何でも，まったくAでない」 not ～ any「全く～でない」 call for「～を必要とする，を要求する」正解は，ア「彼は単に乾いたパンを買いたがった」。 イ「彼は乾いたパンだけではなく，新鮮なパンも必要とした」 not only A but also B「Aばかりでなく Bもまた」 ウ「乾いたパンを買いに来る前に，彼は決して電話をかけることはなかった」 before coming ←〈前置詞＋動名詞〉
エ「他の何にもまして，彼は新鮮なパンが好きだった」 than anything else「他の何よりも」

(3) 「彼女は出しゃばり過ぎただろうか？」 forward には「前方の，先を見越した，なれなれしい，でしゃばりな，ずうずうしい，早熟な，進歩的」等の意味があるが，この文脈での意味を考えること。正解は，ウ「彼女はしなければならないことをはるかに超えたことをしたか」。〈much ＋比較級〉比較級の強調 more than「～以上」 had to do「しなければならなかった」←〈have ＋不定詞〉「～しなければならない，であるに違いない」 ア「彼女は彼に会うことを楽しみに待っていたか」〈look forward to ＋動名詞〉「～することを楽しみに待つ」 Was she looking ～? 進行形〈be動詞＋ -ing〉 イ「彼が画家であると彼女が決めるのは早すぎたか」〈It ＋ is ＋形容詞＋ for ＋ S ＋不定詞〉「Sが～[不定詞]するのは…[形容詞]だ」 エ「彼女はまちがった袋にパンを押し戻したか」

基本 問2 【 A 】紳士が芸術家であるか否かを判断するために(she decided to test her idea about whether or not he was an artist：第6段落)，絵を飾り，その絵を紳士が認識できるかどうかどうか試した結果(No artist would fail to notice it.：第7段落)，紳士が絵に関してコメントする(第11段落)といった満足する結果が得られた。よって，正解は，Yes, he must be an artist.「そうだ，彼は芸術家であるに違いない」。must「しなければならない，に違いない」 whether or not「～であるか，でないか」 【 B 】空所を含む文は「ある日，例の紳士がいつものようにやって来て，彼の【 B 】セントをカウンターに置くと，いつもの2塊の干からびたパンを求めた」の意。つまり，2塊の干からびたパンはいくらかを考えればよい。第4段落第2文・3文に Fresh bread was five cents a loaf. Stale ones were two (loaves) for five (cents). とあることから考える。正解は，five cents となる。

基本 問3 下線部(あ)を含む段落の次の第16段落の内容を端的に20字以内でまとめること。

やや難 問4 最後の第26段落・27段落から，マーサの行ったこと(パンにバターを挟んだこと)が紳士にとってはありがた迷惑だったことがわかる。また，第22段落の His face was red, ～ and his hair was disorderly.／He shook both his hands angrily at Miss Martha.，第23段落の he shouted loudly in German, ～，第24段落の She could not believe what he was saying. Finally, the young man took him by the arm. 等から，紳士が激昂して，取り乱している様子がうかがえる。 [a] マーサのしたことに腹を立てている紳士がマーサのことを何と呼ぶか考える。 [b] 取り乱している紳士の言葉を形容するのにふさわしい語を選ぶ。 [c] ののしられたマーサの感情を表すのに適切な語を選択する。 [d] 若者がカウンターから引き離した紳士は怒っていたのである。詳細は，全訳を参照のこと。～ followed by …「…が続いて」 several other unkind words which she did not understand ←〈先行詞(人)＋目的格の関係代名詞 which ＋主語＋動詞〉「主語が動詞する先行詞」 She could not believe what he was saying. ←疑問文(What was he saying?)が他の文に組み込まれる(間接疑問文)と，〈疑問詞＋主語＋動詞〉の語順になる。〈take ＋人＋ by ＋ the ＋体の部位〉「人の体の一部をつかむ」 Come on.「さあ来い，さあやろう，さあさあ，早く早く，がんばれ，いい加減にしろ」 you've said enough「十分言っただろう」(現在完了) angry one 前に出てきた名詞の代わりとして「1つ，1人，～なもの」ここでは，person の代用。

基本 問5　下線部(い)は「ブラムバーガーさんはここでパンを買い続けてきた」の意なので，ブラムバーガー氏がどのようなパンを買い続けてきたか考えること。第4段落に He always bought two loaves of stale bread. とある。また，その理由は，第26段落に a draftsman always makes his drawing in pencil first before he uses the ink. When it's done he removes the pencil lines with stale bread because it works so well. と説明されている。stale「新鮮でない，干からびた，堅くなった，かび臭い」 When it's done「それを終えたら」〈be動詞＋過去分詞〉受動態

重要 問6　ア「マーサのパン屋では，1塊の新鮮なパンは，1塊の干からびたパンの2倍の値段がする」（○）　第4段落第2・3文(Fresh bread was five cents a loaf. Stale ones were two for five.)に一致。〈A＋動詞＋倍数＋ as ＋原級＋ as ＋ B〉「AはBのX倍～である」 a loaf「1塊につき」←a「～につき」 ones←前に出てきた〈a[an]＋単数名詞〉の代用語 one の複数形。　イ「ブラムバーガーはヴェニスの絵をにせ物だと言った」（×）　記述ナシ。　ウ「安いパンを彼に売ることで，マーサはブラムバーガーの誇りを傷つけるだろうと恐れた」（×）　誇りを傷つけることに関しては，第13段落に she knew that artists were proud people, and she was afraid to hurt that pride by giving him something for nothing(彼にタダで何かを与えることで). とあるので，一致しているとは言えない。by selling[giving]←〈前置詞＋動名詞〉 for nothing「無料で」　エ「消防車がパン屋の前を通り過ぎた1時間前に，1ポンドの新鮮なバターが届いた」（○）　第14・16段落に一致。in front of「～の前に」 a pound of fresh butter that was brought to ～←〈先行詞＋主格の関係代名詞 that ＋動詞〉「動詞する先行詞」／受動態〈be動詞＋過去分詞〉「～される，されている」 earlier←early の比較級　オ「マーサが売ったパンを彼の部屋でブラムバーガーが食べるのを見て，彼女は非常にうれしかった」（×）　第19段落で，マーサはブラムバーガーがパンを食べている様子を想像しており，Miss Martha would like to be there to see it. という記述もあるが，その場にいれれば良いなあと願っているだけで，実際にはいないので，不適。was happy to see←〈感情を表す語＋不定詞〉「～して感情が湧き上がる」 Blumberger ate the bread she sold←〈先行詞(＋目的格の関係代名詞)＋主語＋動詞〉「主語が動詞する先行詞」目的格の関係代名詞の省略〈would like ＋不定詞〉「～したいと思う」　カ「若者はブラムバーガーを止めたが，彼はマーサについて酷《ひど》いことを言い続けた」（×）　第25段落に He (the young man) pulled the angry one away from the counter and out the door to the street. とあり，ブラムバーガーは若者により外に連れ出されたので，不可。keep － ing「～し続ける」　キ「彼の計画がものを焼くのに十分に役立つことを知り，ブラムバーガーは喜んだ」（×）　記述ナシ。ちなみに，最終文の Blumberger's plan isn't good for anything now except maybe to light a fire. は，ブラムバーガーの計画は火をつける以外何の役にも立たない，という意で，マーサがパンにバターを塗ったことにより，彼の計画は台無しになってしまったのである。〈感情を表す語＋不定詞〉「～して感情が湧き上がる」〈形容詞[副詞]＋ enough ＋不定詞〉「～[不定詞]するには十分に…[形容詞：副詞]」 good for nothing「何の役にも立たない」

★ワンポイントアドバイス★

3の和文英訳問題を取り上げる。英作文は，語彙力はもちろん大切だが，本年度は，現在完了の受動態や「2番目に～」等を用いる比較級の問題も出題されており，しっかりとした文法力の育成も併せて必要となってくる。

＜国語解答＞

一　問1　A　エ　　B　イ　　問2　(例)　政府は衆論に従う必要がある以上，衆論に非がある場合はどれほど政府が優秀でも成果を上げられないから。　　問3　ウ　　問4　大衆世～を防ぐ　　問5　エ　　問6　(例)　議論を尽くした上での投票による意思決定という手続きとして民主主義を理解することで，一時的な感情に流されやすく危うい民意や世論という主権から距離をとることができるから。　　問7　ア　　問8　イ・エ

二　問1　ⓐ　イ　　ⓑ　ウ　　問2　ウ　　問3　ア　　問4　(例)　信じていたはずの善十が自分や弥吉を陥れたという思いがけない事実を聞かされ，驚き衝撃を受ける様子。

問5　イ　　問6　ア　　問7　エ　　問8　(例)　男たちから，自らの意志を無視されたまま所有物のように扱われていたことを痛感したが，自分の意志で生きていく覚悟を持つことができたから。　　問9　イ

三　1　陳列　　2　傍聴　　3　凡庸　　4　粋　　5　憩(い)

○推定配点○

一　問2　6点　　問6　8点　　他　各4点×8　　二　問1　各3点×2　　問4　6点　　問8　8点　　他　各4点×6　　三　各2点×5　　計100点

＜国語解説＞

一　(論説文―脱語補充，文脈把握，内容吟味，大意)

問1　A　空欄の前に，議院内閣制と大統領制を比較している。国民が議会の議員と政党を選出する議院内閣制は，直接選挙によって大統領を選ぶ方法と区別されるという意味で「一線を画して」が適当。　B　空欄の前に，「拮抗しあい」とある。「拮抗」とは，勢力などがほぼ同等のもの同士が，互いに張り合って優劣のないことを意味する。空欄にはそれと同義の「均衡を保つ」が適当。

重要　問2　傍線部の前に，近年の日本政府が役人や行政府の中心人物がきわめて優秀にもかかわらず成果をあげられないのは，「政府は，『多勢』の『衆論』，つまり大衆世論に従うほかないから」なので，「行政がうまくいかないのは，政府の役人の罪というより衆論の罪であ」るとする。

問3　傍線部にある「ここ」とは候補者や自民党党員たちが世論を気にし，メディアの報道に関心を払っていることを意味する。また「ある前提」とは傍線部の後に，「一国の首相は，国民世論の大きな支持を受けて選出されるべきだ(中略)一国の最高責任者は主権者である国民によって選出されるべきであり，それこそが民主主義の基本原理だとみなされているから」ということである。よって，一国の最高責任者を決める自民党の党首選は，世論の動向に大きく影響するものである。

問4　傍線部の「民主主義の暴走」とは，傍線部の後に，「国民世論にしばしば見られる情緒的な動揺や，過度に短期的で短絡的な反応によって政治が翻弄されること」とある。これを言い換えているのは，「その時々の情緒や社会の雰囲気(つまり『空気』)に左右される『マス・センチメント』へと流される」「大衆世論」の一時的な情緒やある種の先導によって政治が動揺すること」である。また「歯止め」とは，事態の進行を抑え止める働きをするもの。よって，「動揺することを」の後にある「防ぐ」が適当。

問5　傍線部の後に，世論はしばしば「空気」によって左右されるものなのに，それを「主権」の表明だとしているので，「主権」自体が変わりやすく危なかっしいものとなる。また「主権」は絶対的なものなので，誰もその正当性に対して異を唱えることができない。これらの内容から，

筆者は「主権」という概念には，とてつもない危険なものが潜んでいると考えている。

重要 問6　筆者の言う「手続きとしての民主主義」とは，議論を尽くした上での投票による意思決定という手続きのことである。そして議論が有意味なものとなるためには，代表者による集会が必要であり，その代表者は普通選挙によって選ばれる。この手続き全体の妥当性が民主主義と呼ばれ，さらにこの議院内閣制は「主権」から距離をとるものであると主張している。

問7　傍線部の前に，筆者は「今日の政治の混迷は，将来へ向けた日本の方向が全く見えない(中略)将来像についてのある程度の共通了解が国民の間にあればよいが，それがまったく失われている」と現代の政治に対する思いを述べており，またそのような今日だからこそ，「将来を見渡せる大きな文明論が必要なのであり，それを行うのは学者，すなわちジャーナリズムも含めた知識人層の課題であろう」と福澤諭吉が『文明論之概略』で記した説を支持している。

問8　筆者は「主権」に対して，危なかっしいものであると考えており，「国民主権の民主主義」は，さらにこの危なかっしい「主権」に全体重をかけているとし，「国民主権」に対して懐疑的であるので，イは誤り。また，民意を政治から切り離すのではなく，民意を背負った代表者が集会などで議論を尽くし，意思決定していくことが重要だとするので，エも誤り。

二 （小説文一語句の意味，内容吟味，心情，文脈把握，大意）

問1　ⓐ「虚を衝かれる」とは，備えのない所につけ込まれる，すきを突いて攻め込まれること。ⓑ「精悍」とは才気が鋭く，勇敢なこと。

問2　傍線部に「ような」とあるので，比喩になっていることに注目。傍線部の後にある，「絶望感」とは，希望が全くなくなったという気持ち。また「胸がふさがる」とは，不安や心痛などで胸が詰まるように感じること。弥吉が暴力を振るったことで，島流しの刑となり，これからの生活に対して希望をなくし，また不安を募らせている。

問3　「はっとなる」とは，思いがけない出来事にびっくりするさま。傍線部の前に，「お前さん－」と前の亭主に対して，自然と口から出てしまったことに対して驚いている。また傍線部の後に，「この三年間，善十には，ねえ，とかちょいと，としか声をかけてこなかった気がする」とあることから，今でも弥吉のことを亭主だと思っているのである。

重要 問4　傍線部の前に，「おめえの後ろに隠れてる，ぐずでのろまな善十が，おれをはめやがったのよ」とあることから，現亭主である善十が弥吉を島流しの刑へと追いやり，またおみのの生活を困窮させた張本人であるとわかり，その内容が余りにも衝撃的な様子を示している。

問5　傍線部の前に，「蜥蜴か守宮が笑ったらこうかと思えるような表情で，おみのがはじめて見るものだった」とあり，また傍線部にあるように声まではじめて聞くもののように感じたことから，今まで自分(おみの)が知っている善十とは全く別人の様相のように感じられたのである。

問6　傍線部の前までは「善十がぐいと簪を押しつけ，目のまえが暗くなる。瞼はたしかに開いていたが，眼下に映る川面はただの闇にしか見えなかった」とあるように，生きる気力を失くしていた。しかし「こ，こいつはおれのもんだ」という善十の言葉を聞き，「ちがうっ」「あたしはあたしのもんだっ」と怒りとともに，生きる気力を再び取り戻したのである。

問7　善十がおみのを手に入れたいがために危うく殺されそうになったところを，何とか逃れることができた。にもかかわらず，傍線部の前に，「いきなりにやりと笑うと，そのまま指さきを胸元へ滑りこませようとする」と，弥吉がおみのを欲望の対象にしようとしたので，怒りのまま弥吉の頬を張ったのである。

重要 問8　弥吉と善十の取り合いに巻き込まれ，まるで物のように扱われていたことに不快であったが，傍線部の前に「駄目かもしれないが，老爺の居酒屋へ行ってみるつもり」と，以前に働いていた店へ戻り，自分の力でこれからは生活していこうと決意している様子を読み取る。

問9　善十に簪を突きつけられて，危うく命を落としそうになったのに，「善十が憎いのかどうか自分でもわからなかったが，生きていてくれればと思ったのも本当だった」と善十に対して憎しみが全面ではなかったり，弥吉のせいで人生が滅茶苦茶になっていても，「でも，ありがとう」と今回，自分(おみの)を助けてくれたことに感謝していることから，一面的な感情ではなく，様々な思いを抱えているおみのの心情がわかる。

三　(漢字の書き取り)

1 「陳列」とは，店舗の売場・博物館等において，顧客・来館者に見せるために商品や展示品を並べること。　2 「傍聴席」とは，討論・会議・裁判などを，当事者以外の者が発言権なしに席場内で聞く傍聴人が座るために定められた席。　3 「凡庸」とは，平凡で，特にすぐれたところのないこと。　4 「粋」とは，世態や人情の表裏など物事によく通じていること。　5 「憩い」とは，体や心を休めること。

★ワンポイントアドバイス★

慣用句や四字熟語，ことわざなど，語彙の範囲での知識を増やしておこう。100字程度で本文を要約する練習をしておこう。

2022年度

★★★★★★★★★★★★★★★★★★★★★★★

入　試　問　題

2022年度

城北高等学校入試問題

【数　学】（60分）〈満点：100点〉

【注意】 1．コンパス・定規・分度器を使ってはいけません。

2．円周率はπを用いて表しなさい。

1 次の各問いに答えよ。

(1) $\sqrt{2023\times2021-4044+2}$の値を求めよ。

(2) $x^2-4x+2xy-6y+3$を因数分解せよ。

(3) 6つの面に1，1，1，2，3，3の目が書かれたサイコロを2回投げるとき，出た目の和が4になる確率を求めよ。

(4) xの2次方程式$2^2\times3^4\times x^2+(2^7+3^6)\times x+2^5\times a=0$の解の1つが，$x=-\dfrac{2^5}{3^4}$であるとき，$a$の値と，もう1つの解を求めよ。

ただし，答えは指数を使わずに表すこと。

2 次の各問いに答えよ。

(1) 下の図の四角形ABCDは，1辺の長さが15の正方形であり，

AFは∠DAEの二等分線である。このとき，DFの長さを求めよ。

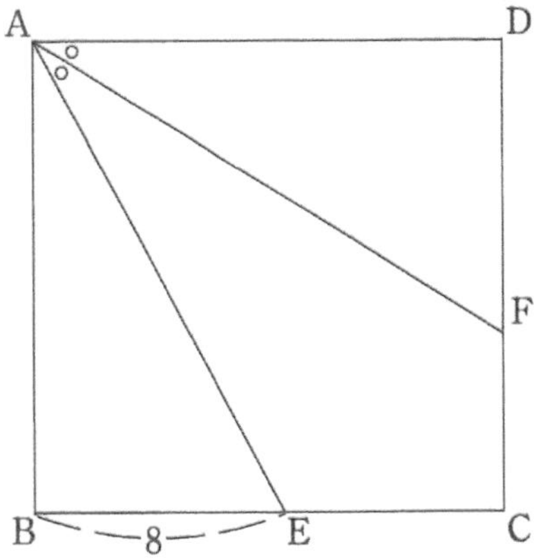

(2)　下の図において，線分BD，CEはそれぞれ∠ABC，∠ACBの二等分線であり，EC//BFである。このとき，∠DCFの大きさを求めよ。

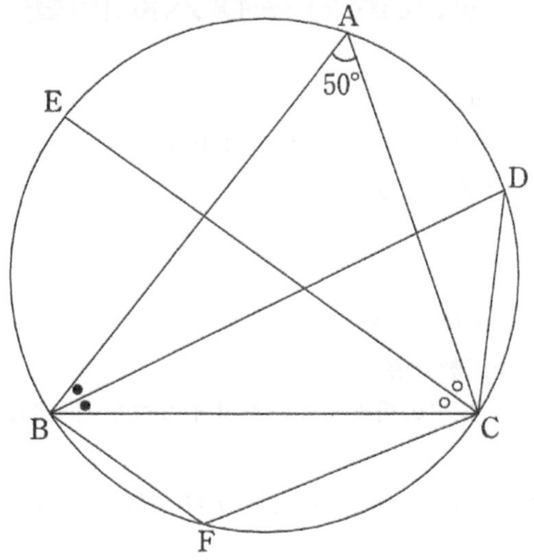

(3)　下の図は直角三角形でDB＝DCである。線分ADを折り目として折り返したとき，重なった部分の面積を求めよ。

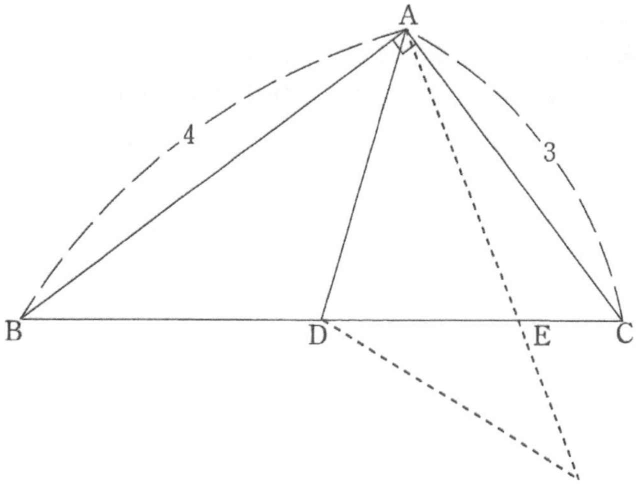

3　次ページの図のようにすべての辺の長さが6の三角柱ABC－DEFがある。
点Pは辺BE上にあり，点Qは辺CFの中点である。
次の問いに答えよ。

(1)　△DBQの面積を求めよ。

(2)　△DPQがPD＝PQの二等辺三角形となるとき，EPの長さを求めよ。

(3)　平面DPQで三角柱ABC－DEFを切断する。
立体D－EFQPの体積がもとの三角柱の体積の$\frac{1}{5}$倍となるとき，EPの長さを求めよ。

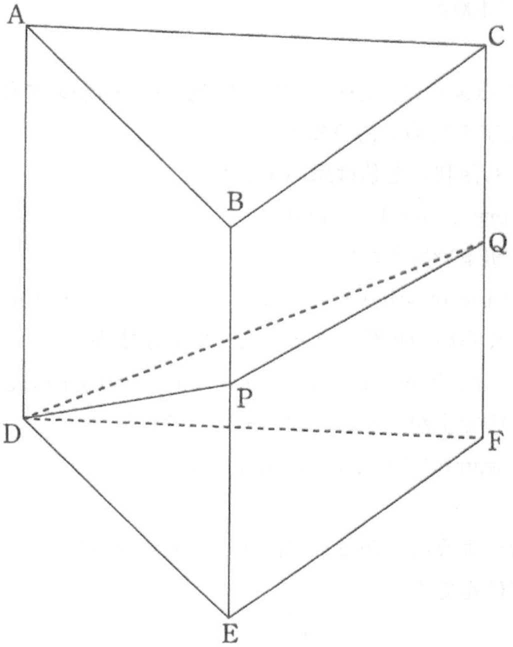

4 関数$y=\frac{1}{2}x^2$のグラフ上に3点をとり，x座標の小さい順にA，B，Cとする。
点Bのx座標と点Aのx座標との差は1，
点Cのx座標と点Bのx座標との差は4である。
このとき，2点B，Cを通る直線の傾きが1となった。
次の問いに答えよ。

(1) 点Bのx座標を求めよ。

(2) 2点A，Bを通る直線の傾きを求めよ。

(3) △ABCを通るように直線ABと平行な直線lを引く。
lが線分ACと交わる点をD，線分BCと交わる点をEとする。
△ADEの面積が△ABCの面積の$\frac{3}{16}$倍となるとき，
lとy軸の交点の座標をすべて求めよ。

5 $N=3^4\times7^4$，$M=2^3\times3^3\times7^3$とするとき，
次の問いに答えよ。

(1) Nの正の約数の個数を求めよ。

(2) Nの正の約数で，一の位が3である数の個数を求めよ。

(3) Mの正の約数の個数を求めよ。

(4) Mの正の約数で，一の位が2である数の個数を求めよ。

【英　語】（60分）〈満点：100点〉

[1] 次の日本語の意味になるように，かっこ内の語(句)を並べかえて英文を完成させなさい。ただし，文頭にくる語も小文字で始めてあります。

(1) スマートフォンはとても便利だと私は思いました。
(smartphones / I / very / found / useful).

(2) とても天気が良いので駅まで歩きたい。
(I / walk / is / nice / the weather / so / want / that / to) to the station.

(3) 日本から韓国までどれくらいの距離があるか知っていますか。
(do / Japan / from / far / how / is / it / know / to / you) Korea?

(4) マンボウを見たかったのですが，そこにはいませんでした。
The sunfish (there / wanted / was / to / not / see / I).

[2] 次の日本語の意味に合うように，かっこ内に適語を入れなさい。

(1) これは母が作った朝ごはんです。
This is the breakfast (　　　)(　　　) my mother.

(2) ヒトシは夏休みにロシア人の学生と友達になった。
Hitoshi (　　　)(　　　)(　　　) a student from Russia during summer vacation.

(3) 子供たちにとって8時間以上寝ることは大切です。
(　　　) is important (　　　) children (　　　)(　　　) for more than eight hours.

(4) コジロウはクラスの中で最も速く走る子のうちの一人です。
Kojiro is one (　　　)(　　　)(　　　)(　　　) in his class.

[3] 次の日本語を英語になおしなさい。

(1) 父は私にソーシャルメディア(social media)を使うのをやめなさいと言った。

(2) リコ(Riko)はちょうど歯磨きを終わらせたところです。

[4] 次の文章を読み，後の問いに答えなさい。

Partners and children appear later in our lives. Parents usually leave us too early. But brothers and sisters are often with us for almost all our lives for better or for worse....

Bringing up two or more kids under the same roof often means trouble. [ア] *Siblings take each other's things and fight for their parents' (1)(　　　　). In fact, a recent study in England showed that 31 percent of children were unhappy because a sibling fought with them a lot.

But these fights can be good for us, too. They are a chance to face problems in an *emotionally safe environment. A fight at breakfast is forgotten by lunch. As British poet Dylan Thomas once said, "I made a *snowman and my brother knocked it down and I knocked my brother down and then we had tea."

It seems especially helpful for us to have sisters. [イ] A study at the University of Ulster in the U.K. found that when we have girls for siblings, honest communication in the family increases.

This is《あ》for our *emotional health.

Now let's think about another family matter! What do Barack Obama, Ben Affleck, and JK Rowling have in common? They're all rich, successful, and first-born children. In fact, more than half of US Presidents and Nobel Prize winners were first-born. A study by the newspaper USA TODAY found that 43 percent of the *bosses of large companies were also first-born. Why can this be?

Well, parents usually give more attention to first-born children, and they *expect great things from them. As a result, these children are often《い》and confident. They do well at school, and some studies (2)【 are / than / suggest / they / their / siblings / smarter / younger 】. But the first-born can have weak points, too. They sometimes expect too much of themselves and try too hard to be perfect. This can make them worry and feel《う》of making mistakes.

Last-born children − the "babies of the family" − usually get a lot of attention, too. They are often loving, sociable, and *charming. They are freer than their older siblings and more *likely to do unusual or《え》things. They often break the rules, like the Polish scientist Copernicus. (3)He was the youngest of all the children in his family. In 1543, he shocked the world when he wrote a book saying that the Earth moves around the Sun. [ウ] At that time, everybody was sure that the Sun moved around the Earth, and some people were very angry when Copernicus said they were wrong.

What about the poor kids in the middle?

[4]

Is it sad to be brought up as an only child, with no brothers and sisters to play with? [エ] But lots of recent studies show that only children are often happy and successful. The actress Natalie Portman once said that her parents allowed her to become an actress because she was an only child. Her parents didn't have to worry about her being seen as "special" or《お》from any siblings. She didn't steal attention away from anyone. She could be happy doing everything she wanted.

Lastly, we have the question of *multiple births. How does it feel to be a *twin? (5)Twins can have extremely close relationships, and this can help them get through life. But sometimes it's difficult for twins to show their own characters. They have to remind people: "Please, it's not us. It's me!"

(注) sibling：(男女の別なく)きょうだい　emotionally：感情面において　snowman：雪だるま
emotional：感情面の　boss：上司　expect：～を期待する　charming：魅力的な
be likely to～：～する可能性が高い　multiple：複合的な，多数の　twin：双子

問1　下線部(1)の空所に当てはまる単語を本文中から探し，1語で書きなさい。

問2　下線部(2)の【　】内の語を文脈に合うように並べかえなさい。

問3　下線部(3)を以下のように言い換えた場合，空所に入る語句を答えなさい。[A]は1語，[B]は3語で書きなさい。

He was [A](　　　　) than [B](　　　　)(　　　　)(　　　　) in his family.

問4　空所[4]には以下の4つの文が入る。意味の通る文章にするために適切な順番に並べ替え，ア～エの記号で答えなさい。

ア　Bill Gates, John F. Kennedy, and Madonna are all middle children.

イ　But don't worry if you're a middle child.

ウ　There are some great members in your club.

エ　Studies say they get less attention and are not usually favorites.

問５　下線部(5)について，双子であることの利点と懸念点を以下のように説明するとき，①②に当てはまる内容を，①は5字以内，②は15字以内の日本語でそれぞれ説明しなさい。ただし，句読点も字数に含めます。

双子は，非常に（　①　）関係であることが彼らの人生において支えになるが，一方で時に（　②　）ことが難しい，という側面もある。

問６　本文中にあるべき次の1文が入る箇所を［ア］～［エ］から1つ選び，記号で答えなさい。

In the past, people thought so.

問７　空所《あ》～《お》に入る最も適切な形容詞を次のア～オから選び，それぞれ記号で答えなさい。ただし，同じ記号を2度使ってはいけません。

ア　different　　イ　good　　ウ　dangerous　　エ　afraid　　オ　responsible

5　次の文章を読み，後の問いに答えなさい。

I know I'm not an (1)ordinary ten-year-old kid. I do ordinary things. I eat ice cream. I ride my bike. I have an Xbox. And I feel ordinary inside. But ordinary children run away from me in the *playground. And ordinary people *stare at me in the street or at the supermarket.

I walk down the street and people look at me, and then they look away.

My older sister, Via, doesn't think I'm ordinary. She gets angry if people talk about me or if they stare at me. She shouts at them. She loves me, but she doesn't think I'm ordinary.

Mom and Dad don't think I'm ordinary, either. They think that I'm extraordinary.

I think I *am* ordinary, but nobody sees it.

Mom is beautiful, and Via is beautiful, too. And Dad is *handsome. My name is August. What do I look like? I'm not going to tell you. But it's worse than you think. Here's something not ordinary about me: (2)I have never been to school. People think I haven't been to school because of how I look. But it isn't that. It's because I've been in hospital a lot – twenty-seven times in ten years. I've had a lot of *plastic surgery and other things. So, my parents didn't send me to school. Mom taught me at home.

My last visit to hospital was eight months ago, and I don't have to go back for two years.

One day this summer, my parents were talking about schools.

"What are you talking about?" I asked.

"Do you think you're ready for school?" asked Mom.

"No," I said.

"I can't teach you much more," she said. "You know I am bad at math."

"What school?" I asked.

"Beecher Prep. Near our house."

"I really don't want to," I said.

"OK," said Mom. "We'll talk about it later."

I didn't want to go. But I knew Mom was right.

And she is really bad at math.

In the summer vacation, we went to the school to see the school principal, Mr. Tushman.

"Hi, Mr. Tushman, nice to see you again," said Mom. "This is my son, August."

Mr. Tushman shook Mom's hand, and then mine.

"Hi, August," said Mr. Tushman. He looked at me. Not many people do that. "I'm very happy to meet you. Your mom and dad have told me a lot about you."

"What have they told you?"

"That you like to read. That you're a great artist. And that you really like science. Is that right?"

"Yes," I said. "I do."

"We have some great science teachers here," said Mr. Tushman. "Now, you need to visit the school."

I liked Mr. Tushman.

Outside the door of Mr. Tushman's office I could hear children's voices. Suddenly, I was *frightened again. I'm OK with little children. Sometimes they say *cruel things, but they don't want to hurt you. But (3)<u>older children are more difficult.</u> So, I have long hair because then I can't see things if I don't want to.

"August," said Mr. Tushman, "I want you to meet some other fifth-grade students."

"I don't want to meet any kids," I said to Mom.

Mr. Tushman looked into my eyes. "This is going to be OK, August," he said. "These are nice people." And he opened the door.

"Come in, children," he said, and two boys and a girl walked in. They didn't look at me or Mom. They stood near the door and looked at Mr. Tushman. They were frightened, too.

"Thank you for coming," said Mr. Tushman.

"I want you to meet August, a new student. He'll be in your homeroom. So, this is August. August, this is Jack."

Jack looked at me and put out his hand. I shook it. He smiled, said "Hey," and looked down quickly.

"This is Julian," said Mr. Tushman.

Julian did the same as Jack. He shook my hand, smiled and looked down.

"And Charlotte."

Charlotte had really *blonde hair. She didn't shake my hand, but she waved and smiled. "Hi, August. Nice to meet you," she said.

"Hi," I said, looking down. She had green shoes.

"OK," said Mr. Tushman. "Maybe you can show the school to August. Take him to your homeroom, and then show him the science room and the computer room. Don't forget the cafeteria."

The three children went out the room. I had to follow them.

Jack, Julian, Charlotte, and I walked across a hall and up some stairs. Nobody said a word. We stopped at a door with the number 301 on it.

"This is our homeroom," said Julian. "We have Ms. Petosa. She's OK."

Julian walked down the hall. He stopped at another door and opened it a little. "This is the science room." He stood in front of the door, and he didn't look at me. "The best science teacher is Mr. Haller."

"Open the door more for August to see inside," said Jack, and he pushed the door some more. Julian moved out the way quickly because he didn't want to touch me. But he pointed to some of the things in the room. "That big thing is the board. Those are desks, and those are chairs."

"I'm sure he knows that," said Charlotte.

"I have a question," I said. "What is homeroom?"

"It's your group. You go there in the morning," said Charlotte. "Your homeroom teacher checks that everybody is in school. You see her every day. Do you understand?"

"Yes, thanks," I said.

Next, they showed me the theater - Charlotte's favorite place - and the library.

Then, Julian said, "Can I ask a question?"

"OK," I said.

"(　　　　4　　　　)?"

"Julian!" said Charlotte. "You can't ask that. He was born like that. Mr. Tushman told us. You weren't listening!"

"Come on, August," said Jack. He opened the library door and looked me in the face. I looked back at him and smiled. He smiled, too. "Julian's (5)<u>a jerk</u>," he said, quietly.

"Were they nice to you?" asked Mom, at home.

"Jack was OK," I said, "but not Julian."

"You don't have to go to school if you don't want to," Mom said.

"It's OK, Mom. I want to." It was true.

(注)　playground：運動場　stare：じろじろ見る　handsome：かっこいい
　　plastic surgery：整形手術　frightened：おびえている　cruel：残酷な　blonde：金髪の

問1　下線部(1)の意味として最も適切なものを，次のア～エから1つ選び，記号で答えなさい。

ア　normal　　イ　serious　　ウ　careless　　エ　poor

問2　下線部(2)の理由を，15字程度の日本語で説明しなさい。ただし，句読点も字数に含めます。

問3　下線部(3)とはどういうことですか。最も適切なものを，次のア～エから1つ選び，記号で答えなさい。

ア　年齢の進んだ生徒は，先生にとって扱いが難しいということ。

イ　年齢の進んだ生徒は，意図的に人を傷つけることを言うということ。

ウ　年齢の進んだ生徒は，生きづらさをより感じるということ。

エ　年齢の進んだ生徒は，複雑な家庭環境を持つことが多いということ。

問4　空所(4)に入る英文として最も適切なものを，次のア～エから1つ選び，記号で答えなさい。

ア　Why didn't you come to school?

イ　Why is your face like that?

ウ　Why didn't you know homeroom?

エ　Why did you choose this school?

問5　下線部(5)の意味として最も適切なものを，次のア～エから1つ選び，記号で答えなさい。

ア　a friendly person

イ　a person who often tells a lie

ウ　a person who works hard

エ　a person who doesn't behave well

問6　Julianが主人公に対して良い印象を持っていないことが行動として表れている描写が，本文中にいくつかあります。そのうちの1つを，下線部(3)から空所(4)までの範囲から，記号類を含めずに6語で抜き出しなさい。

問7　本文の内容と合っているものを次のア～エから1つ選び，記号で答えなさい。

ア　Via gets angry at August because he runs away from other people.

イ　August's mother doesn't like studying science.

ウ　Charlotte was sure August already knew some of the things Julian explained.

エ　August didn't want to make his mother sad, so he decided to go to school.

ア　思い当たる原因もないのに若くして大病を患ったことに不条理を感じ、気力を失ってしまったから。

イ　突如として自分に訪れた病気という不幸を憂えているうちに、病状が一段と重くなってしまったから。

ウ　一人慎《つつ》ましく生きてきた自分に突然降りかかった不運を前にして、怒りが湧いてきてしまったから。

エ　入院の準備を済ませて何の不安もなく手術に臨めると考えたら、安心して気が抜けてしまったから。

問5　――④「わざとのろのろと靴を脱いだ」とありますが、ここから読みとれる恭平の様子の説明として最もふさわしいものを次の中から選び、記号で答えなさい。

ア　親しい人にも余計な心配をかけまいと気を遣う様子。

イ　相手の厚意に心を打たれつつもまだ信じ切れない様子。

ウ　自分よりも周りにいる大切な人の利益を優先する様子。

エ　意地を張って自分の弱い姿を素直に見せられない様子。

問6　――⑤とありますが、恭平は遼賀のどのような点を「ちゃんと兄貴」だったと評しているのですか。30字以内で答えなさい。

問7　――⑥「熱をもった携帯を耳に押し当てたまま無言で頷いている」とありますが、この時の遼賀の様子を説明したものとして最もふさわしいものを次の中から選び、記号で答えなさい。

ア　恭平が語る強かった過去の自分と、病魔に冒された弱い今の自分との落差を思い知り、愕然《がくぜん》としている様子。

イ　恭平からのあたたかい言葉を受けて、自分の孤独を恭平は理解してくれていたと感じ、心が晴れた様子。

ウ　恭平の言葉から自分を励まそうとする強い意志を感じ、その言葉と思いをじっくりと噛み締めている様子。

エ　恭平のあまりにも楽観的な励ましを聞いて、やはり自分の苦しみは誰にも理解されないと感じ、落ち込む様子。

問8　――⑦「見憶えのあるオレンジ色に、体温が上がる」とありますが、これはどういうことですか。その説明として最もふさわしいものを次の中から選び、記号で答えなさい。

ア　恭平とどんな時でも一緒にいた過去に、懐かしさを覚えたということ。

イ　冬山で遭難したことを想起し、死への恐怖がよみがえったということ。

ウ　かつて遭難を生き延びた経験を思い出し、気持ちが高ぶったということ。

エ　恭平の思いやりに気づけなかった自分を、恥ずかしく感じたということ。

問9　――⑧「いつしか震えは止まっていた」とありますが、それはなぜですか。80字以内で説明しなさい。

三　次の傍線部を漢字で記しなさい。

1　この国は一年中シツジュンな気候である。

2　直立二足歩行から人類のエイイは始まった。

3　問題の解決にフシンする。

4　ザンテイ的な処置を施す。

5　満天の星空をアオぐ。

さがあった。踵《かかと》で地面をコツコツと打ちつけ足全体に馴染《なじ》ませると、さらに違和感はなくなる。

この靴を送ってきた恭平の気持ちを考えると、やっと止まった涙がまた込み上げてくる。

そうだった。あの日のおれは、生きるために吹雪の中を進んでいったのだ。十五歳の自分は逃げ出したいなんて、一度たりとも思わなかった。

この靴を履いて、病院に戻ろう。

そう決めると、遼賀はいったん靴を脱ぎ、部屋の中に置いていた紺色のスポーツバッグを取りに行った。⑧いつしか震えは止まっていた。

（藤岡陽子《ふじおかようこ》『きのうのオレンジ』による）

注1 「昌美」…恭平の妻。

注2 「三和土」…玄関の床のこと。

注3 「おまえが出した手紙」…遼賀は病気を告知された際に、母親に向けて胃ガンであることを手紙に綴《つづ》って投函《とうかん》している。

注4 「山で遭難した時のこと」…遼賀と恭平は十五歳の時、父親に連れられ登った冬山で遭難している。

注5 「ママカリ」…岡山特産のニシン科の魚のこと。

問1 空欄 A ～ C にふさわしい言葉を次の中からそれぞれ選び、記号で答えなさい。

・合点が A

ア つく　イ きく　ウ いく　エ でる

・嗚咽《おえつ》が B

ア 漏れる　イ 垂れる　ウ 滞る　エ 降りる

・息を C

ア ついた　イ のんだ　ウ いれた　エ ひそめた

問2 ――①「陽が照っているわけでもないのに目を細めている自分がいた」とありますが、この時の遼賀の気持ちを40字以内で説明しなさい。

問3 ――②とありますが、「つまらないことに引っかかっている自分に呆れ」るとはどういうことですか。その説明として最もふさわしいものを次の中から選び、記号で答えなさい。

ア 大病にかかったからといってすぐに今までの居場所が失われる社会のあり方に不満を抱いたが、病気になった今そんなささいなことを考えても仕方ないと思ったということ。

イ 自分の人生や存在意義は自分で思っていたよりも軽いものなのではないかと思ってむなしくなったが、この期《ご》に及んで小さなことにこだわりすぎだと思い直したということ。

ウ 一人欠ければすぐに代わりを用意できる会社の余裕を知って、今まで働いてきたことを無駄だと感じたが、それも社会で生きている者の宿命だと思い返したということ。

エ 自分が帰属している場所が意外にも自分とは希薄な関係だったことに思い至り、孤独さを噛《か》み締《し》めていたが、それが自分の選んだ生き方だと改めて気づいたということ。

問4 ――③「急に全身から力が抜けて、その場にへたりこむ」とありますが、それはなぜですか。その説明として最もふさわしいものを次の中から選び、記号で答えなさい。

おまえのためじゃない」と真剣な表情で言ってきた。それで④わざとのろのろと靴を脱いだ。本当は足先が氷のように硬く冷たく、怪我《けが》をした左足の感覚はすでに失われていた。遼賀がオレンジ色の登山靴を自分に向かって差し出してくれた時は、正直泣きそうになったのだと恭平は話す。ほっとして涙が出そうだったと。

『あの後登山をやめたのも、道具を全部捨てたのも、本当は⑤情けない自分を思い出したくなかったからだ。遼賀はあんな時でもちゃんと兄貴で、おれはただ助けられるだけの存在だった』

電話の向こうで恭平が真面目な声を出す。

「どうしたんだ？　急にそんな話」

『おまえは強いよ。だから』

恭平の声が一瞬途切れ、『だから大丈夫だ』と太い声が続く。

⑥熱をもった携帯を耳に押し当てたまま無言で頷いていると、インターホンのチャイムが鳴った。電話口の恭平に、「おまえの荷物かも」と告げ、電話を切った。

「はい？」

玄関先で魚眼レンズをのぞけば、思ったとおり宅配便のドライバーらしき顔が見える。

「笹本遼賀さんですか。こちら、お届け物です」

ドアを開け、両手で抱えられるくらいの大きさの、だが見かけよりずしりと重い段ボール箱をドライバーから受け取った。おそらくまだ二十代の前半だろう、緑色のキャップを被った若いドライバーは荷物を届けると「失礼します」と勢いよく去っていった。

手に持った箱を左右に振って、中身を想像してみる。

あいつ、なにを送ってきたんだろう。

岡山銘菓かとも思ったが、それならあれほどもったいぶることはないだろう。ばあちゃん手作りのママカリ注5の甘露煮だろうか。でも生ものならクール便だろうし……。

箱を抱えながら部屋に戻り、留守の間にうっすらと埃の積もった床の上に置いた。恭平の字で書かれた送り状を剥《は》がすと、マスカットの黄緑色のイラストが出てくる。

蛍光灯の白い灯《あか》りの下、蓋《ふた》の合わせ目に貼ってあるガムテープをゆっくり引っ張って外し、左右に開いた。このところ開封する小包といえばネット注文したものばかりなので、人から贈られた荷物を開けるのは少しどきどきする。胸を弾ませつつ箱の中をのぞく。

「あ……」

中に入っていた意外な届け物に、遼賀は息を［ C ］。

箱の中に納まっていたのは、十五歳の遼賀が履いていた登山靴だった。

そういえば東京に出てくることになった時、兄弟で使っていた部屋を片付け、でも山の道具だけは捨てられなかったのだ。押入れの奥深く、紙袋に包んで隠すようにして置いていたことを恭平は知っていたのだろうか。

段ボール箱に手を伸ばし、その古びた靴に触れてみた。ずいぶん色褪《いろあ》せてはいたが、⑦見憶《みおぼ》えのあるオレンジ色に、体温が上がる。

遼賀は立ち上がり、登山靴を手に玄関に向かった。

狭い三和土に靴を並べ、思いきって足を入れてみると、全体的に硬くはなっていたが、それでも足背や足裏に吸いついてくる心地よ

してほしい。そう告げると、「間に合うように行きます」と張りのある若い男の声が返ってきた。

「これでよし、と」

次は病院で渡された「入院のしおり」を読みながら、シャツやパンツ、スリッパやひげ剃《そ》りなどの生活用品を準備していく。足りないものは帰りに買っていけばいい。いま家にあるものだけを紺色のスポーツバッグに詰め込んでいくと、あっという間に荷造りは終わった。だがあとは荷物を受け取って病院に戻るだけ、となったところで③急に全身から力が抜けて、その場にへたりこむ。

どうして、おれなんだろう。

煙草《たばこ》は吸わない。アルコールもつき合い程度。普段はできるかぎり自炊をして、時間のない時はスーパーの総菜を買って食べる。睡眠時間が日によって違うことを除けば、この年で病気になるような生活は送っていないはずだった。

それなのに、胃がんになった。

どうしておれなんだろう……。

俯《うつむ》いた拍子に、フローリングの床に涙が落ちる。喉の奥から嗚咽《おえつ》が［B］。

病室と違ってここでは思いきり泣けるという安心感からか、涙がとめどなく溢れてきた。嗚咽以外の音が絶え、冷えた部屋で遼賀は泣いた。寒さなのか恐怖なのか、さっきから全身が小刻みに震えている。エアコンをつけ、布団にくるまり体を温めたが、それでも震えはとまらず、いつしか病院に戻る気力などどこにもなくなっていた。

一時間はそうしていただろうか。携帯の着信音が聞こえてきてゆっくりと顔を上げる。両方の鼻の穴から大量の鼻水が垂れて顔を濡《ぬ》らした。ティッシュで鼻を押さえながら画面を見れば、「恭平」の二文字が浮かんでいる。

「もしもし」

『あ、遼賀。いま家か？　今日いったん自宅に戻るって言ってたよな』

「ああ、家だ。おまえからの荷物が届くのを待ってたところで……」

泣いていたことに気づかれないよう遼賀は立ち上がり、背筋を伸ばした。姿勢が声を作るというのは、接客業をして気づいたことだ。

『注3おまえが出した手紙、お母さん読んだみたいだ』

「……そっか。なんか言ってた？」

『なんも。まあ……泣いとったけど』

「そっか」

それから数秒、沈黙が落ちた。恭平の息遣いが、耳に押しつけた携帯から聞こえてくる。

『あのな、遼賀』

しばらく間を置き、恭平がゆっくりと言葉を継ぐ。いつもの大きな声ではなく低く落ち着いた口調で、注4山で遭難した時のことを話し始める。

『おれはあの時、自分が助かることしか考えてなかった。それなのにおまえは、自分の靴と、水がたっぷり沁《し》み込《こ》んだおれの靴を取り換えようって言い出したんだ』

靴を交換しようと遼賀に言われ、「そんなことしなくていい」と断った。だが強がる自分に、遼賀は「交換するのはおれのためだ。

とても重要なことを確認するかのように、恭平が大きく頷《うなず》く。

「じゃあな、また来るわ」

「遠いところ悪かったな。それからお母さんによろしく。注1昌美《まさみ》さんにも」

缶コーヒーを飲み終えると、恭平は帰って行った。病気など寄せつけそうにない頑健な体で家族の待つ家に戻っていくその姿が眩《まぶ》しくて、①陽《ひ》が照っているわけでもないのに目を細めている自分がいた。

それから三日後、遼賀は外出届けを出していったん自宅に戻った。手術をした後は二週間ほど入院する必要があるので、足りない着替えを取りに帰る。

エントランスに足を踏み入れ、ポストに溜《た》まっていた郵便物を引っこ抜くと、「差出人　笹本恭平」と書かれた宅配業者の不在連絡票がぱらりと一枚、足元に落ちてきた。そういえばこの前病院に見舞いに来てくれた時、「いつ自宅に戻るんだ」としつこく訊《き》いてたっけ。なにか送りたいものがあったのかと合点が[A]。

エレベーターで三階まで上がり、自宅玄関のドアを開けた。小さな注2三和土《たたき》には黒い革靴とグレーのスニーカーが脱ぎ散らかしてある。短い廊下の先に擦《す》りガラスの扉があり、手で押し開けたら東京に出てきてから今日までの、笹本遼賀のすべてが詰まっている。

「ただいま」

自分の部屋の匂いを思いきり吸い込んだ。脂っぽいような、埃《ほこり》くさいような。けっしていい香りとはいえないけれど落ち着く匂いだ。病院では手首に巻かれたネームバンドとベッドに付けられたネームプレート以外に、自分が笹本遼賀であることを証明するものはなにもなかった。わずか数日入院しただけで自分が何者で、これまでなにをして生きてきたのか、そんなことすらあやふやになっていた。人はいとも簡単に、それまでいた場所から離脱できるものなのだ。

テレビの前に置いてある座椅子に座り、背もたれに体重をかけた。二日後の手術までにしなくてはいけないことを、ひとつひとつ頭に思い浮かべる。上司には手術が決まった日に連絡を入れた。事情を話すと一か月間は休暇を取るようにと言われ、ありがたかった。ただ年末年始の忙しい時期にあっさり休ませてもらえたことに拍子抜けしている自分もいる。自分の代わりはいくらでもいる。そんなことをうっすらと考え、どこかで寂しく思っている。

「気にしない、気にしない……」

②つまらないことに引っかかっている自分に呆《あき》れ、呟《つぶや》いた。もちろんその呟きに答えてくれる人はいない。ひとりで生きるというのは、自分の弱さや脆《もろ》さにもひとりきりで立ち向かわなくてはいけないということなのだ。そんな当たり前のことを病気になってようやく実感する。ひとりは気楽、自由だと言っていられるのも、降りかかる火の粉を自分の力で払いのける力があるうちだけだ。若かろうが老いていようが、男だろうが女だろうが、病気は怖いし、死ぬのはもっと怖い。その底知れぬ恐怖を垣間《かいま》見たいま、この先ひとりで生きていく覚悟を持たなければいけない。

遼賀は小さく息を吐き、さっきポストに入っていた不在連絡票を手に取った。そこに記載されている番号に電話をかけると、すぐさまドライバーに繋《つな》がる。今日の六時までなら家にいるので、再配達

イ　〔生徒B〕オリンピックでは開会式で地球を形づくったドローンが印象的だったな。最近のドローン技術の進歩が目覚ましくて、ドライバー不足が心配される日本の物流業界にも大きな変化をもたらしてくれるんじゃないかな。

ウ　〔生徒C〕技術といえば、「持続可能な開発目標」の一環なのか、環境に配慮した自動車のCMを最近よく見かけるな。「持続可能な社会」という目標を世界で共有していることが、環境に配慮した技術開発に繋《つな》がっているんだね。

エ　〔生徒D〕僕たちの生活に関しては、ここ数年の通信技術の発達も著しかったね。自宅にいながら授業を受けられたり仕事に取り組めたりと、通信技術の発達は人々が自宅から勉強や仕事に参加できることを当たり前にしてくれたよ。

二　次の文章を読んで、後の問いに答えなさい（作問の都合上、本文の一部を変更してあります）。

> 三十三歳独身の笹本《ささもと》遼《りょう》賀《が》はある日、医者から胃ガンであることを告げられ、検査のために入院していた。そんな遼賀の元を故郷の岡山から弟の恭平《きょうへい》が訪ねてきた。

恭平は売店で缶コーヒーを一本買い、病室に戻ってからひと息に飲んだ。喉を鳴らしながら飲み干す姿が、試合の途中でスポーツドリンクをがぶ飲みしていた、学生時代の恭平を彷彿《ほうふつ》とさせる。自分はこんな勢いで飲み物を欲することはなかったし、これからももうないだろう。自分の体内の臓器を……胃を摘出して生きるというのはどういう感じなのだろう。突き出した喉ぼとけが上下する様を見つめながらそんなことを考えていた。

「入院で必要なものがあったらリストアップしといてくれ。今度持ってくる」

「おまえがわざわざ来る必要ないって。手術前にいったん自宅に戻るつもりだから」

「いつ？」

「へ？」

「いつ自宅に戻るんだ？」

「今日とか明日はクリスマスで街に人が溢《あふ》れてそうだから、三日後にしようかな」

「よしわかった。三日後、二十七日だな」

という現実。

問6　――⑤「しかし、この考え方は真実ではありません」とありますが、なぜそう言えるのですか。その説明として最もふさわしいものを次の中から選び、記号で答えなさい。

ア　ＡＩの進化によって社会が激変するという議論が極端な事例であるように、技術決定論の多くの考え方は単なる極論にすぎないから。

イ　社会の在り方はその社会の持つ技術によって決定されるという考え方は現代社会で信奉されているが、とうてい真実とは言えないから。

ウ　社会は利用可能な技術をすべて利用しているわけではなく、どの技術を利用するかはその社会の権力者の一存で決まるものであるから。

エ　正確な時間を知る技術は工業社会でなければ必要とされなかったように、社会の在り方こそが技術の用いられ方を決定しているから。

問7　――⑥「『ポスト・ヒューマン』なる観念が、資本主義の過剰なまでの高度化の産物だ」とありますが、これはどういうことですか。90字以内で説明しなさい。

問8　――⑦「新型コロナウイルスの大流行によって、私たちは大いなる気づきの機会を与えられた」とありますが、ここで筆者が述べようとしているのはどのようなことですか。その説明として最もふさわしいものを次の中から選び、記号で答えなさい。

ア　新型コロナウイルスの大流行は、人命のために経済活動を自主的に縮小せざるを得ない事態をもたらしたため、人類はこうした現実にも対応可能な資本主義の在り方を見つけなければならなくなっているということ。

イ　新型コロナウイルスの大流行を通して、科学技術によって自然を征服することなどできないという真理に直面した人類は、科学技術の革新を求め続ける現代社会の在り方を見直すべき局面に差し掛かっているということ。

ウ　新型コロナウイルスの大流行は、自然界には未知のことが無数にあるという現実を思い出させてくれたため、社会をＡＩに委ねて自ら探求することを放棄しようとする現代社会の潮流は問い直されるべきだということ。

エ　新型コロナウイルスの大流行を通して、現代の技術水準では救えない命が数多くあることを知った人類には、世界全体の福祉と幸福のために科学技術を更に発展させていかなければならないという課題があるということ。

問9　次の会話文は、本文で言及された技術と社会の関係性について、生徒たちが身の回りの生活に当てはめて話し合っているものです。この中で筆者の考えに合致する発言をしているものを一つ選び、記号で答えなさい。

ア　〔生徒Ａ〕去年の東京オリンピックでは元男性の選手が女性として出場したことが話題になったね。自分が男性か女性かというのは昔は選びようがなかったけれど、医療技術の進歩がそれを可能としたのは大きな変革だと思うな。

ムについて、人類がまだ知らないことは山ほどあるのです。そしておそらくは、私たちがそれについてまだ知らないということさえ知らないことも、数知れずあるに違いないのです。「自然の他者性」は、強烈なインパクトを伴いながら、私たちの許《もと》に返ってきました。私たちの社会が、人類の福祉と幸福のために、どのような知識や技術を発展させるべきなのかということが、あらためて問われているのです。

（白井聡《しらいさとし》「技術と社会——考えるきっかけとしての新型コロナ危機」による）

注1　「好事家」…変わったことに興味を持つ人。

注2　「衆愚制」…衆愚政治。多くの愚かな民衆による政治の意で、民主政治を蔑《さげす》んだ呼び方。

問1　本文中の A ・ B に当てはまる言葉の組みあわせとして最もふさわしいものを次の中から選び、記号で答えなさい。

ア　A 一時　B 漸進
イ　A 再帰　B 本質
ウ　A 一面　B 全体
エ　A 保守　B 合理
オ　A 画期　B 根本

問2　——①「その結果、私たちの日常生活の有り様は、次々に激変してきた」とありますが、「近代」的な生活の有り様の例として、ふさわしいものを次の中から**全て選び**、記号で答えなさい。

ア　農作物がよく生育するよう、殺虫剤により害虫を駆除する。
イ　効率的な食糧の確保のために、動植物の品種改良を試みる。
ウ　水害や疫病が生じると、祟《たた》りを鎮めるための寺社を建造する。
エ　毎年、ある時期には豊作を願って神に祈りを捧《ささ》げる祭りを催す。
オ　気象予報に基づいて住民の被害を予測し、事前に対策をとる。

問3　——②「ポスト・ヒューマン」とありますが、ここでの「ポスト・ヒューマン」とはどのような考え方ですか。それを説明した次の文の（　）に当てはまる表現として最もふさわしいものを本文中から25字以内で探し、最初と最後の3字を書きなさい。

☆（　　　）**という考え方。**

問4　——③「『ポスト・ヒューマン』とは、『他者としての自然』が消滅した状況を指している」とありますが、「『他者としての自然』が消滅した状況」とはどのような状況ですか。50字以内で説明しなさい。

問5　——④「こうした現実」とありますが、これはどのような現実ですか。その説明として最もふさわしいものを次の中から選び、記号で答えなさい。

ア　感染症に対する人類の知識や対処法は限られたものにすぎないという現実。
イ　新型コロナウイルスに打ち克つには経済活動を縮減せざるを得ないという現実。
ウ　新型コロナウイルスが次第に強毒化して人類の生命を脅かしているという現実。
エ　感染症は集団免疫の獲得によってでしか収束することがない

も技術決定論の一種、そのかなり極端なヴァージョンであると言えるでしょう。技術は進化し続けて、人間に成り代わって世界の中心になると言うのですから。

⑤しかし、この考え方は真実ではありません。なぜなら、社会はその時々に利用可能な技術をすべて利用するわけではないからです。例えば、日本の江戸時代には、正確に時を刻むことのできる時計がすでにありました。しかしそれは広く使われることはなく、注1好事家《こうずか》の珍しい玩具《がんぐ》として流通しただけでした。なぜなら、江戸時代の人々は、正確な時間を知る必要のある生活を送っていなかったからです。工業社会化しない限り、分単位の正確な時間を知ることなど全く必要ないのです。

つまり、利用可能な技術のうち、どの技術が用いられ、どの技術が用いられないかを決めているのは、その社会の在り方なのです。このことは、技術の発展にも当てはまります。どんな技術が盛んに発展し、どんな技術が発展しないのかを決めているのは、技術そのものではなくて、その技術を利用する社会の在り方なのです。技術決定論の主張とは逆に、社会の在り方が独立変数であり、技術はその関数なのです。

もちろん、技術が社会の在り方に影響することは多々ありますが、それはその社会の中にすでに存在していたもの、すでに存在している傾向に刺激を与え増幅させる、ということにすぎません。身近な例を挙げるなら、SNSは注2衆愚制を生み出すのではなくて、衆愚制を活気づけ拡大するのです。

技術と社会のこうした関係が転倒して、技術が社会の在り方を決定しているように見えるのは、まさに社会が現実をそのように見せるような在り方をしているからです。そしてそれは、資本主義社会に特有の現象であると考えられます。というのは、資本主義社会では生産力を絶えず向上させることが至上命令になっているからです。「もう十分」とか「ほどほどにしておこう」といった常識に基づく判断は、資本主義社会では通用しません。生産力・生産性を際限なく上げ続けなければならないメカニズムが、ビルトインされているからです。

ですから、より高度な生産性の実現を求めて、技術革新もここでは際限のないものとなり、それがもたらす社会の変化も間断《かんだん》なきものとなります。しかし、こうして技術革新が社会の在り方を変え続けているように見えるけれども、本当のところは、そうした絶えざる革新を求めているのはその社会の在り方の根本（すなわち、資本主義社会であるという社会の在り方）なのですから、その根本が際限なく強化され続けているだけのことなのです。あらゆるものが変化しているように見えて実は何も変わってはいません。

このように考えてみると、⑥「ポスト・ヒューマン」なる観念が、資本主義の過剰なまでの高度化の産物だということは明らかであるように思われます。端的に言って、それは人間とその社会を技術に隷属させる非常識な考え方であり、その非常識を現代人の逃れられない宿命として押しつけてくるのです。

してみると、⑦新型コロナウイルスの大流行によって、私たちは大いなる気づきの機会を与えられたと言うべきではないでしょうか。感染症のメカニズムについて、また私たち自身の免疫系のメカニズ

まに自然を改変することができる」といった観念ではなかったでしょうか。繰り返しますが、感染症に対する人類の知識が限られていることには、驚きを禁じ得ません。新型コロナ危機に促されて、私も専門家が書いた本を読むなど感染症に関するにわか勉強を少々してみましたが、そこですぐにわかったことは、「感染症というものはよくわからないものだ」ということでした。

人類が意図的な努力によって撲滅できた感染症は天然痘ただ一つにすぎず、ペスト、エイズ、結核、エボラ等々の多様な感染症の問題は、［Ａ］的な薬やワクチンの開発によってその被害を食い止めることができるようになったものも多いとはいえ、［Ｂ］的には何ら解決されていないのです。気が遠くなるほどの長い歳月にわたって、多くの優れた知性が時に自らの命を危険にさらしながら感染症の脅威と戦い、その正体を見極めようと努力を重ねてきたにもかかわらずいまだにわからないことだらけで、ある感染症の流行が収束した理由もよくわからないものがほとんどなのです。例えば、約１００年前に起こったインフルエンザのパンデミック、いわゆるスペイン風邪（１９１８〜１９２０年）は、全世界で１７００万人から５０００万人もの命を奪ったと見られますが、これが収まったのも集団免疫の獲得によってであろうということまではわかっていますが、なぜそのタイミングで、どのようにして収束したのか、またウイルスの起源も、いまだわかっていません。

そして、今回の新型コロナウイルスの登場です。いま世界中の専門家がこのウイルスの研究に取り組んでいますが、一筋縄ではいきません。なにせウイルスは次々と変異し、強毒化することもあれば、弱毒化することもあります。ですから、対処として何が正解であるのかも一概には言えません。ロックダウンのために、欧米ではＧＤＰが30%以上も下落しました。日本のＧＤＰも30%近い下落をマークしました。それほどまでに私たちは活動を縮小させて新型コロナウイルスに打《う》ち克《か》とうとしてきたわけですが、このやり方が正しかったのかどうかもよくわかりません。

④こうした現実は、「私たちは自然を征服した」という「ポスト・ヒューマン」の観念を吹き飛ばすに十分なものではないでしょうか。ＡＩが人間の思考を無用のものとする日を想像するよりも、ウイルスの変異メカニズムや、新型コロナウイルスをきわめて危険な感染症としている理由であるところの人間の免疫系の過剰反応（サイトカインストーム）の発生メカニズムを解明することの方が、はるかに重大な課題であることは言うまでもないでしょう。

もっと言えば、新型コロナによる危機が訪れる前、私たちはなぜ、「科学技術による自然の征服」という妄想にとり憑《つ》かれていたのか、立ち止まって考えてみるべきではないでしょうか。私たちはいま、常識に引き戻されたのです。

技術の発展は社会の在り方をどんどん変えてゆく、すなわち社会の在り方はその社会の持つ技術によって決定される、という考え方は「技術決定論」と呼ばれます。新聞記事などでよく見かける「ＡＩの進化によって社会は激変する！」といった考えは、典型的な技術決定論です。技術決定論は、技術を独立変数として設定し、社会の在り方をその関数としてとらえます。そして、技術は進化し続けるものと想定されます。ですから、「ポスト・ヒューマン」の観念

【国　語】（六〇分）〈満点：一〇〇点〉

【注意】一、解答するときには、句読点や記号も一字と数えます。

一　次の文章を読んで、後の問いに答えなさい（作問の都合上、本文の一部を変更してあります）。

ここ10年程の間、学問の世界では「ポスト・ヒューマン」という概念・言葉がキーワードになってきていました。これは、近代＝人間中心主義（ヒューマニズム）の時代が終わったという時代認識を示しています。

前近代が神中心の時代だったのに対して、近代は人間中心の時代である。人間を世界の中心に据えたからこそ、「神をも畏《おそ》れぬ」仕方で自然に手を入れられるようになり、自然の法則を解明してそこに介入する技術が飛躍的に発展してきました。①その結果、私たちの日常生活の有り様は、次々に激変してきたわけですが、多くの場合、これらの変化は「便利で安全で快適になった」ととらえられています。

こうして技術発展の万能性が信奉されるようになると、今度は世界の中心を占めるのは人間ではなく科学技術である、ということになってきます。こうした考え方の典型が、ＡＩ（人工知能）は人間を超えるといったような議論です。一部の論者によると、人間がやってきたさまざまな知的活動は、ＡＩによってことごとくとって代わられるのだそうです。もう人間は「世界の中心」ではない――これが②「ポスト・ヒューマン」という言葉の核心にある考え方です。

しかし、「ポスト・ヒューマン」は同時に、極端なまでの人間中心主義（ヒューマニズム）でもあるのです。なぜなら、科学技術をつくり出すのはもちろん人間なのですから、科学技術が万能だとすれば、それは人間の万能性を意味するからです。

ただし、「ポスト・ヒューマン」を脱人間中心主義と見るにせよ、究極の人間中心主義と見るにせよ、ひとつのことは確実に言えると思います。それは、③「ポスト・ヒューマン」とは、「他者としての自然」が消滅した状況を指している、ということです。ここで言う「他者」とは、「自分の思う通りにはどうしてもならない相手」というような意味だととりあえず了解してください。近代の人間中心主義は、自然の他者性をどんどん縮減してきました。たとえ自然の成り立ちにわからないところがあっても、それは「まだ」わからないにすぎない（＝いつか必ずわかる）ものとしてとらえられるわけで、近代自然科学は自然の他者性を原理的には消去しているわけです。

こうして、近代の始まりと同時に自然の他者性は原理的に縮減し始めたわけですが、現代世界で起こった重要な変化は、人間の外界としての自然だけでなく、私たちの内なる自然、つまり「自然としての人間」に対する態度が変わってきた、ということです。それは、自然物としての人間に対して手を入れる技術が飛躍的に発展してきたことと関係しています。臓器移植、遺伝子治療、遺伝子操作、脳科学による脳の操作等々、「生命の神秘」にかかわる領域の操作可能性が大幅に高まってきたのです。

私の考えでは、新型コロナによる危機が吹き飛ばしたのは、こうした「人間の開発した技術は世界の謎を解明し尽くして、思うがま

2022年度

解　答　と　解　説

《2022年度の配点は解答欄に掲載してあります。》

＜数学解答＞

1　(1)　2021　(2)　$(x-3)(x+2y-1)$　(3)　$\frac{13}{36}$　(4)　$a=9$，$x=-\frac{9}{4}$

2　(1)　9　(2)　115度　(3)　$\frac{25}{13}$

3　(1)　$9\sqrt{6}$　(2)　$\frac{3}{2}$　(3)　$\frac{3}{5}$

4　(1)　-1　(2)　$-\frac{3}{2}$　(3)　$\left(0,\ \frac{3}{2}\right)$，$\left(0,\ \frac{13}{2}\right)$

5　(1)　25個　(2)　6個　(3)　64個　(4)　12個

○推定配点○

1　各6点×4　2　各6点×3　3　各6点×3　4　(1)・(2)　各5点×2　(3)　6点

5　各6点×4　計100点

＜数学解説＞

1　(計算の工夫，因数分解，確率，二次方程式)

(1)　$\sqrt{2023\times2021-4044+2}=\sqrt{(2022+1)(2022-1)-2\times2022+2}=\sqrt{2022^2-2\times2022+1}=\sqrt{(2022-1)^2}=2021$

基本　(2)　$x^2-4x+2xy-6y+3=x^2+(2y-4)x-3(2y-1)=(x-3)(x+2y-1)$

基本　(3)　サイコロの目の出方と出た目の数の和は右の表のようになるから，求める確率は，$\frac{13}{36}$

	1	1	1	2	3	3
1	2	2	2	3	4	4
1	2	2	2	3	4	4
1	2	2	2	3	4	4
2	3	3	3	4	5	5
3	4	4	4	5	6	6
3	4	4	4	5	6	6

(4)　$2^2\times3^4\times x^2+(2^7+3^6)\times x+2^5\times a=0$に$x=-\frac{2^5}{3^4}$を代入して，$2^2\times3^4\times\left(-\frac{2^5}{3^4}\right)^2+(2^7+3^6)\times\left(-\frac{2^5}{3^4}\right)+2^5\times a=0$　$\frac{2^{12}}{3^4}-\frac{2^{12}}{3^4}-2^5\times3^2+2^5\times a=0$　$2^5\times a=2^5\times3^2$　$a=9$　このとき，もとの方程式は，$(3^4\times x+2^5)(2^2\times x+3^2)=0$　よって，もう1つの解は，$x=-\frac{3^2}{2^2}=-\frac{9}{4}$

重要　**2**　(図形の計量)

(1)　△ABEに三平方の定理を用いて，$AE=\sqrt{15^2+8^2}=\sqrt{289}=17$　直線AFとBCとの交点をGとすると，平行線の錯角は等しいから，∠DAF＝∠EGA　仮定より，∠DAF＝∠EAG　よって，∠EGA＝∠EAGであるから，EG＝EA＝17　したがって，CG＝8＋17－15＝10　平行線と比の定理より，DF：FC＝AD：CG＝15：10＝3：2　よって，$DF=\frac{3}{3+2}DC=\frac{3}{5}\times15=9$

(2)　線分BDとCEとの交点をGとすると，●＋○＝∠GBC＋∠GCB＝(180°－50°)÷2＝65°　EC//

BFより，平行線の錯角は等しいから，∠FBC＝∠ECB＝○　　よって，∠DBF＝●＋○＝65°
四角形BFCDは円に内接するから，∠DCF＋∠DBF＝180°より，∠DCF＝180°－65°＝115°

(3)　頂点Bが移った点をB′とする。$BC=\sqrt{4^2+3^2}=5$　　△ABCの3つの頂点及びB′はDを中心，半径$\frac{5}{2}$の円の周上にある。BCは直径だから，∠BB′C＝90°　　直線ADと線分BB′との交点をFとすると，Fは線分BB′の中点で，中点連結定理より，CB′＝2DF，CB′//DF　DF＝xとし，△ABFと△DBFに三平方の定理を用いると，$BF^2=AB^2-AF^2=BD^2-DF^2$　　$4^2-\left(\frac{5}{2}+x\right)^2=\left(\frac{5}{2}\right)^2-x^2$　　$16-\frac{25}{4}-5x-x^2=\frac{25}{4}-x^2$　　$-5x=-\frac{7}{2}$　　$x=\frac{7}{10}$　　よって，$CB'=2\times\frac{7}{10}=\frac{7}{5}$　　平行線と比の定理より，DE：EC＝AD：CB′＝$\frac{5}{2}:\frac{7}{5}=25:14$　　よって，$\triangle ADE=\frac{25}{25+14}\triangle ADC=\frac{25}{39}\times\frac{1}{2}\times4\times3\times\frac{1}{2}=\frac{25}{13}$

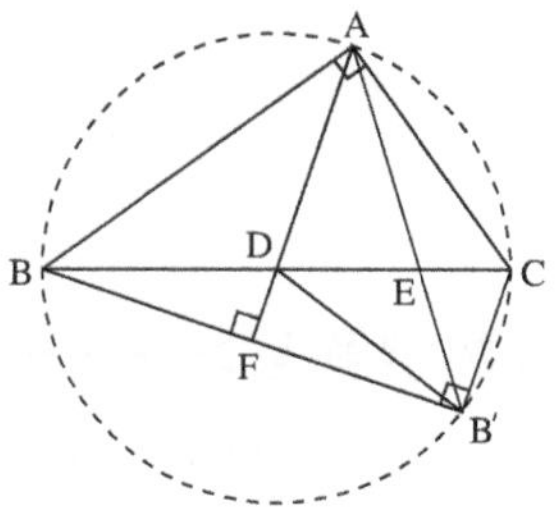

3　(空間図形の計量)

重要　(1)　$BD=\sqrt{6^2+6^2}=6\sqrt{2}$　　$BQ=DQ=\sqrt{6^2+3^2}=3\sqrt{5}$　　QからBDにひいた垂線をQHとすると，$BH=\frac{1}{2}BD=3\sqrt{2}$　　△QBHに三平方の定理を用いて，$QH=\sqrt{(3\sqrt{5})^2-(3\sqrt{2})^2}=3\sqrt{3}$　　よって，$\triangle DBQ=\frac{1}{2}\times6\sqrt{2}\times3\sqrt{3}=9\sqrt{6}$

基本　(2)　PQ＝PD＞DE＝6　　PからQFにひいた垂線をPIとすると，直角三角形の斜辺と他の1辺がそれぞれ等しいので，△PDE≡△QPI　　よって，EP＝IQ＝FI　　したがって，$EP=\frac{1}{2}FQ=\frac{3}{2}$

基本　(3)　DからEFにひいた垂線をDJとし，DJ＝h，EP＝xとする。立体D－EFQPの体積は，$\frac{1}{3}\times\frac{1}{2}\times(x+3)\times6\times h=(x+3)h$　　三角柱ABC－DEFの体積は，$\frac{1}{2}\times6\times h\times6=18h$　　$(x+3)h=18h\times\frac{1}{5}$　　$x+3=\frac{18}{5}$　　$x=\frac{3}{5}$

4　(図形と関数・グラフの融合問題)

基本　(1)　点Bのx座標をtとすると，点Cのx座標は$t+4$と表せるから，$B\left(t,\ \frac{1}{2}t^2\right)$，$C\left(t+4,\ \frac{1}{2}(t+4)^2\right)$　直線BCの傾きは，$\left\{\frac{1}{2}(t+4)^2-\frac{1}{2}t^2\right\}\div(t+4-t)=\frac{4t+8}{4}=t+2$　　よって，$t+2=1$　　$t=-1$

基本　(2)　点Bのx座標が-1より，点Aのx座標は-2　　よって，$A(-2,\ 2)$，$B\left(-1,\ \frac{1}{2}\right)$より，直線ABの傾きは，$\left(\frac{1}{2}-2\right)\div\{-1-(-2)\}=-\frac{3}{2}$

重要　(3)　$C\left(3,\ \frac{9}{2}\right)$より，直線BCの式を$y=ax+b$とすると，2点B，Cを通るから，$\frac{1}{2}=-a+b$，$\frac{9}{2}=3a+b$　　この連立方程式を解いて，$a=1$，$b=\frac{3}{2}$　　よって，$y=x+\frac{3}{2}$　　線分ACの4等分点のうちCに近い点をD_1，Aに近い点をD_2，線分BCの4等分点のうちCに近い点をE_1，Bに近い点をE_2とする。D_1E_1//ACだから，$\triangle ABC \backsim \triangle D_1E_1C$　　相似比は$AC:D_1C=4:1$だから，面積比は$4^2:1^2=16:1$　　このとき，$AD_1:D_1C=3:1$だから，$\triangle AD_1E_1=3\triangle D_1E_1C$となり，題意を満たす。

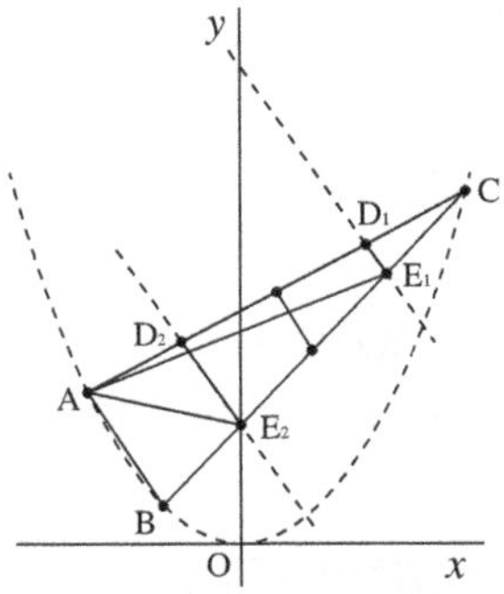

点E_1のx座標は2だから，$y=x+\frac{3}{2}$に$x=2$を代入して，$y=\frac{7}{2}$ よって，$E_1\left(2,\ \frac{7}{2}\right)$ 直線ℓの式を$y=-\frac{3}{2}x+b_1$とすると，点E_1を通るから，$\frac{7}{2}=-3+b_1$ $b_1=\frac{13}{2}$ 同様に，D_2E_2//ACだから，△ABC∽△D_2E_2C 相似比はAC：D_2C＝4：3だから，面積比は$4^2:3^2=16:9$ このとき，$AD_2:D_2C=1:3$だから，△AD_2E_2＝$\frac{1}{3}$△D_2E_2Cとなり，題意を満たす。点E_2のx座標は0だから，$E_2\left(0,\ \frac{3}{2}\right)$ 直線ℓの式を$y=-\frac{3}{2}x+b_2$とすると，点E_2を通るから，$b_2=\frac{3}{2}$ 以上より，直線ℓとy軸との交点の座標は，$\left(0,\ \frac{3}{2}\right)$，$\left(0,\ \frac{13}{2}\right)$

5 （約数の個数）

重要 (1) Nの正の約数は，$3^a\times7^b$の形であり，aの値は0から4の5通り，bの値も0から4の5通りあるから，Nの正の約数の個数は$5\times5=25$(個)

(2) $3^0=1$，$3^1=3$，$3^2=9$，$3^3=27$，$3^4=81$，$7^0=1$，$7^1=7$，$7^2=49$，$7^3=343$，$7^4=2401$より，題意を満たすのは，$3^0\times7^3$，$3^1\times7^0$，$3^1\times7^4$，$3^2\times7^1$，$3^3\times7^2$，$3^4\times7^3$の6個

重要 (3) Mの正の約数は，$2^c\times3^d\times7^e$の形であり，c，d，eの値は0から3の4通りずつあるから，Mの正の約数の個数は$4\times4\times4=64$(個)

(4) $2^0=1$，$2^1=2$，$2^2=4$，$2^3=8$より，題意を満たすのは，$2^1\times3^0\times7^0$，$2^1\times3^0\times7^4$，$2^1\times3^4\times7^0$，$2^1\times3^4\times7^4$，$2^2\times3^1\times7^0$，$2^2\times3^1\times7^4$，$2^2\times3^0\times7^3$，$2^2\times3^4\times7^3$，$2^3\times3^2\times7^0$，$2^3\times3^2\times7^4$，$2^3\times3^0\times7^2$，$2^3\times3^4\times7^2$の12個

★ワンポイントアドバイス★

図形分野重視の出題に変わりはないので，図形の定理や公式は十分使いこなせるようにしておきたい。また，本年は，1(4)や5のような累乗の指数にからむ問題が多くやや戸惑ったかもしれない。

＜英語解答＞

1 (1) I found smartphones very useful(.)
(2) The weather is so nice that I want to walk (to the station.)
(3) Do you know how far it is from Japan to (Korea?)
(4) (The sunfish) I wanted to see was not there(.)

2 (1) made [cooked] by (2) made friends with (3) It , for , to sleep
(4) of the fastest runners

3 (1) My father told me to stop using social media.
(2) Riko has just finished brushing her teeth.

4 問1 attention 問2 suggest they are smarter than their younger siblings(.)
問3 [A] younger [B] any other child 問4 エ→イ→ウ→ア

問5　①　親密な　②　それぞれの個性をはっきりさせる　問6　エ
問7　あ　イ　い　オ　う　エ　え　ウ　お　ア

5　問1　ア　問2　手術などで，入院することが多かったから。　問3　イ　問4　イ
問5　エ　問6　Julian moved out the way quickly　問7　ウ

○推定配点○
1～3　各4点×10　4，5　各3点×20　計100点

＜英語解説＞

基本　1　（語句整序問題：接続詞，間接疑問文，関係代名詞）

（1）　find A＋B「AがBだとわかる」
（2）　〈so ～ that …〉「とても～ので…だ」
（3）　間接疑問文なので〈how far ＋主語＋動詞〉の語順になる。
（4）　I wanted to see は前の名詞を修飾する接触節である。

基本　2　（適語補充問題：分詞，熟語，不定詞，比較）

（1）　made(cooked) by my mother は前の名詞を修飾する分詞の形容詞的用法である。
（2）　make friends with ～「～と友達になる」 friends と複数形になる点に注意が必要である。
（3）　〈It is ～ for 人 to …〉「人にとって…することは～だ」
（4）　〈one of the ＋最上級＋複数名詞〉「最も～な…のうちの一つだ」

重要　3　（和文英訳：不定詞，現在完了）

（1）　〈tell ＋人＋ to ～〉「人に～するように言う」
（2）　〈have(has) just ＋過去分詞〉「ちょうど～したところだ」

4　（長文読解・説明文：語句補充，語句整序[比較]，書き換え，[比較]，文整序，要旨把握）

（全訳）　パートナーと子供たちは私たちの生活の後半に現れる。両親はたいていあまりにも早く私たちから去る。しかし，兄弟姉妹は，良くも悪くもほとんどすべての人生で私たちと一緒にいることが多い。

同じ屋根の下で2人以上の子供を育てることは，しばしばトラブルを意味する。兄弟は互いのものを取り，両親の(1)注意を引くために戦う。実際，イギリスの最近の研究では，兄弟はたくさん戦ったので，子供の31％が不幸であることを示した。

しかし，これらの戦いは私たちにとっても良いことだ。それらは感情面において安全な環境で問題に直面する機会だ。朝食時のケンカは昼食で忘れ去られる。イギリスの詩人ディラン・トーマスは「私は雪だるまを作り，兄はそれを倒し，私は弟を倒してお茶を飲んだ」とかつて言った。

私たちに姉妹がいることは特に役立つようだ。イギリスのアルスター大学の研究では，きょうだいに女の子がいると，家族の正直なコミュニケーションが増加することがわかった。これは私たちの感情的な健康のために《あ》良い。

それでは，別の家族の問題を考えてみよう！バラク・オバマ，ベン・アフレック，JKローリングの共通点は何か？彼らは皆，金持ちで，成功し，最初に生まれた子供たちだ。実際，アメリカ大統領とノーベル賞受賞者の半数以上が最初に生まれた。USA TODAY紙の調査によると，大企業の上司の43％も最初に生まれたことがわかった。なぜこのようなことが起こるのか？

まあ，親は通常，最初の生まれの子供にもっと注意を払い，彼らは子どもに素晴らしいことを期待している。その結果，この子供たちはしばしば《い》責任と自信を持つ。彼らは学校でよくやっていて，そしていくつかの研究は，(2)彼らが弟よりも賢いことを示唆している。しかし，最初の生ま

れも弱点を持つこともある。彼らは時々自分自身に期待しすぎて，完璧になるためにあまりにも一生懸命に努力する。これにより彼らを心配させ，間違いを犯すことを《う》恐れる可能性がある。

「家族の赤ちゃん」という最後の子どもも，大きな注意を集めている。彼らは愛情深く，社交的で，魅力的だ。彼らは年上のきょうだいよりも自由であり，普通ではないまたは《え》危険なことをする可能性が高い。彼らはしばしば，ポーランドの科学者コペルニクスのように，ルールを破る。(3)彼は家族の子供の中で一番若かった。1543年，地球が太陽の周りを移動するという本を書いたとき，彼は世界に衝撃を与えた。当時，誰もが太陽が地球の周りを移動することを確信していて，コペルニクスが彼らは間違っていると言ったとき，非常に怒った人もいた。

真ん中の気の毒な子供たちはどうか？

研究では，彼らはあまり注意を引かず，お気に入りではないとされる。しかしあなたが真ん中の子供なら心配しないでほしい。あなたの仲間には素晴らしいメンバーがいる。ビル・ゲイツ，ジョン・F・ケネディ，マドンナはみんな真ん中の子供たちだ。

一人っ子で，一緒に遊ぶ兄弟姉妹がいないのは悲しいか？エ以前は，人々はそう思っていた。しかし，最近の研究の多くは，子供だけがしばしば幸せで成功していることを示している。女優ナタリー・ポートマンはかつて，両親は彼女が一人っ子だったので，彼女が女優になることを許したと言った。彼女の両親は，彼女が「特別」と見られている，もしくはきょうだいとは《お》異なることを心配する必要はなかった。彼女は誰からも注意を奪わなかった。彼女は自分が望むすべてをやって幸せになれるだろう。

最後に，私たちは複数の出生の問題がある。双子になるのはどうか。(5)双子は非常に密接な関係を持つことができ，これは彼らが人生を乗り切る助けになる。しかし，双子が自分の個性を示すのが難しい場合がある。彼らは人々に思い出させなければなりません「私たちではありません。私です！」

問1　第5段落に「両親はたいてい最初の子どもに注意を払い」，第6段落に「最後の子どもも，大きな注意を集め」とあるので「注意」 attention が適切。

問2　suggest (that) ～「(ものが)～ということを示唆している」

問3　〈比較級＋ than any other ＋単数名詞〉で最上級との書き換えができる。

問4　「一人っ子」について書かれている第8段落参照。まず最初に研究による考えが書かれ，その後に一人っ子で成功した人について書かれている。したがって，[4]も同じような流れにすればよい。

問5　双子は，親密な関係(close relationship) にあるが，それぞれの個性を示すこと(to show their own characters)が難しいのである。

問6　people thought so とあるため，空欄の前の部分に，かつて人々が考えていたことが書かれている部分に入れればよい。

問7　あ　正直なコミュニケーションの増加は，私たちの感情的な健康のためによいのである。

い　両親が期待している結果，最初の子どもたちは責任と自信を持つのである。

う　完璧であろうとすることは，間違いを犯すことを恐れさせるのである。

え　最後の子どもは，しばしばルールを破るので，普通でないことや危険なことをする。

お　一人っ子は，きょうだいとは異なることを心配する必要はないのである。

やや難　5　**(長文読解・物語文：語句解釈，要旨把握，内容吟味)**

(全訳)　私は(1)普通の10歳の子供ではないことを知っている。私は普通のことをする。私はアイスクリームを食べる。私は自転車に乗る。私は Xbox を持っている。そして，私は内面では普通に感じる。しかし，普通の子供たちは遊び場で私から逃げる。そして，普通の人は通りやスーパーで私を見つめる。

私は通りを歩き，人々は私を見て，そして彼らは目をそらす。

姉のビアは，私が普通だとは思わない。人々が私のことを話したり，私を見つめたりすると，彼女は怒る。彼女は彼らに向かって叫ぶ。彼女は私を愛しているが，彼女は私が普通だとは思っていない。

お母さんとお父さんも私が普通だとは思わない。私が並外れていると思っている。

私は普通だと思うが，誰もそれを見ない。

お母さんは美しく，ビアも美しい。そしてお父さんはハンサムだ。私の名前はオーガストだ。私はどのような外観か？私はあなたに言うつもりはない。しかし，あなたが思っているよりも悪い。これが私について普通ではないことだ：(2)私は学校に行ったことがない。人々は私が見た目のために学校に行っていないと思っている。しかし，それはそうではない。10年間で27回入院しているからだ。私はたくさんの整形手術や他のものを受けた。だから，両親は私を学校に送らなかった。お母さんは家で教えてくれた。

私の最後の病院訪問は8ヶ月前で，私は2年間戻る必要はない。

この夏のある日，両親は学校について話していた。

「何を話しているの？」と聞いてみた。

「学校の準備ができていると思う？」とお母さんは尋ねた。

「いいえ」と 私は言った。

「私はあなたに多くを教えることができないわ」と彼女が言った。「私が数学が苦手だって知ってるでしょ」

「何の学校？」と聞いてみた。

「ビーチャープレップスクールよ。家の近くにあるわ」

「本当に行きたくないな」と私は言った。

「わかった」とお母さんは言った。「これについては後で話しましょう」

私は行きたくなかった。しかし，私はお母さんが正しいことを知っていた。

そして，彼女は数学が本当に苦手だ。

夏休みに学校の校長のタシュマンさんに会いに行った。

「こんにちは，タシュマン先生，またお会いできてうれしいです」とお母さんは言った。「これは私の息子，オーガストです」

タシュマン先生はお母さんと握手し，それから私と握手をした。

「こんにちは，オーガスト」とタシュマン先生は言った。彼は私を見た。そんなことをする人はあまりいない。「会えてとても嬉しいよ。あなたのお母さんとお父さんは私にあなたについて多くのことを話してくれたんだ」

「彼らはあなたに何を言いましたか？」

「あなたが読むのが好きだってことだよ。あなたは偉大な芸術家だ。そして，あなたは本当に理科が好きだってことだ。そうですか？」

「はい」と私は言った。「そうです」

「ここには素晴らしい理系教師がいるよ」とタシュマン先生は言った。「さて，あなたは学校を訪問する必要があるよ」

私はタシュマンさんが好きだった。

タシュマン先生の事務室の扉の外で，私は子供たちの声を聞くことができた。突然，私は再び怖がった。私は小さな子供たちと一緒なら大丈夫だ。時には残酷なことを言うが，彼らはあなたたちを傷つけたくない。しかし，(3)年上の子供たちはもっと難しい。だから，私はしたくない場合は，物事を見ることができないので，長い髪を持っている。

「オーガスト」とタシュマン先生は言った。「私はあなたに他の5年生に会ってほしい」と言った。

「私は子供たちに会いたくない」と私はお母さんに言った。

タシュマン先生は私の目をのぞき込んだ。「これは大丈夫だろう，オーガスト」と言った。「彼らは素敵な人々だ」そして，彼はドアを開けた。

「入って」と彼は言い，2人の男の子と女の子が中に入った。彼らは私やお母さんを見ていなかった。彼らは扉の近くに立って，タシュマン先生を見た。彼らも怖がっていた。

「来てくれてありがとう」とタシュマン先生は言った。

「新しい学生のオーガストに会ってほしい。彼は君たちのクラスになる予定だ。そしてこちらがオーガスト。オーガスト，こちらはジャックだ」

ジャックは私を見て手を出した。私は握手をした。彼は微笑み「やぁ」と言い，すぐに下を向いた。

「こちらはジュリアンだ」とタシュマン先生は言った。

ジュリアンはジャックと同じことをした。彼は私の手を握り，微笑んで下を向いた。

「そしてシャーロット」

シャーロットは金髪をしていた。彼女は私と握手をしなかったが，手を振って微笑んだ。「こんにちは，オーガスト。初めまして」と彼女は言った。

「こんにちは」と私は下を見て言った。彼女は緑の靴を履いていた。

「よし」とタシュマン先生は言った。「君たちはオーガストに学校を見せることができるね。君たちのホームルームに彼を連れて行き，その後，科学室とコンピュータルームを見せてあげなさい。カフェテリアを忘れないでね」

3人の子供たちは部屋を出て行った。私は彼らに従わなければならなかった。

ジャック，ジュリアン，シャーロット，そして私はホールを横切って階段を上った。誰も一言も言わなかった。私たちは番号301が付いたドアに立ち寄った。

「ここは私たちのホームルームだ」とジュリアンは言った。「ペトサ先生がいるよ。彼女はまあまあだね」

ジュリアンはホールを歩いた。彼は別の扉に立ち寄り，少し開けた。「ここが科学室だ」彼は扉の前に立ち，私を見なかった。「最高の理科の先生はハラー先生だよ」

「オーガストが入って中を見るためにドアをもっと開けてよ」とジャックは言い，彼はドアをもう少し押した。ジュリアンは私に触れたくなかったので，すぐに道を開けた。しかし，彼は部屋の中のもののいくつかを指さした。「あの大きなのは黒板。あれは机で，椅子だよ」

「彼はそれを知っているはずよ」とシャーロットは言った。

「質問があります」と私が言った。「ホームルームとは何？」

「それはあなたのグループよ。あなたは午前中にそこに行くの」とシャーロットは言った。「あなたの担任は，みんなが学校に通っていることを確認するの。あなたは毎日彼女に会います。分かった？」

「うん，ありがとう」と私は言った。

次に，シャーロットのお気に入りの場所である劇場と図書館を見せてくれた。

すると，ジュリアンは「質問してもいい？」と言った。

「いいよ」と私は言った。

「(4)どうして君の顔はそんな感じなの？」

「ジュリアン！」とシャーロットは言った。「それを尋ねることはできないわ。彼はそのように生まれたのよ。タシュマン先生は私たちに言っていたわ。聞いてないのね！」

「さあ，オーガスト」とジャックは言った。彼は図書館のドアを開けて私の顔を見た。私は彼を振り返って微笑んだ。彼も微笑んだ。「ジュリアンはあまり(5)行儀良くなくてね」と彼は静かに言った。

「彼らは親切だった？」と家でお母さんが尋ねた。

「ジャックは大丈夫だったよ」と私は言った。

「学校に行きたくないなら，学校に行く必要はないわ」とママは言った。

「大丈夫だよ，お母さん。行きたいよ」それは真実だった。

問1　ordinary「普通の」　イ「まじめな」　ウ「不注意な」　エ「貧しい」

問2　「10年間で27回入院しているから」だと書いてある。

問3　小さな子供たちは残酷なことを言うが傷つけないとあるので，年の進んだ生徒は傷つけるために残酷なことを言うということがわかる。

問4　この後に「それを尋ねることはできない。彼はそのように生まれた」とあるので，オーガストの見た目について尋ねたと判断できる。

問5　聞いてはいけないことを尋ねるジュリアンについて話しているので「行儀がよくない」ということがわかる。

問6　「ジュリアンは私に触れたくなかったので，すぐに道を開けた」という部分から，オーガストに対して良い印象を持っていないと判断できる。

問7　ア「オーガストは他の人から逃げるので，ビアは彼に怒った」　ビアはオーガストから逃げる人に対して怒っているので不適切。　イ「オーガストの母は，理科を勉強するのが好きではない」　オーガストの母は数学が苦手なので不適切。　ウ「シャーロットは，オーガストはジュリアンが説明したことはすでに知っていると思った」　ジュリアンの説明に対して「それを知っているはず」とシャーロットが言っているので適切。　エ「オーガストは母を悲しませたくなかったので，学校へ行くことにした」　最後の部分で，「学校へ行きたいということは真実だった」とあるので不適切。

★ワンポイントアドバイス★

長文読解問題は非常に長い文章なので，すばやく英文を読む必要がある。過去問を繰り返し解いて，数多くの読解問題に触れるようにしたい。

<国語解答>

一　問1　オ　　問2　ア・イ・オ　　問3　世界の～である　　問4　科学技術により外界としての自然だけでなく，人間自身の内部までもが思う通りに操作可能となった状況。
問5　ア　　問6　エ　　問7　資本主義社会が絶えず生産力の向上を求めるため，技術革新にも際限が無くなった結果，科学技術が人間に代わって世界の中心を占めるという「ポスト・ヒューマン」の観念が生まれたということ。　　問8　イ　　問9　ウ

二　問1　A　ウ　　B　ア　　C　イ　　問2　自分とは違い，健康な体と家族を持っている恭平のことをうらやましく思う気持ち。　　問3　イ　　問4　ア　　問5　エ　　問6　自分の命が危ない時でも，弟を優先して助けようとした点。　　問7　ウ　　問8　ウ　　問9　恭平から送られてきた登山靴を見て，かつて雪山で遭難した時に懸命に生きようとしたように，逃げずに病気と向き合う勇気を持つことができるようになったから。

三　1　湿潤　　2　営為　　3　腐心　　4　暫定　　5　仰(ぐ)

○推定配点○

一　問2　各2点×3　　問4　6点　　問7　8点　　他　各4点×6

二　問1　各2点×3　　問2・問6　各6点×2　　問9　8点　　他　各4点×5

三　各2点×5　　計100点

<国語解説>

一　(論説文一脱文・脱語補充，文脈把握，指示語の問題，内容吟味)

問1　まず「薬」の修飾語句となれるものは「一時的」か「画期的」かの二つである。そのうえで，空欄B直前の逆接「とはいえ」に注目すると，薬によって害を止められたものもあるが，すべては解決していないという文脈であると考えられるため，オが適当。「漸進的」とは「急激でなく，順を追ってだんだんと実現しようとする傾向にあること」，「再帰的」とは「あるものの定義や記述に，それ自身が含まれること」。

問2　「その結果」の「その」が指す内容は直前の「自然の法則を解明してそこに介入する」である。また，第二段落第一文にも前近代は神が中心で，近代は人間中心とあるが，傍線部①で示されているのは近代のことであると考えられる。すると，ウの「寺社を建造する」，エの「神に祈りを捧げる」は自然の法則を解明しておらず，神や仏に頼る行為であるため近代的とは言えず，不適当。

問3　傍線部②直前の「これが」は「もう人間は…ではない」を指すが，それは具体的には第三段落「人間がやってきた…代わられる」ということである。更にそれは，「世界の中心を占めるのは…科学技術である」という考え方の典型であるということから，「世界の中心を占めるのは…科学技術である」が適当。AIの例はあくまで典型的なもののひとつであるため，「ポスト・ヒューマン」という考え方の説明として「人間がやってきた…代わられる」とAIに限定するのは不適当。

重要　問4　第五～第七段落に注目して解答する。まず，第五段落では「他者」とは自分の思い通りにならない相手であり，自然を指しているということを，第六段落ではその「自然」には外界としての自然だけでなく人間の内部も含まれるということをおさえておく。そのうえで，第七段落において「こうした…といった観念」と「ポスト・ヒューマン」をまとめていることから，〈外界としての自然だけでなく，人間の内部という自然も思い通りにできる状況〉，さらに第三段落より，それは〈科学技術によって〉可能と考えられたということがまとめて記述できていればよい。

基本 問5 「こうした」が指す内容は第九段落全体と考えられるが，そこでは「一筋縄ではいきません」，「一概には言えません」，「正しかったのかどうかもよくわかりません」と，はっきりしない・わからないということが繰り返し述べられている。したがって，はっきりしない・わからないということに関連するアが適当であり，新型コロナウイルスとはどういうものかということや対処法を明言しているイ・ウ・エは不適当。

問6 「この考え方」とは，第十二段落で詳しく説明されている「技術決定論」のことである。「技術決定論」とは「社会の在り方は…という考え方」であるが，第十三段落では社会は利用可能な技術をすべて利用するわけではないということが示され，次いで第十四段落ではそれが「つまり，利用可能な…社会の在り方」とまとめられている。要するに，真実は「技術決定論」ではなく，いわば「社会決定論」のようなことであり，「技術決定論」とは論理関係が逆だということになる。したがって，この転倒を説明できているエが適当。ア・イ・ウでは〈社会が技術の利用について決定する〉という点が説明されていない。

やや難 問7 まず資本主義について，第十六段落より「生産力を…至上命令になっている」ものであり，だからこそ第十七段落にあるように「より高度な…際限ないもの」となるということをおさえておく。そのうえで，第三段落より「ポスト・ヒューマン」とはそもそも「世界の中心を…科学技術である」という考え方であることとつなげ，〈資本主義社会では絶えず生産力の向上を求めるため技術革新も際限ないものとなり，結果として科学技術が世界の中心を占めるという「ポスト・ヒューマン」の観念が生まれた〉という論理関係で記述できていればよい。

問8 第十九段落「『自然の他者性』は，…返ってきました」に注目する。「自然の他者性」とは，問4で確認したように〈自然とは，自分の思い通りにならない相手である〉ということであり，それに再び私たちは気付かされたということである。そのうえで，第十九段落最終文にあるように社会がどのような知識や技術を発展させるべきかが問われているということをおさえていく。

ア・エは「自然の他者性」の内容に言及できていないため不適当。　ウはAIに限定して記述しており，知識や技術全体のことについて述べられていないため不適当。

問9 設問文にある「技術と社会の関係性」とは，問6で確認したような「技術が社会の在り方を決めるのではなく，社会の在り方が技術の利用を決める」ということである。ア・イ・エはいずれも技術によって社会の在り方が変わったという論調になっており不適当。ウのみが社会の在り方が技術の利用を決めるという論調になっている。

二 （小説―語句の意味，情景・心情，文脈把握）

問1 A「合点がいく」とは，「物事の事情がよく理解できること」。　B「嗚咽が漏れる」とは，「感情が高ぶって泣き声が出ること」。　C「息をのむ」とは，「驚いたりして息を止めること」。

問2 傍線部①直前の「病気など…眩しくて」から，遼賀は病気で独身という自分と恭平の違いを実感したということ，「眩しくて」からはうらやましいという気持ちを読み取って記述できていればよい。この場合の「眩しい」は物理的な意味ではなく，何かについてまともに見られないほどの良さや尊さを感じることを指す。

問3 「つまらないこと」とは，傍線部②の前にある「自分の代わりはいくらでもいる」ということを指す。これが「つまらないこと」と言えるのは，遼賀が大病を患っているという危機的状況と比較してのことと考えられる。その両点に言及できているイが適当。アと迷うが，「自分の代わりはいくらでもいる」は会社に対して感じたことであり，社会全体に対してのことではない。

基本 問4 この時の遼賀の心情は，傍線部③直後の「どうして，おれなんだろう。…胃がんになった。」の部分に表れている。したがって，病気になるような生活はしていないのに，といった内容に言及できていないウ・エは不適当。また，特に病状が悪化したという根拠はなく，理不尽さを感じて気落ちしたということと考えられるのでイも不適当。

問5 「わざと」とあることから，のろのろと脱ぐ正当な理由はなかったことがうかがえる。傍線部④直後に「本当は足先が…涙が出そうだった」とあることから，実際は足の冷たさが辛く，早く靴を交換したかったということがわかる。しかし恭平は一旦断っている手前，大したことではないと強がる様子を見せたと考えられる。よってエが適当。アと迷うが，すでに靴の交換は決定しており，例えば靴を脱ぐと傷が見えてしまうなどといった根拠もないため「余計な心配」をかける余地はないと思われるので不適当。

問6 兄と弟という関係について，年長者である兄は年少者である弟を守ったり助けたりするものというイメージをまずおさえておく。靴を交換したエピソードから，冬山での遭難という命の危機が迫る場面において恭平は「自分が助かることしか考えてなかった」が，遼賀は自分ではなく弟の辛さをまず助けようとしたということから，〈命の危険があっても〉〈弟を優先した〉といった内容が記述できていればよい。

問7 「熱をもった」には，携帯電話自体の物理的な熱と，恭平の熱意の二つの意味が込められている。遼賀は恭平の「大丈夫だ」という言葉に対し無言で頷いていたということから，恭平の言葉を受け入れているということがうかがえる。アは「愕然としている」が誤り。愕然としているのならば，頷くという行動につながらない。イは孤独を理解してくれたとしている点が誤り。恭平は遼賀の病気に対して「大丈夫だ」と快復を信じる言葉を投げかけているのであり，遼賀の孤独には無関係。エは「あまりにも楽観的」が誤り。恭平は遼賀の人となりから「大丈夫だ」と考えているのであり，それだけで「あまりにも楽観的」とは言いがたい。また「落ち込」んでいるのであれば，頷くという行動にもつながらない。

問8 「オレンジ色」は冬山で遭難したときに恭平に貸した靴の色である。よって，遭難に言及のないア・エは不適当。また「体温が上がる」ということから，何かしらの気持ちの高まりと考えられるので，恐怖を感じているイも不適当。恐怖を感じるのであれば，逆に体温が下がる，寒気がするといった心情につながる。

重要 問9 「震え」とは，遼賀が嗚咽を漏らしながら感じた「寒さなのか恐怖なのか」わからない震えである。がんという病気から，死を連想してしまうという恐怖も震えの原因と思われる。しかし，恭平から遭難当時の靴が送られてきたことで「あの日のおれは，…思わなかった」「この靴を履いて，病院に戻ろう」と，自分の生きる意志や逃げ出さない強さを思い出し，病気と向き合う気持ちになれたと考えられる。したがって，〈恭平から送られてきた靴〉がきっかけとなって〈遭難時に〉〈生きようとした〉こと，〈逃げ出さない〉で病気と向き合おうとしたことをまとめて記述できていればよい。

三 （漢字の読み書き）

1「湿潤」とは，「湿り気が多いこと」。 2「営為」とは，「いとなみ」のこと。 3「腐心する」とは，「心をいため悩ますこと」。 4「暫定的」とは，「一時的なさま」。 5「仰ぐ」は，「抑」と混同しないように注意。

★ワンポイントアドバイス★

論説文は，キーワードについての定義と，それについて筆者がどのような立場・意見を提示しているのかを中心に文脈を把握していこう。小説は，登場人物の感情の背景にある出来事まで読み込もう。

MEMO

大切なことはメモしておこうネ！

2021年度

★★★★★★★★★★★★★★★★★★★★★★★

入　試　問　題

2021年度

城北高等学校入試問題

【数　学】（60分）〈満点：100点〉

【注意】 1. コンパス・定規・分度器を使ってはいけません。

2. 円周率はπを用いて表しなさい。

1 次の各問いに答えよ。

(1) $(x+y-5)(x-y-5)+20x$ を因数分解せよ。

(2) $x^2-x-1=0$ の解のうち，大きい方をaとする。
このとき，$3a^2-a-3$ の値を求めよ。

(3) $\sqrt{10x}+\sqrt{21y}$ を2乗すると自然数になるような，
自然数（x，y）の組のうち，$x+y$の最小値を求めよ。

(4) 連立方程式 $\begin{cases} \dfrac{1}{x-y}+\dfrac{2}{x+y}=\dfrac{5}{3} \\ \dfrac{2}{x-y}-\dfrac{1}{x+y}=\dfrac{5}{3} \end{cases}$ を解け。

2 次の各問いに答えよ。

(1) 下の図の平行四辺形ABCDにおいて，BE：EC＝1：2，CF：FD＝2：3であり，対角線BDとAE，AFとの交点をそれぞれG，Hとする。平行四辺形ABCDと△AGHの面積比を求めよ。

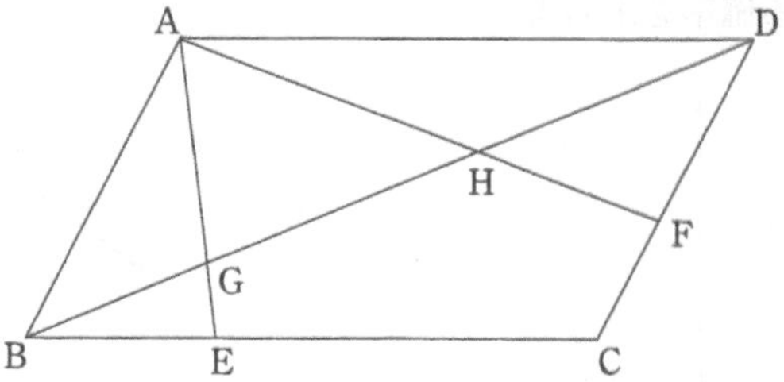

(2) 下の図において，点Oは円の中心であり，AG⊥CH，EG＝FGである。このとき，太線部分の$\overset{\frown}{AB}$と$\overset{\frown}{CD}$の長さの比を求めよ。

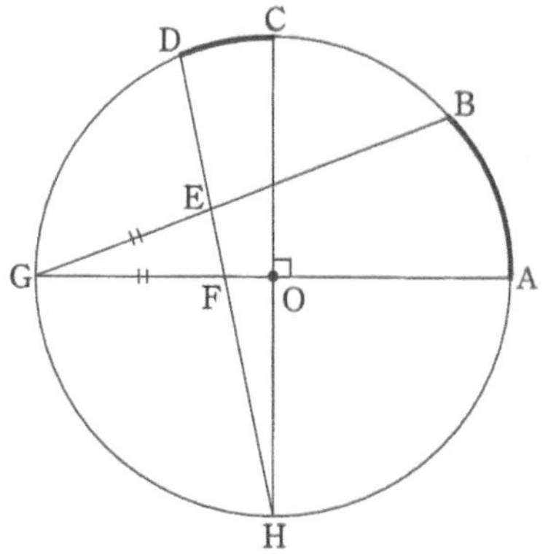

(3)　下の図のように三角すいO－ABCがある。

点Gは△ABCの重心であり，OP：PG＝3：4である。

①　三角すいP－ABCと三角すいO－ABCの体積比を求めよ。

②　三角すいP－OBCと三角すいO－ABCの体積比を求めよ。

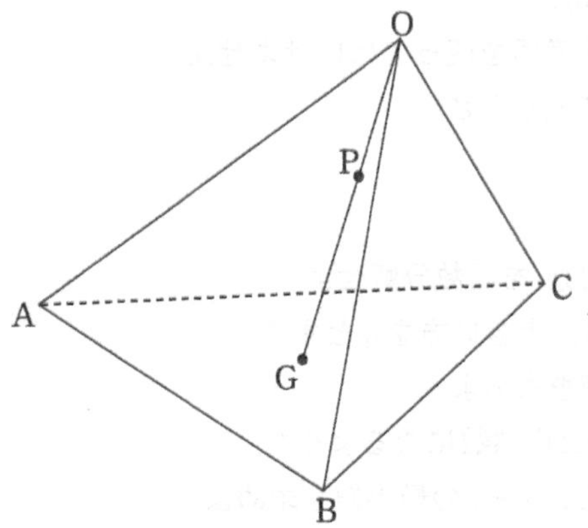

3　座標平面上に点A(3，2)，B(2，3)，C(3，3) がある。

大小2つのさいころを同時に1回投げて，

大きいさいころの出た目の数をa，小さいさいころの出た目の数をbとし，図の直線lを$y=\frac{b}{a}x$とする。以下の問いに答えよ。

(1)　bがaよりも大きくなる確率を求めよ。

(2)　直線lが点Cを通る確率を求めよ。

(3)　直線lが線分ABを通る確率を求めよ。

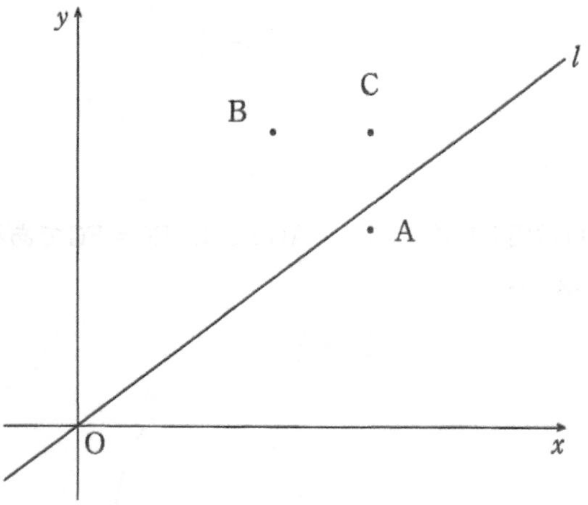

4 下の図のようなAB＝ACの二等辺三角形ABCに，点Oを中心とする円Oが内接しており，点Pと点Mは接点である。
円Oの半径が21，BC＝56であり，AP＝$3k$とする。
次の問いに答えよ。

(1) AP：AMを求めよ。

(2) kの値を求めよ。

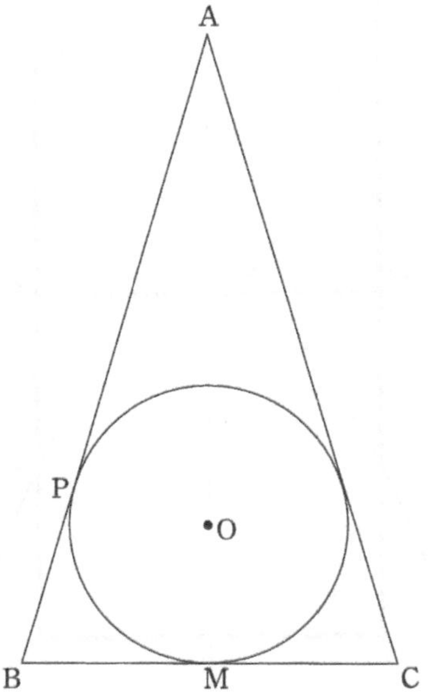

さらに下の図のように円Oに接して辺ABと垂直に交わる線分をDEとする。点O′を中心とする円O′は△ADEに内接しており，点Qは接点である。

(3) AQ：QO′を求めよ。

(4) 円O′の半径xの値を求めよ。

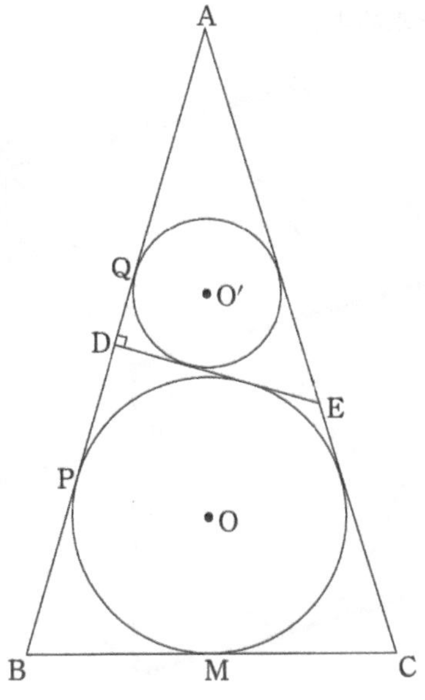

5 次の各問いに答えよ。

(1) 下の図において①，②はそれぞれyがxの2乗に比例する関数のグラフである。そこに1辺の長さが4の正方形を2個描いたところ図のようになった。①，②の関数の式をそれぞれ求めよ。

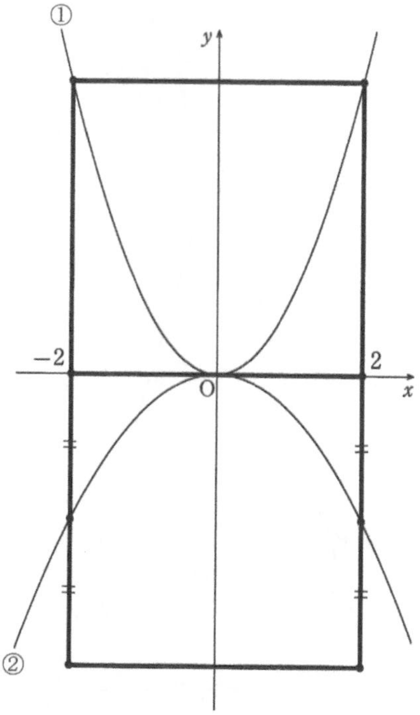

(2) (1)の図を正方形の部分でそれぞれ切り取り，
下の図のように1辺の長さが4の立方体に貼り付けた。
図の4点P，Q，R，Sは同じ平面上にあり，この平面は面GCDHと平行である。

(ア) PQ＝RSのとき，PQの長さを求めよ。

(イ) (ア)のとき，3点A，F，Pを通る平面でこの立方体を切断した。この平面と辺CDが交わる点をTとする。DTの長さを求めよ。

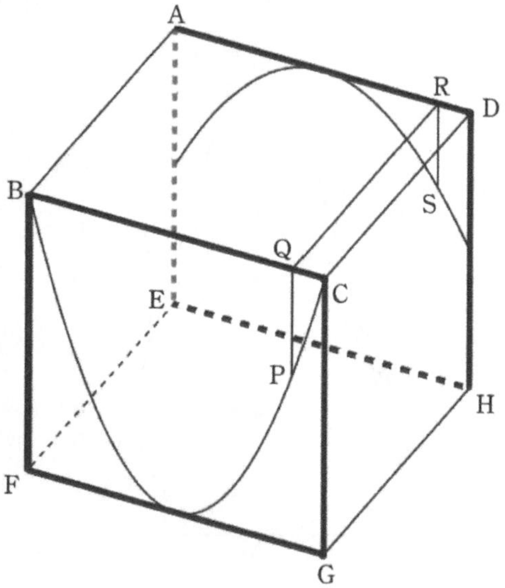

【英　語】（60分）〈満点：100点〉

1 次の文章を読み，あとの問いに答えなさい。

It was the day of the big match. In homes and offices, schools and factories, everyone was talking about it.

'Today *ought to be a holiday,' Fred Wills said to his friend as they went to work. 'Then everybody could stay at home and watch the match on the television.'

His friend laughed. 'Many people will stay at home,' he said. 'They'll say that they are ill or that someone in their family has died.'

'That's right,' Fred said. 'It's a good (1)excuse.'

Fred worked as a clerk, and when he got to the office, he found a letter on his desk. He opened it.

'Dear Mr. Wills,' the letter began. 'I am writing to thank you for《あ》me the other day. With this letter I am sending you a ticket for the big match. I bought it for myself, but I have《い》my leg and must stay at home.'

Fred looked at the ticket. He could not believe that he had it. Many thousands of people tried to get tickets for the match and now he, Fred Wills, got one.

'You're looking very happy,' the girl sitting in the next desk said. 'What's happened?'

'(2)I've...' Fred stopped. 'I *had better not tell anyone,' he thought. 'Oh, it's nothing,' he said. 'Just a letter from an old friend.'

The girl looked away and got on with her work. Fred looked at the ticket. He held it under his desk so that no one could see it. What could he do with it? How could he get away from the office? He could not tell the *manager that he was ill. He knew that he did not《う》ill.

Fred thought and thought. He could not do any work. Then, half way through the morning, he knew what to do. He got up from his desk and went out of the office. He walked to the telephone at the corner of the street and telephoned his sister, Jean.

'Is that you, Jean? It's Fred here,' he said. 'Listen, I want you to do something for me. At twelve o'clock, I want you to telephone my office. Ask to speak to the manager. Tell him that you are speaking from the hospital. Tell him that Fred Wills' mother is ill. Do you understand?'

'Yes, but why?' Jean asked.

'I'll tell you this evening,' Fred said. 'Now please do *what I ask.'

He put the telephone down and went back to the office. A few minutes after twelve, the manager walked up to him.

'I have bad news for you, Fred,' he said. 'Someone from the hospital has telephoned me. Your mother is ill. You had better go and see her.'

Fred put on a sad face. 'Thank you, sir,' he said. 'I'll go now. And I'll come back as soon as I can.'

Fred《え》the office quickly. When he was outside, he began to laugh. He got on a bus and went to the sports ground. The big match did not begin until three o'clock, but Fred wanted to get to the ground early. He wanted to get a place for himself at the front.

The match was very exciting. Both teams were very good and the television cameras showed every move. The *spectators shouted and cheered. Sometimes the television cameras pointed at the spectators. 【 excited / everyone / showed / how / was / the cameras 】.

The next morning when Fred came to work all the clerks looked at him, but no one《お》. Then the manager walked up to him.

'How is your mother today?' he asked.

'Oh, she's a little better, thank you,' Fred said.

'Go home and look after her,' the manager said, 'and don't come to this office again.' He walked away.

'But... but I don't understand,' Fred said.

The girl sitting next to Fred lifted her arm and pointed to a *cupboard in the office. There was a television on the cupboard. 'The manager brought it in yesterday. He wanted us all to see the match. We didn't only see the football players,' the girl said. 'We also saw some of the spectators.'

Fred looked at the television, and then (3) he understood.

（注） ought to ～：～すべきだ　had better ～：～したほうが良い　manager：部長
what I ask：私が頼むこと　spectator：観客　cupboard：食器棚

(1) 下線部(1)の本文中での意味として最も適切なものを，次のア～エから1つ選び，記号で答えなさい。
ア 不幸　イ 口実　ウ 謝罪　エ 欠勤

(2) 下線部(2)で省略された語を補うように，次の空所に入る英語を本文から抜き出して1語ずつ書きなさい。

I've (　　) the (　　).

(3) 【　】内の語(句)を文脈に合うように並べかえなさい。ただし，文頭にくる語も小文字で始めてあります。

(4) 《あ》～《お》に入る最も適切な語を下から選び，必要があれば形を変えて書きなさい。ただし，同じものを2度以上使ってはいけません。

break　help　leave　speak　take　look

(5) 下線部(3)について，Fredが理解した内容を以下のように説明する時，①は15字以内，②は35字以内の日本語でそれぞれ説明しなさい。ただし，句読点も字数に含めます。

(　①　)ため，(　②　)ことを理解した。

(6) 本文の内容に合うものを次のア～カから2つ選び，記号で答えなさい。
ア When Fred got a letter, he was very glad because he thought that there would be a ticket in it.
イ Fred didn't tell anyone that he got a ticket for the match.
ウ The manager got a call from Jean around noon.
エ The next morning the manager told Fred to go home because his mother was still sick.
オ The manager was kind enough to put a television in the office so that the workers could watch the match.
カ Fred understood why the manager got angry as soon as he came to the office.

2 次の文章は，世界の不思議(World Wonders)とその1つであるグランドキャニオン(Grand Canyon：アメリカのアリゾナ州にある峡谷)についてのものです。全文を読み，あとの問いに答えなさい。

(1)Which is the tallest building in the world? Which is the oldest building? Which is the most beautiful lake? Which mountain is the highest? Perhaps you know the answer to these questions – or perhaps you do not. But each of these questions has only one answer. And your answer is either right or wrong.

But you can ask different questions. Which is the best waterfall? Which place in the world is the most wonderful? Each of us has different answers to these questions. And no one's answer is right or wrong. So why do we ask the questions? Because the world is full of wonders, and we cannot see them all. But we want to learn about them, because perhaps – one day – we will see some of them. And because we like to know that they are still there.

When you visit a mountain, you arrive at the bottom, and you look up at the mountain. But when you visit a canyon, you can often arrive at the (2), and look down into the earth. And when you look down into the Grand Canyon, you look down a long way. At the bottom, about 1.2 kilometers below you, you see the Colorado River. But when you look at the tall, red sides of the canyon, you are looking at the wonderful story of the earth.

The Spanish word *colorado* means 'full of (3)'. This *describes the Grand Canyon very well. Its walls are made of *layers of stone – some red, some yellow, and some brown or orange. Each layer of stone lies on top of the other layers like a great sandwich.

In this way, the canyon was made – just like a sandwich. But this sandwich began nearly 2 billion years ago!

At that time, the world was a very different place. No animals lived on the land, and there were only a few in the sea. The land was different, too. [4] They were the first layer – the bottom layer – of the sandwich. Now we call them the Vishnu Basement Rocks.

There are nearly forty different layers of rocks in the walls of the Grand Canyon. We usually describe them in three groups of layers: the Vishnu Basement Rocks, the Grand Canyon Supergroup Rocks, and the Layered Paleozoic Rocks (Paleozoic means 'Old Life'). The second group, the Supergroup, was even slower than the first. It took them about 700 million years to arrive. (5)And they could not stay still. They moved around, and fell over – slowly – until the next group of rocks arrived.

The final group is the top layer in the sandwich – the *flat layers of red, yellow, and brown rock. They did not move around. They stayed flat, so they make interesting pictures. When you visit Grand Canyon, you can take pictures of these layers!

Most of this story happened under the sea, and many of the layers were made there. Then, about 75 million years ago, something big happened. Something pushed the land up out of the sea. It made the Rocky Mountains, and it pushed the Grand Canyon three kilometers up out of the sea.

Of course it was not a canyon then. It was a piece of flat land, hard and dry, like the top of a table. But the land moved a little, and a river – the Colorado River – started to move across the land and to cut very slowly down into the rock. That was about 7 million years ago. Now the Grand Canyon is 446 kilometers long and from 6 to 29 kilometers across. And when you look at it, you are looking at the long, slow story of the (6).

（注） describe：～を描写する　layer：層　flat：平らな

(1) 下線部(1)について，文脈上取り除くべき文を次のア～エから1つ選び，記号で答えなさい。

ア Which is the tallest building in the world?　イ Which is the oldest building?

ウ Which is the most beautiful lake?　エ Which mountain is the highest?

(2) (2)に入る最も適切な語を次のア～エから1つ選び，記号で答えなさい。

ア mountain　イ bottom　ウ top　エ wall

(3) (3)に入る最も適切な語を考えて書きなさい。ただし，cで始まる単語とする。

(4) [4]に以下の4つの文を意味が通るように並べ替えて入れる時，その順番を答えなさい。

ア Then some new islands, made of very hard stone, pushed up out of the sea.

イ In the end, they crashed into Laurentia, and stayed there.

ウ Slowly − during about the next 200 million years − they moved across the sea.

エ There was a large piece of land called Laurentia near North America.

(5) 下線部(5)の内容として最も適切なものを次のア～エから1つ選び，記号で答えなさい。

ア その岩石層はその場にとどまらなかった。

イ その岩石層には人々が住むことはできなかった。

ウ その岩石層はいまだに建材には適さない。

エ その岩石層は7億年たってもなお堆積しなかった。

(6) (6)に入る最も適切な語を本文中から抜き出して答えなさい。

(7) グランドキャニオンの岩石層について正しいものを次のア～エから1つ選び，記号で答えなさい。

ア The layer of the Grand Canyon Supergroup Rocks lies over the Vishnu Basement Rocks and the Layered Paleozoic Rocks.

イ The layer of the Vishnu Basement Rocks is older than the other two groups of layers: the Grand Canyon Supergroup Rocks and the Layered Paleozoic Rocks.

ウ The layer of the Layered Paleozoic Rocks moved around until the next group of rocks arrived.

エ The Layered Paleozoic Rocks was under the sea about 7 million years ago.

3 次の日本語の意味に合うように，かっこに適語を入れなさい。

(1) 彼女がこれらの問題を解くのは難しかった。

(　　) was difficult (　　) her (　　) solve these problems.

(2) 私の犬はあなたの犬よりずっと速く走る。

My dog runs (　　)(　　)(　　) yours.

(3) ボブはそこに1人で行かなければなりませんでした。

Bob (　　)(　　) go there by (　　).

(4) 1時間前に雨が降り始めました。

It (　　)(　　) an hour ago.

(5) ボールで遊んでいるあの子どもたちを見てごらん。

Look at those children (　　)(　　) a ball.

4 次の各組の英文がほぼ同じ意味になるように，かっこに適語を入れなさい。

(1) There was no food in the fridge.
There was (　　　)(　　　) eat in the fridge.

(2) Shall we go to the movie this weekend?
How (　　　)(　　　) to the movie this weekend?

(3) Ms. White moved to a new house three years ago and she still lives there.
Three years (　　　)(　　　)(　　　) Ms. White moved to a new house.

(4) My father can play the violin.
My father knows (　　　)(　　　) play the violin.

(5) This summer I swam in Okinawa. I enjoyed it very much.
This summer I (　　　)(　　　) in Okinawa very much.

5 次の日本語の意味になるように，かっこ内の語(句)を並べかえなさい。
ただし，それぞれに不足している語が1語ずつあります。また，文頭にくる語も小文字で始めてあります。

(1) その木の周りには何人の子どもたちがいましたか。
(how / children / the / there / many / tree / were)?

(2) 彼らには暖かい服も住む家もありませんでした。
They had (a house / clothes / in / live / neither / to / warm).

(3) 父は妹の約2倍の体重があります。
My father is about (as / heavy / my / as / sister).

(4) あの壊れたドアにさわってはいけません。
(door / touch / that / don't).

(5) 兄は正しいと私は信じていました。
(right / my brother / believed / I / that).

うとしている点。

問7　――⑥「照れくさいときに見せる彼女の小さな変化だった」とありますが、沙織はなぜ「照れくさい」と思ったのですか。最もふさわしいものを次の中から選び、記号で答えなさい。

ア　泰子が自分たちの家族構成を把握《はあく》するなど、ふだんから自分のことを気遣ってくれているのがわかり、うれしかったから。

イ　泰子が自分の妹の名前を知っていることに驚いたが、その理由があまりにも簡単だったので、驚いたことが恥ずかしかったから。

ウ　泰子が自分や弟のオムライスだけでなく、家にいる妹の分まで買ってくれようとしていることを、申し訳ないと思ったから。

エ　泰子が自分たちを咎めているのではなく、心配してくれているのだとわかり、反抗的な態度をとってしまったことを反省したから。

問8　――⑦「ろくに食べるものもないのだろう」とありますが、泰子がこのように考えた理由について説明した次の文の（　　）に当てはまる言葉を、本文中の表現を用いて、25字以内で答えなさい。

☆　**沙織がチョコレートを「ごはんの代わり」だと言っていたことに加えて、真哉が（　　）ように見えたから。**

問9　――⑧「言ってしまってから沙織は、はっとした顔になった」とありますが、それはなぜですか。50字以内で説明しなさい。

問10　――⑨「チョコレートをポケットにねじ込んでも沙織が守りたかったものがあるのに」とありますが、ここで泰子は沙織のどのような気持ちを読み取ったのですか。60字以内で説明しなさい。

三　次の文の傍線部を漢字で記しなさい。

①　家屋がトウカイする。

②　事件のケイイは以下の通りである。

③　セイジャクを破る物音がした。

④　重要な任務のイチヨクを担っている。

⑤　感動の余韻《よいん》にヒタっていたい。

く、（　B　）をすることを嫌がっているのだと、沙織は理解していたから。

問3　――②「言葉よりも先に泰子は動いていた」とありますが、それはなぜですか。最もふさわしいものを次の中から選び、記号で答えなさい。

ア　沙織の担任として、沙織のことを気にかけているのを理解してもらう良い機会だから。

イ　沙織の担任として、沙織がこのまま万引きすることを見過ごすわけにはいかないから。

ウ　沙織の担任として、沙織に男の子が嫌がっていることを気づかせる必要があったから。

エ　沙織の担任として、沙織と男の子が本当に欲しいと思う物を買ってあげたかったから。

問4　――③「彼女は挑むような目をして」とありますが、この時の沙織の気持ちとして最もふさわしいものを次の中から選び、記号で答えなさい。

ア　弟のためにやったことを咎めようとする泰子に対して、激しく怒る気持ち。

イ　自分たちが悪いことをしたのを罰するつもりではないかと、泰子を疑う気持ち。

ウ　勝手に世話をやく泰子に対して、余計なことをしないで欲しいと抗議する気持ち。

エ　自分たちにはお金がないので、泰子にチョコレートを買って欲しいと願う気持ち。

問5　――④「シンヤ」について、このようにカタカナで表記することで、どのようなことを表していますか。最もふさわしいものを次の中から選び、記号で答えなさい。

ア　沙織が弟の名前を普通とは異なる独特の呼び方をしたことを示し、それだけ沙織がこの弟を大切に思っているのが泰子にも伝わったということ。

イ　真哉という名前がもつ違和感を示し、この兄弟には何か普通とは異なる特殊な事情があるにちがいないと泰子が直感したということ。

ウ　弟の名前を沙織が無感情で言ったことを示し、兄弟たちの世話で沙織が疲弊《ひへい》しているのが泰子にも理解できたということ。

エ　急に沙織が出した名前を泰子がすぐには理解できなかったことを示し、ちょっと考えて目の前にいる弟の名前だとわかったということ。

問6　――⑤「心底呆れたような声」とありますが、沙織は泰子のどのような点に対して「呆れたような声」を出したのですか。最もふさわしいものを次の中から選び、記号で答えなさい。

ア　目線さえ合わせれば真哉と打ち解けて話せるようになるはずだと信じている点。

イ　どの家庭にもきちんとした夕飯が準備されているのを前提として話している点。

ウ　いくら中学校の先生であるとはいえ小学生の好みをまるで理解できていない点。

エ　お金がないと言っているにもかかわらず沙織に支払いをさせよ

んか」

「でも」

「贅沢《ぜいたく》なんて言うてない。チョコレートひとつ、やで」

「ほうっておけって言うの？」

「ほら、それ。自分がそうしたいってだけで、私らの気持ちはそこにはないやん」

沙織はカゴのなかからチョコレートをひょいと摘まみ上げると、泰子の鼻先に突きだす。

「いいよ、先生。先生がいるところと私らが住む場所は違う。それだけのことなんやから」

泰子がチョコレートを手に取ると、「真哉、行こう」と言って沙織は、握った弟の手をぐいっと引き寄せて去っていった。

正しいことをただ口にするのは簡単なことだ。危《あや》うげなふたりの姿を見ていると、チョコレートひとつで凌《しの》ごうとした沙織たちの夜を否定しきれないような気持ちになる。

⑨チョコレートをポケットにねじ込んでも沙織が守りたかったものがあるのに、と泰子は唇を噛《か》む。

（咲沢《さきさわ》くれは「眠るひと」による）

問1　〰〰ⓐ「からからと」ⓑ「あどけなく」ⓒ「卑屈になって」の意味として最もふさわしいものをそれぞれ次の中から選び、記号で答えなさい。

ⓐ「からからと」

ア　表情ひとつ変えることもなく
イ　明らかに無理している様子で
ウ　くよくよする様子を見せずに
エ　感情を抑えている声の調子で

ⓑ「あどけなく」

ア　大人っぽくて、美しく
イ　清潔で、感じが良く
ウ　小さくて、弱々しく
エ　無邪気で、愛らしく

ⓒ「卑屈になって」

ア　自分をいやしめ、相手におもねって
イ　急なことにおびえ、逃げようとして
ウ　必要なことをせず、勝手なことをして
エ　目の前のことを嫌《いや》がり、言い訳をして

問2　――①「その言葉ほどには、男の子を咎めていないことがわかる口調だった」とありますが、それはなぜですか。理由を説明した次の文の（　）に当てはまる言葉を、Aは自分で考えて、Bは本文中から抜き出して、いずれも5字以内で答えなさい。

☆　男の子が首を横にふったのは、（　A　）を言っているのではな

えていた。

「お母さんも食べるでしょ、夕飯」

「え、えっと」沙織は急にもじもじとして真哉を見下ろす。

まさか、もしかすると母親は何日も帰ってきていないのではないか。

「やっぱりいいよ、先生。こんなに買ってもらっても、お金、返せないかもしれないし」

⑦でもろくに食べるものもないのだろう。だから、この子たちはアーモンドチョコで空腹をごまかそうとしていたのだ。

「今夜はチョコレート食べて、明日の朝はどうするつもり？」

沙織は、「朝ごはんなんていつも食べてないよ」と笑った。ⓒ卑屈《ひくつ》になっているのでもなんでもなくて、そんなのどうってことないから、と言うみたいに。

「でもね」泰子が言うと、つっと沙織の顔から笑みが消えた。

「とりあえずおにぎり、いくつか買っておきましょう。冷蔵庫に入れておけば明日の夜でも食べられるから」

こんなことをして何になるという思いもあった。母親が不在だとして、それがいつまで続くのかもわからない。その間、毎日食べ物を買い与えるわけにもいかない。つまり、何をしてもその場しのぎでしかなく、根本的な解決には至らないのだ。といってほうっておくわけにもいかない。

「先生、もういいよ。ずっとこんなこと続けられないでしょ。それにこんなこと続けたとして、全部でいくらになるん？　そんなのママが帰ってきても払えないよ、きっと」

⑧言ってしまってから沙織は、はっとした顔になった。

泰子はおにぎりを摑んでカゴに入れながら「今はいいんよ。そういうときもあるんやから、お金だって返さなくても」と、無理に明るい声で言った。

「かわいそうやから？」

泰子は手を止めた。かわいそうって、と言葉が滑り落ちる。沙織たちを憐《あわ》れんでいるわけではない。だが子どもが四人もいても母親は家を出ていくものなのだろうか。出ていかなければならないどんな事情があるのだろうと思う。

「もしも今先生が助けてくれても、じゃあ、明日は？　明後日は？　これから先もずっとだれかが助けてくれるのかな。助けてもらってやっと、私たちは生きていけるのかな」

沙織はまっすぐ泰子を見上げていた。頬の赤みが消えた彼女の、切れ込んだ瞼《まぶた》に目がいく。人目を惹《ひ》くというのとは違う、澄んだ美しさを感じさせる顔立ちだった。沙織から表情が消える。店内の照明がうつり込んでいるはずなのに、その瞳はやけに黒く見える。

「今日助けてもらっても、その先に生きていく方法がないなら、一緒なんよ」

「だから万引きをするの？」

咎めるつもりはなかった。万引きせざるをえない今の状況についてを訊きたかったのに、と咄嗟に悔やむ。他人ではなく、親の庇護《ひご》をこの子は待っているんじゃないか、とも思った。

だが沙織は、ふっ、と笑った。

「こんなん、別に今日が初めてやないから。ここにはこんなにたくさんのものがあるんやもん。チョコレートのひとつくらい、別にいいや

年一歳になる弟がいたはずだ。今年の春、沙織を受け持つことになったばかりのころ、「去年弟ができた」と彼女は泰子に告げたのだ。

　真哉の姿を初めて目にする。真哉は沙織のスカートの裾《すそ》をぎゅっと摑《つか》んだまま、おずおずと泰子を見上げる。

「真哉くん」泰子は中腰になって真哉に目線をあわせた。

やや垂れ気味で目尻がすっと切れ込んだ目が、沙織とそっくりだった。

真哉はあとずさって、さらに沙織に体を寄せた。

　小三にしては少し背が低いと思った。それにかなり痩《や》せている。

「でもこんな時間にチョコレートなんて食べたら、夕飯、きちんと食べられるのかなぁ」

　昔、泰子も母に同じようなことを言われた覚えがある。

「だからごはんの代わり」沙織の⑤心底呆《あき》れたような声が、泰子の頭のうえに降ってきた。

　沙織はまるで当然だという表情で泰子を見下ろしている。この子がごはんよりもチョコレートを望んでいるのだと、彼女の目は言っているようだった。

「一緒に買い物しよう」

「でも時間ないよ。早く帰らんとカズマが起きるから」

　カズマというのは、今年一歳になる弟のことだろう。

「お母さんは？　仕事？」

「そんな感じ」

　そういえばこの子は授業中に眠ることが増えたなと思う。母親が忙しくて、沙織がそのカズマの世話をしているのだろうか。

「とにかく、こっち、おいで」

　泰子はまた歩き始めた。店の奥にある惣菜《そうざい》売り場へと向かう。少し乱暴に床を蹴飛ばすような沙織の足音の合間に、真哉のぱたぱたとした足音が交ざる。

　惣菜売り場につくと、泰子に追いついた沙織の後ろに真哉が立っている。不安そうに沙織の手を握っている真哉の目を覗き込む。

「真哉くん、何が好きなん？」

　真哉は怯《おび》えているようだった。

「大丈夫。怖くないから好きなもの、教えて」

　真哉は「オムライス」と、遠慮がちに呟《つぶや》いた。

　泰子は「そう」と彼に笑いかけ、オムライスを取り、そうっとカゴに入れた。

「あんたは何が好きなんよ」

　観念したように沙織が、「えっと、私もオムライス、かな」とぼそりと言った。

「美鈴ちゃんも同じでいい？」

　沙織がぽかんと口を開けて、それから探るような目つきで泰子を見た。

「何よ」泰子はぶっきらぼうに言った。

「美鈴の名前、知ってたん？」

「だって家族構成、届けてるでしょ」

「ふうん」と沙織がやっと聞こえるような声で呟いて、ぷいと顔をそらす。その頬に少し赤みが差している。⑥照れくさいときに見せる彼女の小さな変化だった。

　泰子はオムライスをあと三つ取って、カゴに入れた。

「そんなにいらないよ」と沙織は言ったが、その声から刺々《とげとげ》しさは消

二　次の文章を読んで、後の問いに答えなさい。

道を曲がるとスーパーがあった。駐輪場に乱雑に駐《と》められた何台もの自転車が見える。そのあいだを川口沙織《かわぐちさおり》が歩いていた。

沙織は泰子が受け持っている三年二組の生徒だった。

制服のままの彼女は、小さな男の子の手を引き、スーパーの入口に向かっていく。そして、まるで吸い込まれるように店内に入っていった。

泰子は沙織たちの後ろ姿を追った。二学期にあった二度の進路懇談《こんだん》にも母親は姿をあらわさず、事情を訊《き》いても沙織はⓐからからと笑って、「ママは忙しいから」と答えた。そんなことを思い出したからだ。

沙織の母親はまだ三十代前半だった。一学期の懇談のときに一度顔をあわせている。色白でふっくらとした丸みを帯びた頰《ほお》と、薄いピンクの口紅に彩《いろど》られた、ややぽってりとした唇《くちびる》が印象に残っている。ⓑあどけなくて、笑みを浮かべると少女のようで、あくせくと働く姿はイメージしにくかった。

沙織を追って店内に入る。煌々《こうこう》とした灯りの下で、陳列台に盛られている果物や野菜の鮮やかな色が目につく。沙織の姿はそのずっと奥にあった。

泰子は、買物客のなかに見え隠れする沙織の姿を見失わないように近づいていった。

菓子類が並んだ陳列棚の前に沙織はいた。そのすぐそばで、男の子が沙織にぴたりと体を寄せて立っている。

泰子も立ち止まる。

「これでいい？」沙織は陳列棚からアーモンドチョコの箱をひょいと摘《つ》まみ上げて、男の子の前に差し出す。男の子の身長は沙織の胸の辺りまでしかなく、沙織は腰をかがめて男の子の顔を覗《のぞ》き込む。

男の子は首を横にふった。

「だってアーモンドチョコが食べたいって言うたやん」

①その言葉ほどには、男の子を咎《とが》めていないことがわかる口調だった。

「だって」男の子は沙織の手をみつめ、そして目をそらした。

どこか遠慮しているように見えた。

「大丈夫や」沙織は笑みを浮かべると、ほら、と、男の子が穿《は》いていたズボンのポケットにアーモンドチョコの箱をねじ込んだ。

それ――。②言葉よりも先に泰子は動いていた。

「沙織」泰子は男の子のズボンのポケットから、アーモンドチョコの箱を取り上げた。

「ちょっと、何するん！」咄嗟《とっさ》に沙織は声をあげたが、相手が泰子だとわかると「先生、なんで？」と、驚いた様子を見せた。

泰子はチョコレートを持ったまま歩きだした。途中、陳列棚の端に積んであるカゴをひとつ手に取り、そこにチョコレートを放り込む。

「それ、どうするつもりなん？」あとを追いかけてきた沙織が言う。

「買うんよ」

泰子が持っていたカゴを沙織が後ろから引っ張った。ふりむくと③彼女は挑むような目をして、「お金、ないから」と言った。

「チョコレート、どうするつもりやったん？」

④「シンヤが食べたいって言うから」

泰子は男の子を見た。真哉。たしか今年小三になった沙織の弟だ。この真哉の二歳上、つまり沙織とは四歳違いで小五の妹もいる。美鈴《みすず》という名前だったと記憶している。そして真哉の下にもうひとり、今

はなぜですか。最もふさわしいものを次の中から選び、記号で答えなさい。

ア　読者に人気のある情報を優先するあまり、重要な問題に関する情報の正確な発信を蔑《ないがし》ろにしてしまうから。

イ　娯楽を中心に報道する姿勢は、広く社会に公益をもたらす新聞の役割からは遠く離れたものだといえるから。

ウ　権力者の不正を暴く役割を持つ新聞は、時には売り上げを無視してでも、真実を報道しなければならないから。

エ　新聞がエンターテインメント重視の報道姿勢をつらぬこうとしても、紙という発信形態では限界があるから。

問5　――④「バイアスがない知識を求めている」のはなぜですか。それを説明した次の文の（　）に当てはまる言葉を13字で抜き出して、その最初の5字を答えなさい。

☆　**バイアスがない知識が、読者に（　）を与えてくれるから。**

問6　――⑤「揺り戻し」とはどういうことですか。70字以内で説明しなさい。

問7　――⑥「商業主義に駆られてキャンペーン・ジャーナリズムが行き過ぎると、新聞は信頼を損なって読者を失う」のはなぜですか。60字以内で説明しなさい。

問8　本文全体を読んで、「ジャーナリズム」に求められることとはどのようなことだと考えられますか。最もふさわしいものを次の中から選び、記号で答えなさい。

ア　社会の不正や重大な関心事について、対立する意見を公平に提示しつつも、客観的な視点で発信すること。

イ　様々な話題を公平かつ客観的に取り入れつつ、流行を敏感に捉《とら》えて読者の興味をひくように発信すること。

ウ　読者が興味のない話題も客観的に収集して、公平でバラエティに富んだ話題の提示を心がけて発信すること。

エ　たとえ権力者から疎《うと》まれても、客観的で公平な立場をつらぬいて社会悪を暴こうという姿勢で発信すること。

問9　次の場面は、本文を読んだ後で生徒たちが「ジャーナリズム」について感想を述べ合っているものです。この中で本文の内容とは合わない発言をしているものを選び、記号で答えなさい。

ア　〔生徒A〕ネットニュースで新聞を読むとき、ついつい芸能人の話題に目がいきがちだったけれど、それが商業主義に走った新聞の在り方だったと気づかされたよ。

イ　〔生徒B〕確かに、新聞は売り上げも大事にしなければならないけれど、私たち情報の受け手からすると、重大な出来事に関する情報発信を丁寧《ていねい》に扱ってほしいところだね。

ウ　〔生徒C〕それだけでなく、新聞が行き過ぎた報道をしている可能性にも留意する必要があると思ったな。

エ　〔生徒D〕そもそも、メディアが正確な情報を流しているとは限らないから、メディアの情報は信用しないで、実際に自分の目で確かめなければならないと感じたよ。

ことで、その全貌《ぜんぼう》が徐々《じょじょ》に明らかになった。

注4　ゲートキーパー…門番。
注5　ジャスティン・ビーバーやレディー・ガガ…共に海外の人気アーティスト。
注6　シリア…シリア・アラブ共和国。内戦の続いている地域。
注7　アレッポ…シリア・アラブ共和国北部の都市。内戦によって多数の犠牲者が出ている。
注8　リテラシー…物事を正確に理解し、活用できること。

問1　〰〰ⓐ「溜飲を下げる」、ⓑ「矢継ぎ早」、ⓒ「傍若無人」の意味として最もふさわしいものをそれぞれ次の中から選び、記号で答えなさい。

ⓐ「溜飲を下げる」
ア　不満が解消して気が晴れること
イ　鬱憤《うっぷん》がたまって怒りをあらわにすること
ウ　真実を知って義憤にかられること
エ　不明瞭な部分が理解できて納得すること

ⓑ「矢継ぎ早」
ア　他と連携《れんけい》をとること　　イ　続けざまに行うこと
ウ　油断をしないこと　　エ　大量に生み出すこと

ⓒ「傍若無人」
ア　年齢に関係なく行うこと
イ　媚《こ》びへつらった態度のこと
ウ　無茶で実現不可能なこと
エ　勝手気ままにふるまうこと

問2　――①「皮肉なこと」とありますが、どのようなことが「皮肉」なのですか。最もふさわしいものを次の中から選び、記号で答えなさい。
ア　批判の対象であるはずのトランプ政権により、ＮＹタイムズの発行部数が伸びたこと。
イ　本来、紙で発行すべき新聞のデジタル化によって、紙を必要としなくなっていること。
ウ　政権批判を目的としていたＮＹタイムズが、かえってトランプ人気に火をつけたこと。
エ　新聞の発行部数を伸ばすためのデジタル発信が、業績不振につながってしまったこと。

問3　――②「キャンペーン・ジャーナリズムには、読者の信頼を失うリスクもある」のはなぜですか。最もふさわしいものを次の中から選び、記号で答えなさい。
ア　曖昧で不明瞭な情報が増えることで、読者が納得し信頼を寄せていたメディアの絶対性が失われてしまうから。
イ　露骨に操作されたとわかる情報を流すことで、読者が望んでいた公的機関に対する信用性が失われてしまうから。
ウ　偏った情報が多くなることで、読者が正しい判断を行うために求めていた情報の正確性が失われてしまうから。
エ　新聞以外の様々なメディアから情報が発信されることで、読者が感じていた新聞の権威性が失われてしまうから。

問4　――③「ジャーナリストが娯楽と商業主義に引きずられて、閲覧数ばかりを気にするようではいけない」とありますが、それ

難しい判断を常に求められていると言える。

日本を例にとって考えてみよう。「日本国憲法第9条は一言一句いじるべきではない」と言う護憲派もいれば、「憲法9条に第3項を追加して、自衛隊の存在を明記するべきだ」と主張する改憲派もいる。どちらが正しいか正しくないか、いきなり結論は出さずいったん脇《わき》に置いて考えてみよう。護憲派にも改憲派にも双方《そうほう》に言い分はあるからだ。

一方の主張のみを前面に押し出し、もう一方の主張には耳を貸さない。メディアがこういう姿勢では、憲法9条をめぐる二種類の基本的論点を読者が認識することすらできない。護憲派と改憲派どちらかに肩入れするのではなく、双方の意見を公平に提示することも、ジャーナリズムが果たすべき仕事だと私は思う。

護憲派と改憲派という異なる意見をもつ人がいるのに、護憲派の意見ばかりに肩入れして改憲派の意見はごくわずかしか紹介しない。こうした報道姿勢では、読者は「自分たちはジャーナリストによって情報操作されている」と感じてしまう。すると、「ちょっと待て、改憲派の言うことにも一理あるはずだ」と必ず⑤揺《ゆ》り戻しが生じるのだ。

「manipulation（情報操作）」と「empowerment」（情報を提示して選択する力を与えること）は対極的だ。反トランプのキャンペーン報道に熱を上げるあまり、「特定のアジェンダに寄りすぎている」「これではmanipulationそのものではないか」と感じた読者がＮＹタイムズから離れることがありはしないか。私はその点を危惧している。

新聞社の経営者が新聞を売りたいと思うのは当たり前だ。売れない新聞を作っていたら、赤字ばかりが膨《ふく》らんで会社は潰《つぶ》れてしまう。だ⑥が商業主義に駆られてキャンペーン・ジャーナリズムが行き過ぎると、新聞は信頼を損なって読者を失う。

今はトランプと共和党の政策を激しく批判すれば、読者を簡単に喜ばせることができる。もちろん、大統領のウソや権力の濫用《らんよう》、ⓒ傍若無人な政策を批判することは、ジャーナリズムにとって重要な仕事だ。だが「トランプのやることは常に間違っている」と言わんばかりに彼の存在を全否定し、まともである政策ですら悪しざまに罵《ののし》るようではいけない。それこそ彼の手法を皮肉にも繰り返すことになる。

トランプ批判をすれば、一部の熱狂的な読者から拍手喝采《かっさい》を浴び、短期的には部数が伸びるだろう。だが長期的に見たとき、そうした報道姿勢は取り返しのつかない損害をもたらしかねない。「政治的ポルノ」とも言うべき行き過ぎた報道があったとき、そのまずさに読者は敏感に気づくものだ。

トランプ旋風が巻き起こって以来、アメリカ国内はトランプ派と反トランプ派で世論が真っ二つに分断されてしまっている。両者が先鋭的に衝突《しょうとつ》を繰り返すだけでは、社会のひずみはますます深まっていく。対立を乗り越え、両者が妥協《だきょう》できるギリギリのラインをどうやって見出していくのか。社会の分断を煽《あお》る尖兵《せんぺい》役になるのではなく、右でも左でもないバランスの取れたパースペクティブ（視点）を提示する。ジャーナリズムには、その役割が求められていると思うのだ。

（マーティン・ファクラー『フェイクニュース時代を生き抜くデータ・リテラシー』による）

注1　アジェンダ…提案内容。ここでは主張・意見程度の意。

注2　スクラムを組む…力を合わせて事にあたること。

注3　ハーヴェイ・ワインスタイン事件…ハリウッドの有名映画プロデューサーのセクハラが明るみになった事件のこと。複数のメディアの報道が積み重ねられる

けで問題がなくなったりはしない。何本も何十本もⓑ矢継ぎ早に記事を書き続け、時にはほかのメディアともスクラム[注2]を組む粘《ねば》り腰のキャンペーン・ジャーナリズムによって、初めて大きな社会変革は成し遂《と》げられる。前述したハーヴェイ・ワインスタイン[注3]事件が典型だ。

ただし②キャンペーン・ジャーナリズムには、読者の信頼を失うリスクもある。これまで指摘してきたように、ジャーナリストには、インターネットやスマートフォンで飛び交う膨大《ぼうだい》な情報を精査し、取捨選択するゲートキーパー[注4]としての役割が期待されている。読者からの信頼を得られている限りにおいて、ジャーナリストはゲートキーパーとして責務を果たし続けることができる。公正で客観的であるという職業倫理《りんり》を守るからこそ、ジャーナリストはこれまで読者から支持されてきた。

読者はジャーナリズムに対し、自分たちを取り巻く世界の出来事を理解するための確かな情報を提供してほしいと期待する。大前提として、フェイクニュースや偏《かたよ》った情報を排除《はいじょ》しなければ、正しい判断などできない。正確な情報に基づく理解ができて初めて、読者は自ら選択を下せる。つまり、行動に移るための納得と自信を与えてくれる（empower）ジャーナリズムを読者は望んでいるのだ。

新聞社の会議では、どの記事が多くのページビューを獲得したかランキングが発表される。ジャスティン・ビーバー[注5]やレディー・ガガのロングインタビューを動画つきで掲載すれば、何百万件、何千万件というすさまじいページビューを稼《かせ》げるだろう。③だがジャーナリストが娯楽《ごらく》と商業主義に引きずられて、閲覧《えつらん》数ばかりを気にするようではいけない。

例えば私は今までシリア[注6]には一度も行ったことがないので、紛争《ふんそう》の現場で何が起きているのか、アレッポ[注7]の現状について正確な情報を知りたいと思う。ページビュー至上主義、ランキング至上主義で仕事をしていると、シリア内戦という重要なテーマは隅《すみ》っこに追いやられてしまう。

ジャーナリズムの本質は、センセーショナルな見出しをつけて読者を惹《ひ》きつけることでもコマーシャリズムでもない。「読者を empower する」ことこそが原点だ。ジャーナリズムが逆に読者からリテラシー[注8]を奪《うば》い、判断力を失わせることがあってはならないのだ。

スマートフォンおよびソーシャル・メディア全盛の今、信頼性の低い噂話《うわさばなし》やフェイクニュース、バイアス（偏り）がかかった不誠実な情報が満ちあふれている。有象無象のデータが洪水《こうずい》のように押し寄せてくる時代だからこそ、ジャーナリズムの必要性がいや増していると思う。

ジャーナリストが記事を書くときには、自身の思いこみや感情論を排した客観性（objectivity）が重要だ。アンチ・トランプのキャンペーンに必死になるあまり、客観性が犠牲《ぎせい》になってしまうようではいけない。くどいようだが、④読者は正確な情報、バイアスがない知識を求めているのだ。

ジャーナリストが客観性の境界をちょっとでも踏み越えると、たちまち危険が生じる。もし読者が「この記事を書いている人は、特定のアジェンダを私たちに押しつけようとはしていないか」という疑念を抱けば、ジャーナリズムはあっという間に支持を失う。

しかし、調査報道とアジェンダのキャンペーンを分ける一線はとても曖昧《あいまい》だ。だからジャーナリストは、自分の意見と客観性との区別の

【国　語】（六〇分）〈満点：一〇〇点〉

【注意】解答するときには、句読点や記号も一字と数えます。

一　次の文章を読んで、後の問いに答えなさい。

２０１６年11月、アメリカ大統領選挙で共和党のドナルド・トランプが下馬評を大きく覆《くつがえ》して民主党のヒラリー・クリントンを破り、翌年1月、世界が「まさか」と予想だにしなかったトランプ大統領が誕生した。①皮肉なことに、トランプのおかげでＮＹタイムズは、史上かつてない黄金時代を迎えている。

ＡＡＭ（アメリカ版「日本ＡＢＣ協会」）の統計によると、紙版ＮＹタイムズの過去最高部数は１９９５年の１５０万部だった。それが20年後の15年には90万部も部数を減らし、62万５０００部まで落ちこんでしまった。ところが、深刻なピンチに陥《おちい》ったＮＹタイムズは急速に購読《こうどく》者を増やし、Ｖ字回復に成功する。

その大きな要因は2つある。第一に、非常に使い勝手がよく読みやすいスマートフォン用アプリを作り、紙ではなくデジタル空間に向けてニュースを発信するようになったことだ。もはやＮＹタイムズにとって、紙はまったくと言っていいほど重要ではない。ＮＹタイムズは紙の新聞を作る会社ではなく、スマートフォン用にニュースを作る会社へと生まれ変わったのだ。

第二に、トランプ政権への強い反発も影響した。トランプ大統領のやり方を好きな人もいれば、大嫌《だいきら》いな人もいる。トランプを支持しない人々は、彼の主張とは違ったアジェンダ[注1]とモノの見方を示してくれるメディアを求めている。そのニーズに応えたのがＮＹタイムズだったのだ。

（中略）

スマートフォンアプリを活用して世界中に記事を発信し、新しいキャンペーン・ジャーナリズムを展開したことは、ＮＹタイムズに良い結果をもたらしたとは思う。ただし、その成功とは裏腹に、危惧《きぐ》するべき落とし穴もある。黄金時代を迎えたＮＹタイムズのジャーナリズムが、違う方向へ暴走する危険性があるのだ。

２０１６年のアメリカ大統領選挙でトランプ旋風《せんぷう》が吹き荒れ、誰もが当選圏外だと見ていた彼が当選してしまう。選挙戦を通じて、彼はＣＮＮやＮＹタイムズを名指しで攻撃した。17年1月に正式に大統領に就任すると、トランプのメディア攻撃はさらに苛烈《かれつ》さを増す。

彼が何か言葉を発するたびに、ＮＹタイムズはアンチ・トランプの取材記事やオピニオン（論説）を連日のように掲載《けいさい》した。彼の言動や突拍子もない政策転換《てんかん》に憤《いきどお》る読者は、ＮＹタイムズのキャンペーンを読んでⓐ溜飲《りゅういん》を下げる。今まで新聞を読んでいなかった反トランプの読者が新たに購読を申しこみ、彼らを満足させるために、ＮＹタイムズはますますキャンペーンを激化させるサイクルが生まれた。

ジャーナリストにとって最も重要な使命は、権力者のウォッチドッグ（番犬）になることだ。大統領がウソをついたり間違いを犯したり、誤った政策を実行したとき、ウォッチドッグは大統領を正面から告発することに躊躇《ちゅうちょ》してはならない。その点、ＮＹタイムズの記者はアメリカの最高権力者から会見場で吊《つ》るし上げられようが臆《おく》することなく戦い、結果として多くの新しい読者を獲得したわけだ。

社会に何らかの不正があったとして、たった1本の記事を書いただ

2021年度

解　答　と　解　説

《2021年度の配点は解答欄に掲載してあります。》

＜数学解答＞

1 (1) $(x+y+5)(x-y+5)$ (2) $1+\sqrt{5}$ (3) 29 (4) $x=2$，$y=1$

2 (1) 16：3 (2) 2：1 (3) ① 4：7 ② 1：7

3 (1) $\frac{5}{12}$ (2) $\frac{1}{6}$ (3) $\frac{4}{9}$

4 (1) 3：4 (2) 24 (3) 24：7 (4) $\frac{357}{31}$

5 (1) ① $y=x^2$ ② $y=-\frac{1}{2}x^2$ (2) (ア) $\frac{4}{3}$ (イ) $\frac{48-16\sqrt{6}}{3}$

○推定配点○

1 各5点×4　2 各5点×4　3 各6点×3　4 各6点×4

5 (1) 各3点×2 (2) 各6点×2　計100点

＜数学解説＞

1 (因数分解，式の値，数の性質，連立方程式)

基本 (1) $(x+y-5)(x-y-5)+20x=(x-5)^2-y^2+20x=x^2-10x+25-y^2+20x=x^2+10x+25-y^2=(x+5)^2-y^2=(x+5+y)(x+5-y)=(x+y+5)(x-y+5)$

基本 (2) $x^2-x-1=0$　解の公式を用いて，$x=\frac{-(-1)\pm\sqrt{(-1)^2-4\times1\times(-1)}}{2\times1}=\frac{1\pm\sqrt{5}}{2}$　よって，$a=\frac{1+\sqrt{5}}{2}$　また，$a^2-a-1=0$　よって，$3a^2-a-3=3(a^2-a-1)+2a=3\times0+2\times\frac{1+\sqrt{5}}{2}=1+\sqrt{5}$

(3) $(\sqrt{10x}+\sqrt{21y})^2=10x+2\sqrt{210xy}+21y=10x+21y+2\sqrt{2\times3\times5\times7xy}$　これが自然数になるから，$xy=2\times3\times5\times7$　これを満たす自然数$(x,\ y)$の組のうち，$x+y$の値が最小になるのは，$2\times7+3\times5=14+15=29$

(4) $\frac{1}{x-y}+\frac{2}{x+y}=\frac{5}{3}$…①，$\frac{2}{x-y}-\frac{1}{x+y}=\frac{5}{3}$…②　$\frac{1}{x-y}=\mathrm{X}$，$\frac{1}{x+y}=\mathrm{Y}$とすると，$\mathrm{X}+2\mathrm{Y}=\frac{5}{3}$…③，$2\mathrm{X}-\mathrm{Y}=\frac{5}{3}$…④　③＋④×2より，$5\mathrm{X}=5$　$\mathrm{X}=1$　よって，$x-y=1$…⑤　③×2－④より，$5\mathrm{Y}=\frac{5}{3}$　$\mathrm{Y}=\frac{1}{3}$　よって，$x+y=3$…⑥　⑤＋⑥より，$2x=4$　$x=2$　これを⑥に代入して，$2+y=3$　$y=1$

2 (図形の計量)

重要 (1) 平行線と比の定理より，BG：GD＝BE：AD＝1：(1＋2)＝1：3…①　BH：HD＝AB：DF＝(2＋3)：3＝5：3…②　①より，BG：GD＝2：6だから，②と合わせて，BG：GH：HD＝2：(5－2)：3＝2：3：3　よって，△ABD：△AGH＝BD：GH＝(2＋3＋3)：3＝8：3　したがって，平行四辺形ABCDと△AGHの面積比は，(8×2)：3＝16：3

(2) $\angle EGF=a$とすると，円周角の定理より，$\angle AOB=2\angle AGB=2a$　また，$EG=FG$より，$\angle GFE=(180^\circ-a)\div 2=90^\circ-\dfrac{a}{2}$　対頂角だから，$\angle OFH=\angle GFE=90^\circ-\dfrac{a}{2}$　よって，$\angle OHF=180^\circ-90^\circ-\left(90^\circ-\dfrac{a}{2}\right)=\dfrac{a}{2}$　円周角の定理より，$\angle COD=2\angle CHD=2\times\dfrac{a}{2}=a$　したがって，$\overset{\frown}{AB}:\overset{\frown}{CD}=\angle AOB:\angle COD=2a:a=2:1$

重要 (3) ① △ABCを底面とするときの，三角すいP−ABCの高さをPH，三角すいO−ABCの高さをOIとすると，PH//OIより，$PH:OI=GP:GO=4:(3+4)=4:7$　よって，三角すいP−ABCと三角すいO−ABCの体積比は，高さの比に等しく，$4:7$

重要 ② 点Gは△ABCの重心だから，直線AGと線分BCとの交点をMとすると，Mは線分BCの中点で，$AG:GM=2:1$　よって，三角すいG−OBCと三角すいA−OBCの体積比は，$GM:AM=1:(2+1)=1:3$　また，Pを通るGMに平行な直線と線分OMとの交点をNとすると，$GM:PN=GO:PO=7:3$　よって，三角すいG−OBCと三角すいP−OBCの体積比は，$GM:PN=7:3$　したがって，三角すいP−OBCと三角すいO−ABCの体積比は，$\dfrac{3}{7}:3=1:7$

3 （関数と確率）

基本 (1) さいころの目の出方の総数は$6\times 6=36$(通り)　このうち，$b>a$となるのは，$(a,\ b)=(1,\ 2)$，$(1,\ 3)$，$(1,\ 4)$，$(1,\ 5)$，$(1,\ 6)$，$(2,\ 3)$，$(2,\ 4)$，$(2,\ 5)$，$(2,\ 6)$，$(3,\ 4)$，$(3,\ 5)$，$(3,\ 6)$，$(4,\ 5)$，$(4,\ 6)$，$(5,\ 6)$の15通りだから，求める確率は，$\dfrac{15}{36}=\dfrac{5}{12}$

基本 (2) $y=\dfrac{b}{a}x$に$x=y=3$を代入して，$3=\dfrac{3b}{a}$　$a=b$　これを満たすのは，$(a,\ b)=(1,\ 1)$，$(2,\ 2)$，$(3,\ 3)$，$(4,\ 4)$，$(5,\ 5)$，$(6,\ 6)$の6通りだから，求める確率は，$\dfrac{6}{36}=\dfrac{1}{6}$

(3) $y=\dfrac{b}{a}x$が点Aを通るとき，$2=\dfrac{3b}{a}$　$\dfrac{b}{a}=\dfrac{2}{3}$　$y=\dfrac{b}{a}x$が点Bを通るとき，$3=\dfrac{2b}{a}$　$\dfrac{b}{a}=\dfrac{3}{2}$　よって，$\dfrac{2}{3}\leqq\dfrac{b}{a}\leqq\dfrac{3}{2}$　これを満たすのは，$(a,\ b)=(1,\ 1)$，$(2,\ 2)$，$(2,\ 3)$，$(3,\ 2)$，$(3,\ 3)$，$(3,\ 4)$，$(4,\ 3)$，$(4,\ 4)$，$(4,\ 5)$，$(4,\ 6)$，$(5,\ 4)$，$(5,\ 5)$，$(5,\ 6)$，$(6,\ 4)$，$(6,\ 5)$，$(6,\ 6)$の16通りだから，求める確率は，$\dfrac{16}{36}=\dfrac{4}{9}$

重要 4 （平面図形の計量）

(1) △APOと△AMBにおいて，共通だから，$\angle OAP=\angle BAM$　接点における半径と接線は垂直だから，$\angle APO=\angle AMB=90^\circ$　2組の角がそれぞれ等しいので，$\triangle APO\backsim\triangle AMB$　$AP:AM=OP:BM=21:\dfrac{56}{2}=3:4$

(2) (1)より，$AM=\dfrac{4}{3}AP=\dfrac{4}{3}\times 3k=4k$　よって，$AO=AM-OM=4k-21$　△APOに三平方の定理を用いて，$AO^2=AP^2+OP^2$　$(4k-21)^2=(3k)^2+21^2$　$16k^2-168k+21^2=9k^2+21^2$　$k^2-24k=0$　$k(k-24)=0$　$k>0$より，$k=24$

(3) △APOと△AQO′において，共通だから，$\angle OAP=\angle O'AQ$　$\angle APO=\angle AQO'=90^\circ$　2組の角がそれぞれ等しいので，$\triangle APO\backsim\triangle AQO'$　よって，$AQ:QO'=AP:PO=(3\times 24):21=24:7$

(4) 円O′と線分DEとの接点をRとする。円外の1点からひいた接線の長さは等しいから，四角形O′QDRは正方形となり，$DQ=QO'=x$　(3)より，$AQ=\dfrac{24}{7}QO'=\dfrac{24}{7}x$　また，$PD=21$　よって，AP＝AQ＋QD＋DPより，$3\times24=\frac{24}{7}x+x+21$　$\frac{31}{7}x=51$　$x=\frac{357}{31}$

5 （空間図形と関数・グラフの融合問題）

基本 (1) ①の関数の式を$y=ax^2$とすると，点(2，4)を通るから，$4=a\times2^2$　$a=1$　よって，$y=x^2$
②の関数の式を$y=bx^2$とすると，点(2，−2)を通るから，$-2=b\times2^2$　$b=-\frac{1}{2}$　よって，$y=-\frac{1}{2}x^2$

重要 (2) （ア） 線分FGの中点をI，線分ADの中点をJ，直線QPとFGとの交点をKとし，IK＝tとすると，PK＝t^2だから，PQ＝$4-t^2$　QC＝RD＝KGだから，JR＝IK＝tより，RS＝$\frac{1}{2}t^2$　PQ＝RSより，り，$4-t^2=\frac{1}{2}t^2$　$t^2=\frac{8}{3}$　よって，PQ＝$4-\frac{8}{3}=\frac{4}{3}$

重要 （イ） 直線FPと辺CGとの交点をLとすると，3点A，F，Pを通る平面による立方体の切断面は，AF//LTの台形AFLTである。△ABF∽△TCLより，CT＝CLだから，TD＝LG　PK//LGより，PK：LG＝FK：FG　ここで，$t^2=\frac{8}{3}$より，$t=\sqrt{\frac{8}{3}}=\frac{2\sqrt{6}}{3}$　$\frac{8}{3}$：LG＝$\left(2+\frac{2\sqrt{6}}{3}\right)$：4　LG＝$\frac{32}{3}\div\frac{6+2\sqrt{6}}{3}=\frac{16}{3+\sqrt{6}}=\frac{16(3-\sqrt{6})}{(3+\sqrt{6})(3-\sqrt{6})}=\frac{48-16\sqrt{6}}{3}$　よって，DT＝$\frac{48-16\sqrt{6}}{3}$

★ワンポイントアドバイス★

例年どおり図形分野重視の出題である。5の関数と空間図形の融合は戸惑ったかもしれない。図形の定理や公式は十分使いこなせるようにしておきたい。

＜英語解答＞

1 (1) イ　(2) got[gotten]，ticket　(3) The camera showed how excited everyone was　(4) 《あ》 helping　《い》 broken　《う》 look　《え》 left　《お》 spoke　(5) ① 職場の同僚がTVで自分を見た　② 母親が病気だと嘘をついて試合を見に行ったことがバレた　(6) ウ，オ

2 (1) ウ　(2) ウ　(3) color(s)　(4) エ→ア→ウ→イ　(5) ア
(6) earth　(7) イ

3 (1) It，for，to　(2) much[far] faster than　(3) had to，himself
(4) began[started] raining　(5) playing with

4 (1) nothing to　(2) about going　(3) have passed since
(4) how to　(5) enjoyed swimming

5 (1) How many children were there around the tree(?)
(2) (They had) neither warm clothes nor a house to live in(.)
(3) (My father is about) twice as heavy as my sister(.)
(4) Don't touch that broken door(.)
(5) I believed that my brother was right(.)

○推定配点○

1 (1)～(3) 各4点×3 (4) 各2点×5 (5)・(6) 各5点×4 2 各4点×7

3～5 各2点×15 計100点

＜英語解説＞

1 (長文読解・物語文：語句解釈，語句整序[間接疑問文]，語句補充，要旨把握，内容吟味)

(全訳) ビッグマッチの日だった。家庭や会社，学校，工場では誰もが話していた。

「今日は休日にすべきだったのに」とフレッド・ウィルスは仕事に行くときに友人に言った。「そうしたら，みんな家にいてテレビで試合を見ることができたのに」

彼の友人は笑った。「多くの人が家にいるだろう」と彼が言った。「彼らは病気だと言ったり，家族の誰かが死んだと言ったりするだろうよ」

「そうだな」とフレッドは言った。「それはいい(1)言い訳だ」

フレッドは事務員として働き，会社に着くと机の上に手紙が置かれていた。彼はそれを開けた。

「親愛なるウィルスさん」と手紙が始まっていた。「先日，私を(あ)助けてくれてありがとうと書いています。この手紙で私はあなたにビッグマッチのチケットを送っています。私は自分でそれを買いましたが，私は足を(い)折って家にいなければなりません」

フレッドはチケットを見た。彼はそれを持っているとは信じられなかった。何千人もの人々が試合のチケットを手に入れようとしたが，今，フレッド・ウィルスはチケットを手に入れた。

「とても幸せそうね」と隣の机に座っている女の子が言った。「どうしたの？」

「(2)僕はね…」フレッドは止まった。「私は誰にも言わないほうがいい」と彼は思った。「ああ，何でもない」と彼は言った。「ただの古い友人からの手紙だよ」

少女は目をそらし，仕事に取り組んだ。フレッドはチケットを見た。彼は誰もそれを見ることができないように机の下にそれをしまった。彼はそれをどう扱おう？どうやって会社から離れられるか？彼は部長に病気であることを伝えることができなかった。彼は自分が病気に(う)見えないことをわかっていた。

フレッドは考えに考えた。彼は何の仕事も手につかなかった。そして，午前中の途中で，彼は何をすべきかを知っていた。彼は机から立ち上がって会社を出た。彼は通りの角にある電話に歩いて行き，妹のジーンに電話をかけた。

「ジーン，君か？フレッドだ」と彼は言った。「聞いてくれ，君に僕のためにしてほしいことがあるんだ。12時に，私の会社に電話してほしい。部長に話を聞いてもらう。君が病院から話していることを彼に伝えてくれ。フレッド・ウィルスの母親が病気であることを彼に伝えてほしいんだ。分かった？」「うん，でもなぜ？」ジーンは尋ねた。

「今晩教えてあげよう」とフレッドは言った。「今，僕がお願いしたことをしてほしいんだ」

彼は電話を下ろして会社に戻った。12時過ぎ，部長は彼に歩み向かった。

「悪い知らせだよ，フレッド」彼が言った。「病院から私に電話があった。お母さんは病気だ。彼女に会いに行った方がいいよ」

フレッドは悲しい顔をした。「ありがとう」と彼は言った。「今行くつもりです。そして，私はできるだけ早く戻ってきます」

フレッドはすぐに会社を(え)出た。外に出ると，彼は笑い始めた。彼はバスに乗り，スポーツグラウンドに行った。ビッグマッチは3時まで始まらなかったが，フレッドは早くグラウンドに着きたかった。彼は前の場所を手に入れたかった。

試合はとてもワクワクしたものだった。両チームとも非常に良かったし，テレビカメラは一挙手一投足を映し出した。観客は叫び声を上げ，歓声を上げた。時々，テレビカメラは 観客を向いた。カメラはみんながどんなに興奮しているかを示した。

翌朝，フレッドが仕事に来たとき，店員はみんな彼を見たが，誰も(お)話さなかった。

それから部長は彼に歩み向かった。

「今日お母さんはどうだい？」と彼は尋ねた。

「ああ，彼女は少し良いです，ありがとう」とフレッドは言った。

「家に帰って彼女の面倒を見てください。そして二度とこの会社に来ないでくれ」と部長は言った。彼は立ち去った。

「しかし，しかし，わからない」と，フレッドが言った。

フレッドの隣に座っていた少女は腕を上げ，オフィスの食器棚を指さした。食器棚にテレビがあった。「マネージャーは昨日それを持ち込んだの。彼は私たちみんなに試合を見てもらいたかったのよ。私たちはサッカー選手だけを見たのではないの」女の子が言いました。「観客の何人かも見たのよ」

フレッドはテレビを見て，そして(3)理解した。

(1) 「病気だと言ったり，家族の誰かが亡くなった」と言うことは，試合を見に行く「口実」なのである。

(2) 「チケットを手に入れた」ことを言いかけたのである。I've で始まっているので，現在完了の文にする必要がある。

(3) 間接疑問文なので，how excited の後は，普通の文の語順にする。

基本 (4) 《あ》 thank you for ~ing「～してくれてありがとう」 前置詞の後なので動名詞にする。《い》 I have の後なので，過去分詞にする。 《う》 look ill「病気に見える」《え》 leave ~「～を出発する」 後の文が過去形なので，同様に過去形 left にする。 《お》 フレッドを見たが，何も言わなかったのである。

重要 (5) マネージャーが持ち込んだテレビに，観客として試合を見ているフレッドが映ったのだと理解したのである。

(6) ア「フレッドが手紙を受け取ったとき，チケットが入っていると思ったので，とてもうれしかった」 第6段落第3文参照。手紙にチケットが入っていることが書かれているので，受け取ったときには知らないため不適切。 イ「フレッドは試合のチケットを手に入れたと誰にも言わなかった」 第14段落参照。ジーンに今晩話すと伝えているため，不適切。 ウ「マネージャーは正午ごろジーンから電話を受けた」 第16段落参照。ジーンが正午過ぎに，病院からと偽って電話をかけたので適切。 エ「翌朝，マネージャーはフレッドに母親がまだ病気なので家に帰るように言った」 第23段落参照。病気だからではなく，嘘をついて会社を抜け出したので二度と会社に来ないように言ったため不適切。 オ「部長は親切にも，従業員が試合を見ることができるように会社にテレビを置いた」 第25段落参照。部長はみんなに試合を見てほしいと思い，テレビを持ち込んだので適切。 カ「フレッドは，部長が会社に来るとすぐに怒った理由を理解した」 第24段落参照。フレッドは最初，わからないと発言しているので不適切。

2 **(長文読解・説明文：語句補充，要旨把握，指示語)**

(全訳) (1)世界で一番高い建物はどれか。一番古い建物はどれか。どの山が一番高いか。おそらく，あなたはこれらの質問に対する答えを知っているかもしれない，もしくはおそらくあなたは知らないかもしれない。しかし，これらの質問には1つの答えしかない。そして，あなたの答えは正しいか間違っている。

しかし，あなたはさまざまな質問をすることができる。最高の滝はどれか？世界のどの場所が最も素晴らしいか？これらの質問に対してわたしたちはそれぞれ異なる答えを持っている。そして，誰の答えも正しいか間違っていない。それならば，なぜ私たちは質問をするのか？なぜなら，世界は驚きに満ちていて，それらすべてを見ることができるわけではないからだ。しかし，おそらくいつかそれらのいくつかを見るので，私たちはそれらについて学びたいと思っている。そして，私たちはそれらがまだそこにあることを知りたいからだ。

あなたが山を訪れると，ふもとに到着し，山を見上げる。しかし，峡谷を訪れると，(2)頂上にたどり着いて地面を見下ろすことがよくある。グランドキャニオンを見下ろすと，長い道のりを見下ろす。ふもとの約1.2キロメートル下には，コロラド川が見える。しかし，峡谷の高い赤い側面を見ると，あなたは地球の素晴らしい物語を見る。

スペイン語コロラドは「(3)色に満ちている」という意味だ。これはグランドキャニオンを非常によく描写している。その壁は，いくつかの赤，黄色，茶色やオレンジの石の層で作られている。石の各層は，大きなサンドイッチのように他の層の上にある。

このように，峡谷はサンドイッチのように作られた。しかし，このサンドイッチは20億年近く前に始まった！

当時，世界は大きく異なる場所だった。陸には動物は住んでおらず，海にほんのわずかな生き物がいるだけだった。土地も違っていた。(4)北米の近くにローレンティアと呼ばれる大きな土地があった。そしていくつかの新しい島は，非常に硬い石で作られ，海から押し出された。ゆっくりと―次の2億年の間に―海を渡って移動した。ついにそれらはローレンティアに衝突し，そこにとどまった。それらはサンドイッチの一番下の層の最初の層だった。今，私たちはそれらをヴィシュヌ地下岩と呼んでいる。

グランドキャニオンの壁には，ほぼ40種類の岩層がある。私たちは 通常，ヴィシュヌ地下岩，グランドキャニオンスーパーグループ岩，層状の古生代岩(古生は「Old Life」を意味する)の3つの層グループでそれらを描写する。2番目のグループであるスーパーグループは，最初のグループよりもさらに遅かった。それが 到着するまでに約7億年かかった。(5)そして，それらはとどまることができなかった。動き回り，次の岩のグループが到着するまでゆっくりとひっくり返った。

最後のグループは，サンドイッチの最上層である―赤，黄色，茶色の岩の平らな層だ。それらは動き回らなかった。彼らは平らにとどまったので，面白い写真を作る。グランドキャニオンを訪れると，これらの層の写真を撮ることができる！

この物語のほとんどは海の下で起こり，層の多くはそこで作られた。そして，約7500万年前，大きなことが起こった。何かが海から土地を押し上げた。それはロッキー山脈を作り，グランドキャニオンを3キロ上に押し上げた。

もちろん，それは当時峡谷ではなかった。それはテーブルの上のように，硬くて乾燥した平らな土地の一部だった。しかし土地は少し移動し，川―コロラド川―は土地を横切って移動し，岩に非常にゆっくりと削り始めた。それは約700万年前のことだ。現在，グランドキャニオンは長さ446キロメートル，幅6～29キロメートルだ。そして，それを見ると，あなたは(6)地球の長くゆっくりとした物語を見ている。

(1)　下線部の質問は，答えが1つしかない質問である必要があるため，「どれが最も美しい湖か」は不適切。

(2)　山の場合はふもとに着くが，渓谷の場合は頂上に到着する。

(3)　グランドキャニオンは「赤，黄色，茶色やオレンジの石の層」でできているので，「色」に満ちている。

やや難 (4) まず「ローレンティアと呼ばれる大きな土地」を挙げ，「いくつかの新しい島」ができ，それらの島は「2億年の間に海を渡って移動」して，「ローレンティアに衝突」したという流れになる。

(5) この後の英文に，「動き回」ったとあるので，とどまることができなかったとわかる。

(6) グランドキャニオンから，地球の長い物語を読み取ることができるのである。

(7) 第6段落参照。ヴィシュヌ地下岩は一番下の最初の層であるため，他の層よりも古いことがわかる。

基本 **3** (適語補充問題：不定詞，比較，助動詞，動名詞，分詞)

(1) 〈It is ~ for ＋人＋ to ~〉「人が~することは…だ」

(2) 比較級を強めるときは，比較級の前に much [far] をつける。

(3) by oneself「一人で」

(4) begin [start] ~ing「~し始める」

(5) playing with a ball は前の名詞を修飾する分詞の形容詞的用法である。

4 (書き換え問題：不定詞，助動詞，現在完了，動名詞)

(1) nothing to eat「食べ物がない」

(2) Shall we ~? = How about ~ing?「~しませんか」

(3) 〈… have passed since ~〉「~から…経った」

(4) know how to ~「~の仕方を知っている」＝「~できる」

(5) enjoy ~ ing「~して楽しむ」

重要 **5** (語句整序問題：接続詞，比較，分詞)

(1) 数を尋ねるときは〈How many ＋複数名詞〉となる。

(2) neither A nor B「AもBも~ない」

(3) 〈~times as … as —〉「—の~倍の…」

(4) broken だけで名詞を修飾するため，名詞の前に分詞を置く。

(5) 時制の一致のため，be動詞は was を用いる。

★ワンポイントアドバイス★

長文読解問題の中に，日本語で記述する問題も出題されているため，正確に読む必要がある。過去問を繰り返し解いて，内容を正確につかむ練習をしたい。

＜国語解答＞

一 問1 ⓐ ア ⓑ イ ⓒ エ 問2 ア 問3 ウ 問4 ア 問5 行動に移る 問6 (例) ジャーナリストが一方の意見に肩入れをして，情報操作しているような印象を与えることで，読者がもう一方の意見にも耳を傾けるようになること。

問7 (例) 新聞の売り上げを重視して，一方の立場に偏った政権批判をすることで，読者の求める新聞の公正さや客観性が失われてしまうから。 問8 ア 問9 エ

二 問1 ⓐ ウ ⓑ エ ⓒ ア 問2 A わがまま B 万引き 問3 イ 問4 ウ 問5 エ 問6 イ 問7 ア 問8 (例) 小三にしては少し背が低く，かなり痩せている。 問9 (例) 母親が何日も帰ってきていないという事実を，無意識のうちに泰子に打ち明けてしまったことに気づいたから。 問10 (例) 社会的には悪いとされていることをしてでも，他人から同情されることなく，家族の問題は家族で解決していきたいという願い。

三 ① 倒壊[倒潰] ② 経緯 ③ 静寂 ④ 一翼 ⑤ 浸[漬]

○推定配点○

一 問1 各2点×3 問2～問5 各4点×4 問6・問7 各6点×2 問8・問9 各5点×2
二 問1・問2 各2点×5 問3・問4 各3点×2 問5～問8 各4点×4 問9 6点
問10 8点 三 各2点×5 計100点

＜国語解説＞

一 **(論説文一語句の意味，文脈把握，脱文・脱語補充，内容吟味)**

問1 ⓐ 「溜飲」はもともと「胸やけ」を指し，「溜飲を下げる」は「不平不満などが解消され，むかむかしていた心持ちがすっとする様子」を表す。「すっきりさせる」という意味の「溜飲が下がる」という言い方もある。 ⓑ 「矢継ぎ」は「矢を放ったあとに，次の矢をつがえること」であり，その動作が早く次々と矢を射ることから転じて「矢継ぎ早」は「物事を続けざまに行うこと」という意味になった。 ⓒ 「傍若無人」は漢文から生まれた四字熟語であり，「傍らに人無きが若(ごと)し」と読む。そばに人がいないかのように勝手気ままにふるまうという意味。

問2 第三・第四段落および本文全体の内容をふまえて解答する。「皮肉」とは「遠まわしに相手を非難すること」や「当初の思惑とは違った結果になること」。「皮肉なことに」は後者の意味で使い，「当初の思惑とは逆に」という意味である。①直後に「トランプのおかげでNYタイムズは，史上かつてない黄金時代を迎えている」とあり，NYタイムズの発行部数が伸びているということがわかる。このことからエは不適当。また，黄金時代を迎えている原因として，第三段落ではアプリを作ったこと，第四段落ではトランプ政権に強く反発していることが挙げられている。アプリを作ったことについては，当初の思惑と逆のことになったとは言えず，イも不適当。残るはアとウだが，本文全体を通してNYタイムズのおかげでトランプが人気になったということは書かれていないのでウも不適当。

問3 ②の周辺を読むだけでは解答できず，本文全体の内容をふまえる必要がある。第十六段落以降，筆者は一貫してジャーナリズムの危険性とあるべき姿を述べているが，第二十二・二十三段落にキャンペーン・ジャーナリズムの危険性について簡潔に述べられている。アは，「曖昧で不明瞭」が不適当。キャンペーン・ジャーナリズムの危険性はどちらか一方に偏ってしまうことにあるので，むしろ明瞭なものと言える。イは，「公的機関に対する」が不適当。第二十二段落に「読者がNYタイムズから離れる」とある通り，公的機関ではなく報道機関に対する信用を失うの

である。エは，どのようなメディアから発信されるかという物理的な側面ではなく，内容が偏ることで信頼を失うということなので不適当。

問4　③直後の第十三段落で「ページビュー至上主義……追いやられてしまう」とあるように，ページビューだけを追い求めると，ページビューが伸びなさそうだが重要なテーマについては取り上げられなくなってしまうという問題提起である。イは，「重要なテーマについては取り上げられなくなってしまう」という要素がなく，不適当。ウは，「権力者の不正を暴く役割を持つ」ということではなく，第十三段落に挙げられているシリア内戦のような重要なテーマ全般についてのことであるため不適当。エは，発信形態の問題ではないため不適当。

基本　問5　④直前に「くどいようだが」とあるので，第十六段落以前にも同じ内容が述べられていると推測できる。すると第十一段落に「読者は……確かな情報を提供してほしいと期待する」と④と似た内容の記述がある。この段落の「つまり」でまとめられている「行動に移るための納得と自信」という部分を抜き出せればよい。

やや難　問6　「揺り戻し」とは「一度ある方向へ大きく変動したものが，また元の方向にもどること」。第二十一段落の内容をもとに解答するが，護憲・改憲についてはあくまでも具体例であることに注意が必要。「ジャーナリストが偏った意見ばかり紹介すると，読者はジャーナリストが紹介していない方の意見も確かめようとする」といった一般的な内容で記述できればよい。

問7　まず，「キャンペーン・ジャーナリズムが行き過ぎる」とはどういうことか具体的に説明する必要がある。第十六段落「アンチ・トランプの……犠牲になってしまう」や第二十二段落「反トランプのキャンペーン報道に……と感じた読者が」から，「一方の意見に偏りすぎる」という点をおさえる。また，「商業主義に駆られて」は第七段落「彼の言動や……キャンペーンを激化させる」，第二十四段落「今はトランプと……喜ばせることができる」から，「一方の意見に偏った報道をすると売り上げが伸びる」という点を，「信頼を損なって」は第十一段落，第十六・十七段落から，「読者は偏りのない，正確な情報を求めている」という点をおさえる。この三点を明らかにしつつ，「一方の意見に偏った報道をすると売り上げが伸びるが，偏りすぎた報道は読者の求める偏りなく正確な情報とは異なるから」といった内容で記述できればよい。

重要　問8　本文全体の内容，特に最終段落の内容をもとに解答する。筆者は一貫して「偏ってはならない」と主張しており，最終段落では「右でも左でもない……その役割が求められている」とバランスを取ることが重要だと述べている。イの「流行を敏感に捉えて読者の興味をひく」は第十四段落の「ジャーナリズムの本質は……コマーシャリズムでもない。」と矛盾するため不適当。

ウの「バラエティに富んだ」に関しては本文全体を通して言及されていないため不適当。エの「社会悪を暴こう」というのは，最終段落「社会の分断を煽る」に類似するため不適当。そうではなく，「対立を乗り越え，両者が妥協できるギリギリのライン」を見出すことが重要だと筆者は述べている。

問9　エの「メディアの情報は信用しないで，実際に自分の目で確かめなければならない」は，筆者の主張に合わない。読者の姿勢ではなく，ジャーナリズムというメディアの姿勢について筆者は危険性とあるべき姿を述べているのである。

二　（小説－語句の意味，脱文・脱語補充，文脈把握，情景・心情）

問1　ⓐ「からから」は漢字で「呵呵」と書き，「大きな声で高らかに笑う」という意味で，「からからと笑う」は「遠慮なく，明るく笑う」といった意味。イも迷うところだが，「明らかに無理している」であれば「遠慮なく」という意味も含む「からからと」という表現にはつながらないため不適当。　ⓑ「あどけない」とは「無邪気で可愛らしい」という意味で，一般には幼い様子について使われる表現である。　ⓒ「卑屈」とは「自分を卑下し，いじけること」。「卑下」とは「自分をわざと低い位置に置き，相手にへりくだること」。アの「おもねる」とは「相手の機嫌をとり，気に入られるように振る舞うこと」。

問2 「その言葉」とは，①直前の沙織の「『だってアーモンドチョコが食べたいって言うたやん』」である。男の子(真哉)はアーモンドチョコが食べたいと言っていたのに，いざ沙織とスーパーに行き，差し出されると拒否したという矛盾がある。沙織の言葉が「咎める」ようなものであれば，その原因は矛盾したことを言っている，つまりは男の子(真哉)の「わがまま」や「気まぐれ」である。しかし実際のところ，沙織は咎めるような口調ではなく，また①直後に男の子(真哉)は「『だって』」と発言している。この「『だって』」の後に続きそうな言葉について考える。「どこか遠慮しているよう」であったことから，何かアーモンドチョコに対して積極的になれない事情があるのだと推測できる。すると実際沙織は万引きをしようとしたのであり，男の子(真哉)はそれを察知していたと考えられる。「『だって』」の後には「それは万引きではないか」といったような言葉が隠されていると推測できる。

基本 問3 「それ――」の後に続くはずの「言葉より先に」動いたということである。「それ」が指す内容は，直前の沙織の「男の子が穿いていた…ねじ込んだ」という部分である。この行為については本文終盤の泰子の発言に「『だから万引きをするの？』」と万引きであることが明示されている。泰子は「万引きだ」と言葉をかける前に，万引きをやめさせる行動に出たということなので，万引きに言及しているイが正答。

重要 問4 ③周辺を読むだけでは解答できず，本文全体をふまえる必要がある。アは，この時点では泰子はアーモンドチョコを買うと発言しているだけであり，「咎めようとする」までの根拠はないため不適当。イは，「罰するつもりではないかと疑う」のであれば，本文終盤で泰子に「『だから万引きをするの？』」と問われた際に「ふっ，と笑」ったり，「『自分がそうしたいってだけで，私らの気持ちはそこにはないやん』」という発言にはつながらず不適当。罰されることを恐れているのではなく，泰子と自分たちは「『住む場所は違う』」のに介入されることに対して拒否反応を示しているのである。エは，「泰子にチョコレートを買って欲しい」のであれば，泰子がオムライスを買ってやろうとした際に「『やっぱりいいよ』」，おにぎりを買ってやろうとした際に「『先生，もういいよ』」という発言にはつながらないため不適当。

問5 ④直後に真哉および沙織の兄弟姉妹構成について泰子が思い出す描写があることをもとに解答する。アは，「独特の呼び方をした」根拠はないため不適当。イは，「名前が持つ違和感」は本文中に根拠がないため不適当。ウは，「無感情で言った」とまでは本文中からは言い切れない。また，「沙織が疲弊している」と泰子が理解したということも本文中に根拠はないため不適当。

問6 「『でもこんな時間に…食べられるのかなぁ』」に対して「『だからごはんの代わり』」という発言を「心底呆れたような声」で出したのである。つまり，「ごはんの代わり」としてアーモンドチョコを食べるのは何か当然のことであると沙織が認識していると推測できる。その後，本文終盤で「『先生がいるところと私らが住む場所は違う』」としていることからも，泰子と沙織は生活環境や水準が違うのだと沙織が思っていることがわかる。よってその点をおさえられているイが正答。

やや難 問7 イは，「理由があまりにも簡単だったので，驚いたことが恥ずかしかったから」が不適当。家族構成を届けているから覚えていることが当然とは言い切れず，泰子が沙織を気遣っていなければ妹の名前まで覚えるようなことはないと思われる。ウは，オムライスを買ってくれようとしていることについてであれば「『美鈴の名前，知ってたん？』」という発言にはつながらないため不適当。エは，沙織がこれまでに「反抗的な態度をとった」と言える描写はここまでにないため不適当。

問8　万引きをしようとしていることから「ろくに食べるものもないのだろう」とまで判断するのはいささか行き過ぎであり，何か身体的特徴からも判断したものと思われる。すると泰子がアーモンドチョコを買おうとした際，真哉について「小三にしては…痩せている」と身体的特徴に触れているので，その部分をまとめる。

問9　言ってしまってからはっとした顔になるということは，何かそれまでに言わずにいたことを無意識のうちに言ってしまったということである。泰子はここまでに「母親が忙しくて……世話をしているのだろうか」「まさか……帰ってきていないのではないか」と沙織の母親について思いを巡らせているが，沙織は母親について「『ママは忙しいから』」，泰子の「『お母さんは？仕事？』」に対して「『そんな感じ』」とその不在を隠していたことがわかる。しかし⑧の直前で「『ママが帰ってきても』」と言うことで母親がある程度の期間帰ってきていないことを明らかにしてしまっているということをおさえる。

やや難　問10　「チョコレートをポケットにねじ込んで」はつまり万引きを指している。何かをするより万引きをした方がいい，と沙織が思っていることがあるということである。沙織の「『かわいそうやから？』」「『自分がそうしたいってだけで，私らの気持ちはそこにはないやん』」という発言から，同情から施しを受けることを拒否していることをおさえる。

三　(漢字の読み書き)

①　「倒壊」とは「たおれてつぶれること」なので「倒潰」も正答。　②　「経緯」は「いきさつ」とも読み，「ことの成り行きやそれにまつわる細かい事情」を指す。もともと「経」は「縦の糸」，「緯」は「横の糸」を表し，「縦糸と横糸が入り組んでいるように複雑な事情」を比喩的に「経緯」という。「経」「緯」は地球の経度，緯度のように単に「縦」「横」という意味もあるので注意。

③　「静寂」は「しじま」とも読み，どちらも「静かでひっそりとしているさま」という意味。

やや難　④　「一翼」は字の通り「一つの翼」も指すが，「一翼を担う」という言い方の場合は「全体の中での一つの役割」という意味になる。　⑤　「浸る」は「水などにつかる」という意味から転じて「何かの境地に入り切る」という意味。「つかる」から「漬る」も正答。

★ワンポイントアドバイス★

論説文は，全体を通して述べられている筆者の主張をとらえよう。記述問題は問われているものについてポイントをおさえて具体的に説明することが大切だ。小説は，会話だけでなく地の文からも登場人物の心情や状況を把握しよう。

MEMO

大切なことはメモしておこうネ！

2020年度

★★★★★★★★★★★★★★★★★★★★★★★★

入　試　問　題

2020年度

城北高等学校入試問題

【数　学】（60分）〈満点：100点〉

【注意】 1　コンパス・定規・分度器を使ってはいけません。

2　円周率はπを用いて表しなさい。

1　次の各問いに答えよ。

(1)　$(-3a^2b)^3\times(2ab^2)^2\div(-6a^2b^3)^2$　を計算せよ。

(2)　$a=\sqrt{13}+\sqrt{11}$，$b=\sqrt{13}-\sqrt{11}$，$c=2\sqrt{13}$　のとき，
$a^2+b^2-c^2+2ab$　の値を求めよ。

(3)　2つの自然数m，nがある。2つの数の和は2020であり，mを99で割ると商も余りもnになる。このとき，2つの自然数m，nを求めよ。

(4)　図のような立方体の辺上を，同じ頂点を通ることなく頂点Aから頂点Gまで進む方法は全部で何通りあるか求めよ。

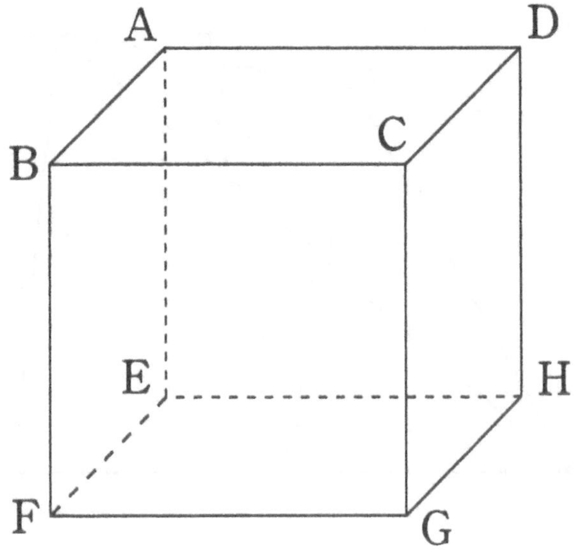

2　次の各問いに答えよ。

(1)　下の図で，Gは△ABCの重心，BG = CE，∠BEF = ∠CEF　である。
線分の比BD：DF：FCを最も簡単な整数で求めよ。

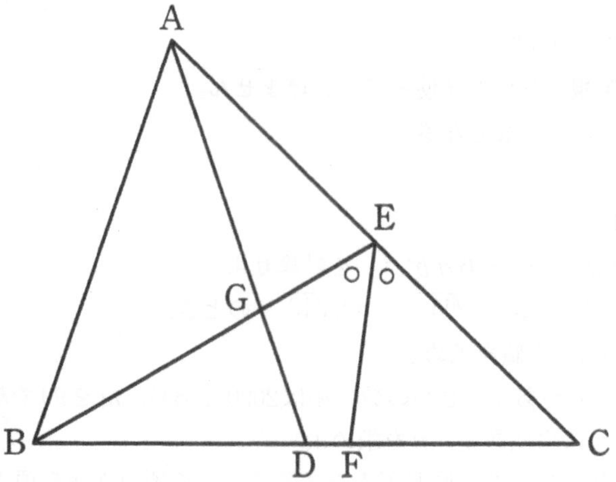

(2)　下の図の四角形ABCDにおいて，E，F，GはそれぞれAD，BD，BCの中点である。
AB = DC，∠ABD = 20°，　∠BDC = 56°とするとき，∠FEGの大きさを求めよ。

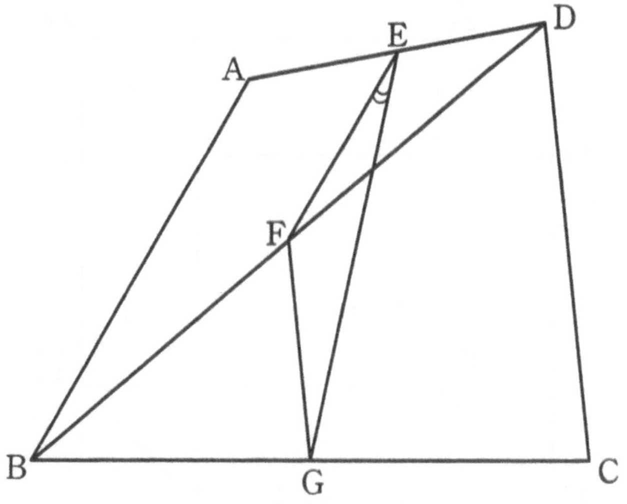

(3) 図のように，円に内接する四角形ABCDがあり，AC//DEである。
　$AD=6\sqrt{3}$，$BC=4$，$CE=6$，$DE=5$のとき，次の問いに答えよ。
① BDの長さを求めよ。
② △ABDの面積を求めよ。

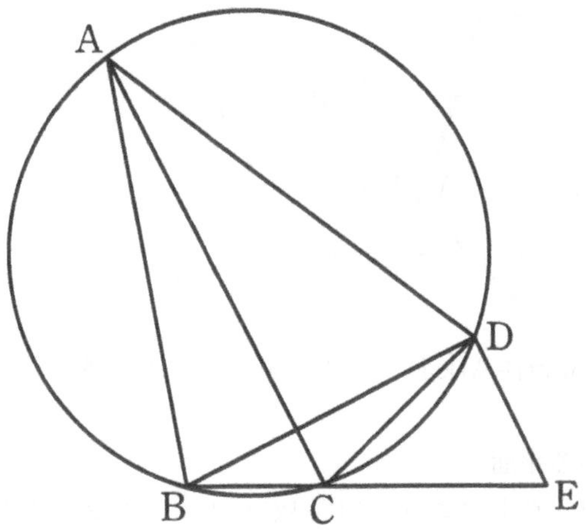

3 家から8 km離れたところに公園がある。弟は時速4 kmで家から公園へ，兄は時速$x$kmで公園から家へ向かう。今，2人が同時に出発したところ，y時間後に出会った。
(1) xとyの関係を表す式を1つ求めよ。
2人が出会った後，20分で兄は家に着いた。
(2) xの値を求めよ。

4 次ページの図で放物線$y=ax^2$（$x \geqq 0$）…①，放物線$y=\frac{8}{3}ax^2$（$x \leqq 0$）…②，直線l：$y=x+2$であり，点Aのy座標は1である。
次の各問いに答えよ。
(1) aの値を求めよ。
(2) 点Bの座標を求めよ。
(3) 点Cを通り，直線OAに平行な直線と放物線①，②との交点をそれぞれD，Eとするとき，四角形ODEAの面積を求めよ。

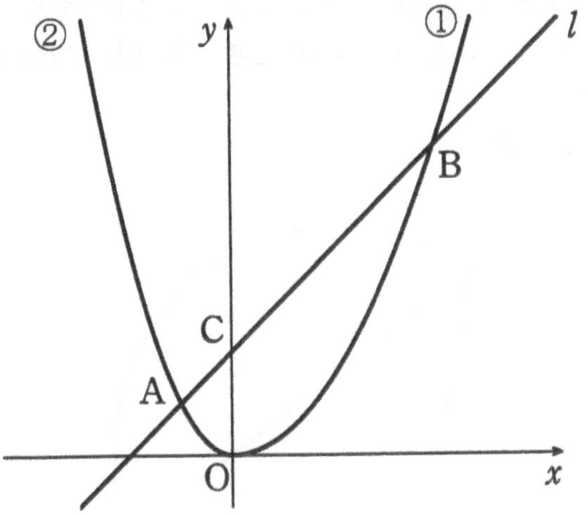

5　一辺の長さが12である立方体ABCD－EFGHを次の条件を満たす平面で切るとき，切り口の面積を求めよ。

(1)　3点E，P，Qを通る平面

ただし，点Pは対角線AG上にあり，AP：PG＝1：4を満たす点，　点Qは辺AB上にあり，AQ：QB＝1：1を満たす点である。

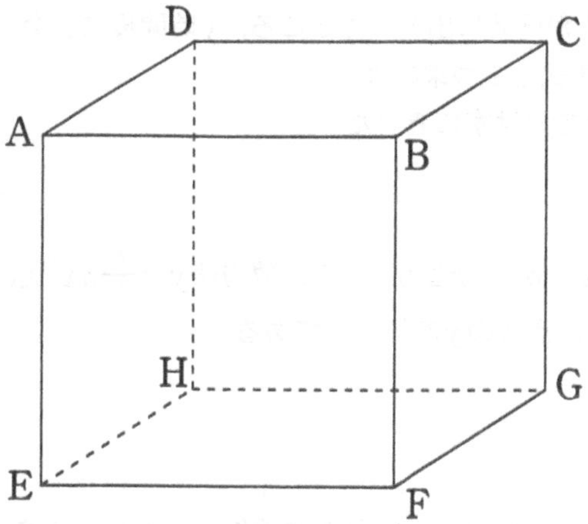

(2)　3点E，R，Sを通る平面

ただし，点Rは対角線AG上にあり，AR：RG＝2：3を満たす点，点Sは辺BC上にあり，BS：SC＝1：2を満たす点である。

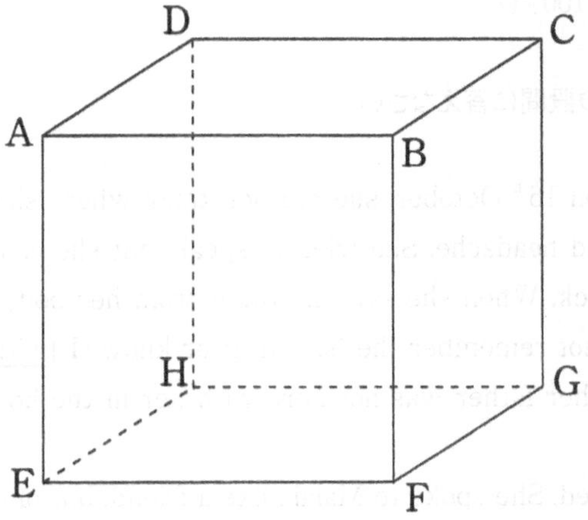
D
C
A
B
H
G
E
F

【英　語】（60分）〈満点：100点〉

1　次の文章を読み，以下の設問に答えなさい。

When Malala woke up on 16th October, she did not know where she was. She could not see or hear well, and she had a bad headache. She tried to speak, but she could not say a word, because there was a *tube in her neck. When she saw the tubes from her body, she knew that she was in hospital. However, she did not remember the *shooting, or know (1)[with / she /happened / before / who / was / it]. Because her father was not here with her in the hospital, she thought, perhaps he was dead.

Then Dr. Reynolds arrived. She spoke to Malala like a friend, but of course Malala did not know who she was. Dr. Reynolds gave Malala a present, and Malala wrote in a notebook,"Thank you. Why do I have no father?" Then she wrote: "My father has no money. Who will pay for this?"

Dr. Reynolds said that Malala's father was safe, and (2)[worry / to / about / not / money / told / her]. But for those first days, Malala had lots of strange dreams, and sometimes in her dreams, (　　　A　　　). She still did not understand why her parents were not there, or why she was in hospital.

The doctors did not tell her about the shooting because (　　　B　　　). But at last, one day, a doctor came into her room with a cellphone and said that they were going to call her parents. Malala was so happy when she heard her father's voice — but she could not say anything to him because she still could not speak.

Again and again, Malala wrote in her notebook to ask the nurses and doctors why she was in hospital, and at last, Dr. Reynolds told her about the shooting. The *bullets hit two other girls in the bus, too, Dr. Reynolds told Malala, but they were fine.

At first, Malala could not think about any of (3)this. She only knew that she wanted to go home. However, day after day, she began to feel a little stronger. She was very bored in the hospital — but when she began to see better, the nurses brought her a DVD player. On her fifth day in *Birmingham, (　　　C　　　), so when she spoke to her parents the next time, they heard her voice at last.

After ten days in the hospital, Malala was much better, so (　　　D　　　).When she looked out at Birmingham, Malala was not very happy. The sky was grey, and the houses all looked the same. Where were the mountains? However, there was good news for her that day: her mother, father, and brothers were in England at last.

Malala did not cry once in those days when she was in the hospital without her family. However, when they came into her hospital room, (　　　4　　　). Her mother, father and brothers were so happy (5)to be with her, but they were shocked when they saw her face. The doctors said that she would need to have many *operations. Her face would get better, they said — but it would never be the same again. Before the shooting, Malala always loved to look in the mirror and do her hair, but (　　　E　　　). She knew that she was lucky to be *alive.

Malala's family visited her every day, and she soon knew that they were not the only people who were thinking about her. One day, (　　　　F　　　　). They were from people all around the world. They wanted her to get better and to send her their love.

Eight thousand letters arrived at the hospital while Malala was staying there, and (　　　　G　　　　). World leaders and other famous people wrote to Malala, too like the film star *Angelina Jolie.

Malala had a big operation on her face, and she had to work hard every day and learn to use her arms and legs again. But slowly and slowly, she got stronger. She remembered things at last, and she began fighting with her brothers again! Malala felt different, too — she was not afraid now, and she said that she had a '(　　6　　)'. She knew that she needed to use it to do important things.

(注) tube：(点滴などに使用する)ゴムなどの管　shooting：銃撃　bullet(s)：銃弾
Birmingham：バーミンガム(イングランド中部の工業都市)
operation(s)：手術　alive：生きている
Angelina Jolie：アンジェリーナ・ジョリー(アメリカ合衆国の女優)

問1　下線部(1)～(2)について，それぞれの文脈に合うように，与えられた語を並べかえて書きなさい。

問2　(A)～(G)に入る最も適切なものを次のア～キから1つずつ選び，記号で答えなさい。

ア．the nurses moved her to a different room with a window
イ．presents came: things like chocolates and flowers
ウ．she saw a man with a gun, and her father
エ．she was not upset about the changes in her face
オ．they did not want her to be shocked and upset
カ．someone from the hospital brought her a big bag of letters
キ．the doctors took the tube out of her neck and she could talk again

問3　下線部(3)の内容について，25字以内の日本語で答えなさい。ただし，句読点も字数に含めます。

問4　(　　4　　)に入る英語を下の日本語を参考にして書きなさい。

彼女は泣くのをとめることができませんでした。

問5　下線部(5)と同じ用法の不定詞を含む文を次のア～エから1つ選び，記号で答えなさい。

ア．Kyoto has a lot of good places to see.
イ．Kenji tried to swim across the river last summer.
ウ．He was sad to hear the news.
エ．I got up early to catch the first train.

問6　(　6　)に入る最も適切な語句を次のア～エから1つずつ選び，記号で答えなさい 。

ア．kind heart
イ．wonderful memory
ウ．second life
エ．funny experience

2 次の文章を読み，以下の設問に答えなさい。

Frank was a quiet old man. He lived alone in a little one-room apartment. Even though he couldn't walk very well, he often took walks around the neighborhood. When he passed one of his neighbors on the street, he always stopped and said "hello" with a bright smile. Other than that, not many people in the neighborhood knew much about him. He went to church every Sunday, but sat at the back and (A) silent.

One Sunday at church, it was announced that a new project in the community was starting. The church decided to (B) an old *vacant lot into a park. The local *council was going to give some money for the work, but the rest needed to be done with volunteers and donations. After the church service ended, people signed up to volunteer. They were (C) to see that Frank's name was already at the top of the list.

Although the community was poor, many people offered the money they could give.(1)It wasn't long (　　　) they had enough for the project. Work began a few weeks later. Frank was once in the army and hurt his leg during the war. Because of Frank's bad leg, there wasn't much that he could do. He watched as the men cleaned the land and planted trees. They even made a small pond. Soon enough, the park became a beautiful green area in the gray *concrete desert of the neighborhood.

On the day of the opening of the park, Frank went to talk to the *pastor of the church.

"(2)I'm sorry I haven't been of any help," Frank said.

"It's all right, Frank. I think you helped a lot in your own way," the pastor said.

ア "I don't think so. I want to do more. My wife liked flowers very much. I want to plant a garden in her memory," Frank said.

"That's a wonderful idea. There's some money (D) for you to buy flowers. You can start when you want," the pastor said.

The very next day Frank started planting. From that day, Frank was always in the park.He still took his walks every day, but he could always be (E) in the park from early afternoon to sunset. He watered the flowers. Sometimes he took breaks by sitting on the bench by the pond. The children who played around there (F) him "Frank the Flower Man."

One evening, as the sun was setting, some boys came through the *bushes and into Frank's garden. Frank was watering the flowers. The young boys came near him. Frank held out the *hose to them.

イ "Would you like a drink from the hose?" he asked. The boys laughed loudly.

"No way, you crazy old man," the leader of the group said. He took the hose from Frank.

"I'm not thirsty," he said, "but maybe (3)(　　　)(　　　)!" He turned the hose back at Frank, and he watered Frank from head to foot. Then he pushed Frank to the ground. He took Frank's wallet from his coat pocket and his watch. They ran off through the bushes. They didn't return for several weeks.

One evening, however, Frank heard a sound in the bushes.

ウ “Finally come back, have you?” Frank called out. The leader of the young boys came out of the bushes. He was alone.

“Hey,” the boy said. His face looked different from usual. He didn't look confident. Instead, he looked nervous. He held the wallet and watch out to Frank, and he said, “I came to (G) these back to you.”

エ “Why (4)the change of heart?” Frank said calmly as he took back his wallet and watch. The boy was watching Frank's injured (5)(　　　　).

“When I looked in your wallet, I noticed your *Veteran's Card,” he began.

“My father was also in the army. He died before I got to know him. I was always angry with him for not being there. I guess that's the reason I get angry with people like you.”

“I'm sorry,” Frank said, as he remembered (6)the people who never made it back.

The boy *shook his head. “No, it's okay,” he said. “I never knew what kind of man he was. Maybe he was just like me — angry. Or maybe he was more like you. But then I thought, maybe he didn't live long enough to find that out for himself. I realized that I have a choice in life. I can choose what kind of person I want to be. I don't want to be (7)(　　　　) anymore.” He stopped for a moment. “I'm sorry.”

Before Frank had a chance to reply, the boy was gone. Frank never saw him again.

（注） vacant lot：空き地　council：議会　concrete：コンクリートの
pastor：牧師　bush(es)：低木の茂み　hose：ホース
Veteran's Card：退役軍人証明書　shook：shakeの過去形

問1　下線部(1)が「その計画に十分な資金が集まるのに時間はかかりませんでした。」という内容になるように，空所に入る適切な1語を書きなさい。

問2　下線部(2)のように思う理由を，句読点を含めて20字以内の日本語で書きなさい。

問3　下線部(3)の空所に入る2語を，主語と動詞の組み合わせで書きなさい。

問4　下線部(4)に至る最初のきっかけを表す1文の最初の3語を書きなさい。

問5　下線部(5)の空所に入る本文中の1語を書きなさい。

問6　下線部(6)が表す内容を，句読点を含めて20字以内の日本語で書きなさい。

問7　下線部(7)の空所に入る本文中の1語を，エ以降の文中から見つけて書きなさい。

問8　本文中にあるべき次の1文が入る箇所をア～エから1つ選び，記号で答えなさい。

Frank shook his head.

問9　空所(A)～(G)に入る最も適切な動詞を次の中から選び，必要があれば適切な形の1語にして書きなさい。

[leave / surprise / give / turn / call / keep / find]

3　次の日本語の意味に合うように，かっこ内に適語を入れなさい。

(1)　次の日曜日にパーティーをするのはいかがですか?

(　　　　)(　　　　) having a party next Sunday?

(2)　彼のおばさんが彼の世話をしているところです。

His aunt is (　　　　)(　　　　) him now.

(3)　私たちに会いに来てくれてありがとうございます。

Thank you (　　　)(　　　)(　　　) see us.

(4)　家に帰る途中で，彼を通りで見ました。

(　　　)(　　　)(　　　)(　　　), I saw him on the street.

(5)　彼は電車のかわりにバスに乗りました。

He took a bus (　　　)(　　　) a train.

(6)　ユリは一人で旅行しても十分なお金を持っています。

Yuri has (　　　)(　　　) to travel alone.

4　次の日本語の意味に合うように，かっこ内の語(句)を並べかえなさい。ただし，文頭にくる語も小文字になっています。

(1)　彼はニューヨークだけでなく，パリにも行って来ました。

He (but / also / not / only / visited / Paris / New York).

(2)　箱の中には何があるか誰も知りません。

(knows / what / in / nobody / the box / is).

(3)　私たちは暗くなる前に帰らなければなりません。

We (come home / must / it / before / gets dark).

5　次の日本語を英語になおしなさい。

(1)　彼女にはカナダ(Canada)出身のおじさんがいます 。

(2)　ティム(Tim)と一緒に走っている男の人は私の父です。

2　彼女は非常にケッペキだ。

3　十分なスイミンをとる。

4　職務タイマンで怒られる。

5　のどがカワく。

三

次の文章を読んで、後の問いに答えなさい。

伊予の入道は、をさなくより絵をよく書き侍《はべ》りけり。①父うけぬ事になん思へりけり。注1無下に幼少の時、父の家の中門の廊の壁に、かはらけの注2われにて不動の立ち給へる（ a ）を書きたりける（ b ）を、客人誰とかや注3慥《たし》かに聞きしをⒶ忘れにけり、これを見て、「たがかきて候《さうら》ふにか」と、Ⓑおどろきたる Ⓧ気色にて問ひければ、②あるじうちわらひて、「これはまことしきもののかきたるに候はず。愚息の Ⓨ小童が書きて候《さうらふ》」とⒸいはれければ、③いよいよ尋ねて、「然《しか》るべき天骨とはこれを申し候ふぞ。④この事制し給ふ事あるまじく候」となんいひける。げにもよく絵Ⓓ見知りたる人なるべし。

（『古今著聞集』による）

注1　無下に…ずいぶん

注2　われ…破片

注3　慥かに聞きしを…確かに聞いたはずなのだけれども

問1　═Ⓧ・Ⓨの漢字の読みを、いずれも平仮名3字の現代仮名遣いで答えなさい。

問2　〰Ⓐ～Ⓓの主体を次の中からそれぞれ選び、記号で答えなさい。ただし、同じ記号を何度使ってもよいものとする。

ア　伊予の入道　イ　父　ウ　客人　エ　作者

問3　（ a ）（ b ）に補う形式名詞としてふさわしいものを次の中からそれぞれ選び、記号で答えなさい。

ア　とき　イ　さま　ウ　もの　エ　こと

問4　――①「うけぬ事」の意味として最もふさわしいものを次の中から選び、それぞれ記号で答えなさい。

ア　受け止めきれないこと

イ　信じられないこと

ウ　笑えないこと

エ　好ましくないこと

問5　――②「あるじ」と同一人物を表す語を、本文中から抜き出しなさい。

問6　――③「いよいよ尋ねて」とありますが、ここから読み取れる「客人」の心情について説明したものとして最もふさわしいものを次の中から選び、記号で答えなさい。

ア　「愚息の小童」の幼さに驚嘆し、その人間性を調べようと考えている。

イ　「愚息の小童」の非凡さを見抜き、その才能に興味を持っている。

ウ　「愚息の小童」の魅力に気づき、もっとその人柄を知りたいと思っている。

エ　「愚息の小童」の無邪気さに触れ、その父にも近づこうとしている。

問7　――④「この事」とは、どのようなことですか。10字以内で説明しなさい。

四

次の文の傍線部を漢字で記しなさい。

1　子供にカンショウし過ぎる親。

なっている大切な存在。

ウ　海のことがわかっていない健一を人前では注意しない気遣いのできる優しい存在。

エ　健一のしそうな行動を予見して予防線を張っていく安全志向の強い存在。

問5　――④「名残惜しさと言いようのない充足感が広がっていた」とありますが、どのような気持ちのことですか。最もふさわしいものを次の中から選び、記号で答えなさい。

ア　日が暮れて島を出なければならなくなった運命を嘆くとともに、丸一日遊ぶという願いが叶って嬉しい気持ち。

イ　子供たちだけの楽園にもう来ないかと思うと寂しいが、もうすぐ鯨羊羹が食べられると楽しみにしている気持ち。

ウ　無人島での楽しい時間が終わってほしくないが、子供だけで一日中のびのび遊んだことに満足する気持ち。

エ　無人島を去ることは残念だが普段はできない海遊びができ、はるばる尾道に来た甲斐《かい》があったと喜ぶ気持ち。

問6　――⑤「健ちゃん、まさか鯨羊羹が鯨で出来てるって思うとるんじゃないやろうな」とありますが、伯母とのやりとりの前に、健一が鯨羊羹を鯨から採ると思い込んでいることがわかる表現がいくつかあります。最初に描かれている一文を探し、その最初の5字を抜き出しなさい。

問7　――⑥「聞こえなかった振りをして、よそ見を決め込んでいる」とありますが、その理由として考えられないものを次の中から選び、記号で答えなさい。

ア　健一の思い違いを将昭までもが指摘して、健一を傷つけたくないから。

イ　健一の常識では考えられない空想に触れたことで、反応に困ったから。

ウ　健一の奇抜な発想に真正面から向き合うと、笑いをこらえきれないから。

エ　健一の風変わりな一面を知り、今までの関係性を見直したくなったから。

問8　――⑦「反発心」とありますが、具体的には健一のどのような思いのことを指しますか。70字以内で説明しなさい。

問9　――⑧「健一の心は不思議と落ち着きを取りもどした」とありますが、それはなぜですか。最もふさわしいものを次の中から選び、記号で答えなさい。

ア　電車の進行とともに忌《い》まわしい尾道の海の風景が車窓から見えなくなったから。

イ　将昭たちのもとを離れていくことで笑われた記憶も薄らいでくるように感じたから。

ウ　鯨羊羹で鯨を作るという目標を密《ひそ》かに抱き続けていけば良いのだと思い始めたから。

エ　論理的には海中に鯨羊羹の鯨がいる可能性を否定できないという事実に気づいたから。

ど遊びにも没頭することができなくなってしまった。そうすると、失敗も増える。焦ってうまくやろうと思えば思うほど、前ならできていたことまでできなくなり、釣り餌を魚に取られたり、釣り糸を切ったりして、皆から笑われた。

目頭が熱くなったが、泣いたら負けだと思い、どうにか堪えた。健一の胸には、二つの感情が去来していた。恥ずかしいという屈辱と認めたくないという⑦反発心。誰かに嘲《あざけ》られると、恥ずかしさが津波のごとく押し寄せてきた。ただ一人ぼっちで、世間の荒波にさらされている気持ちだった。

一方で、不和の危機的局面が過ぎさり、落ち着きを取りもどすと、健一の胸に反骨心が芽生えることもあった。子供たちの輪から離れ、海を見ていると、小さな勘違いなどさして重大ごとでなく思えてくる。むしろ、間違っているのはあちらで、笑われるべきは皆の方ではないか。目に見える部分など、ほんのわずかに過ぎない。釣り糸を垂らしてみなければ、海中に何がいるかもわからないのだ。ならば、鯨羊羹の鯨がいても不思議ではあるまい。

そんな風に、筋の通らない理屈を辿《たど》って、健一の心に、怒りがほとばしることもあった。

尾道を離れるとき、そろそろと動きだした電車の窓から海と向島が見えた。いつもは淋《さび》しさが込み上げてくるのに、その日は違った。せわしなく往来する渡し船が行き違い、水面を掻《か》き乱している。じっと堪えていた涙がついにこぼれた。

向島がなぜだか小さく見え、抑えこんでいた想いが溢《あふ》れた。どうしてもいないというのなら、——。

健一は、想像の鯨を車窓から見える海に解き放ってみる。巨大な鯨羊羹が、海面からぬっと姿を現すところを思い浮かべた瞬間、線路の脇に建つ家に阻《はば》まれ、車窓から海が見えなくなった。

それでも、⑧健一の心は不思議と落ち着きを取りもどした。鯨羊羹で鯨をつくる。口にすれば、また笑いものにされるのが落ちだ。しかし、そんな馬鹿げた空想が、健一の心に平静を取り戻させた。口にしなければいいのだ。鯨羊羹に対する新たな想いを胸に、健一はひとり列車に揺られて母の待つ家へ帰った。

（澤西祐典「くじらようかん」による）

問1　本文中の[A]〜[D]には一字ずつ身体の一部を表す漢字が入ります。それぞれ考えて答えなさい。

問2　——①「フェリーの先端」とありますが、なぜ健一は「フェリーの先端」に立っていると考えられますか。40字以内で答えなさい。

問3　——②「山に囲まれて暮らす健一」とありますが、これとほぼ同じ内容を言い換えた表現を本文中から10字以内で抜き出しなさい。

問4　——③「将昭がさりげなく止めてくれた」とありますが、ここから健一は将昭のことをどのように捉えていると考えられますか。最もふさわしいものを次の中から選び、記号で答えなさい。

ア　よそから来た健一を先導し、島での安全な遊び方を教えてくれる頼もしい存在。

イ　すぐに危険なことをする健一を注意し、島で親代わりと

の胸には、④名残惜しさと言いようのない充足感が広がっていた。

晩ご飯の後、鯨羊羹《くじらようかん》が出されると、健一は白いもち米をぴったりと覆う薄い皮のような、艶のある黒い錦玉羹《きんぎょくかん》を見て、朝の船出を思い出す。それは未明の海の色に似ていた。美しいとともに、楽しい時間の夜明け。黒々とした暁の海は無表情なうわべに反して、タイやチヌ、キス、アナゴにアコウ、ギザミ、そのほか覚えきれないほど、たくさんの魚を隠している。鯨羊羹の黒い表面の下にも、甘いもち米がたっぷりと控えているのだった。

健一は今日の島での冒険を思い返しながら、鯨羊羹にうっとり眺め入る。あるいは、鯨羊羹が次々切り出されていくところを思い浮かべる。健一にとって、その光景は、昼間に無人島で遊んだ記憶よりも甘美で、真実らしく思える。

「白い米が甘いのが俺はどうも好かんわ」

「そんなこと言って、あんた桜餅は美味しいって食べよるじゃないの」

「あれは飴子《あんこ》が甘いだけじゃ。生地は甘うないけん、平気じゃ」

伯母と将昭がいつもの小競り合いをしている間も、健一は鯨羊羹に想いを馳《は》せた。一度でいいから、切りたての鯨羊羹を食べてみたい。舌に唾《つば》が溜《た》まる。切っても切ってもなくならない。いくらでも食べることができる。ほんでも——

「いったい一頭の鯨から、どれだけの鯨羊羹が採れるんじゃろ」

思ったことが、そのまま D を突いて出た。健一は勘定してみようとしたが、本物の鯨を見たことがないので当たりのつけようもなかった。

それでも真剣に考えていると、不意に伯母の笑い声が聞こえ、夢を破られた。

「⑤健ちゃん、まさか鯨羊羹が鯨で出来てるって思うとるんじゃないやろうな」

ほんまに面白いこと考える子やね、と口元を抑えて、必死に笑いを堪《こら》えているが、肩が震えている。

笑かさんといて、と言う伯母の顔が急に他人に見えた。

将昭はどうしていいのかわからないのだろう、⑥聞こえなかった振りをして、よそ見を決め込んでいる。健一は、自分がとんでもない思い違いをしていたことを悟った。

「鯨羊羹は鯨から作るんじゃないで。和菓子の材料で、鯨の皮に似せてるだけや」

大人だったら——少なくとも鯨肉を口にしたことがある人だったら、誰も間違えたりはしなかっただろう。しかし、健一は鯨羊羹が鯨から作られていると信じて疑わなかった。百歩譲って鯨から採られているのではないとして、黒い薄皮部分が鯨と無関係だとは思いもしなかった。

健一は天地がひっくり返るほどの衝撃を受けた。単純に思い違いが恥ずかしかったのではない。自分の上に、まるで世間の理屈が丸ごとのしかかってきたような、耐えがたい辱《はずかし》めを受けているような気がした。自分に知らされていない大きな絡繰《からく》りがあって、自分が失敗を犯すのを、皆が寄ってたかって待ち受けているように感じた。

実際、翌日から、健一は将昭らがよそよそしく感じられ、前ほ

エ　情報の確度を正確に峻別しつつ、科学的知見をあるがままに自らの理知的な態度で考えること。

問8　本文の内容と**合致しないもの**を次の中から選び、記号で答えなさい。

ア　ある研究分野において大家と言われる人の意見でも、無批判に受け入れてはいけない。

イ　科学的知見の確からしさを正確に峻別する時は、必ず別の専門家の意見を仰ぐべきだ。

ウ　科学雑誌に紹介されても、それが科学的に１００％証明されたことにはならない。

エ　科学研究は、何かに頼るのではなく自らの理性的なまなざしで行うことが大切である。

二　次の文章を読んで、後の問いに答えなさい。

母親が病気がちだったため、健一は長い休みになると、よく伯母の家に厄介になった。初めのころこそ母が付き添ったが、慣れてくると一人で山陽本線に乗って伯母の家に向かった。尾道に着くすこし前、海と造船所が見えてくると、いよいよだ、と健一は[A]が高鳴り、列車が駅に滑りこむまで船の行き交う穏やかな内海に眺め入った。

改札を出ると、健一はまっすぐ渡船の乗り場へ急いだ。伯母の家は対岸の向島にあった。小さなフェリーが出ると、あっという間に対岸につくが、それでも健一は辛抱しきれなくて、荷物さえなければ泳いで渡るのにと気が急《せ》いた。

①フェリーの先端から向こう岸をじっと見つめていると、たいていの場合、岸辺で釣りをしている子供の一団を見つけることができた。健一が声を張りあげて手を振ると、向こうでもこちらに気づいて、手を振りかえしてくる。いとこの将昭とその友達たちだった。健一は休み間、彼らと一緒に遊びまわるのだ。日頃、②山に囲まれて暮らす健一にとって、尾道は海があるだけで特別だった。なかでも、伯父さんの漁船に乗せてもらい、無人島へ行くのが何より楽しかった。未明の船に乗りこみ、近くの無人島で降ろしてもらうと、あとは誰にも邪魔されない、子供たちだけの楽園が広がっていた。釣りの[B]を競ったり、崖から海に飛びこみ、誰が一番高く水しぶきをあげられるかを競い合った。

「健、そこはいけん。底にでかい岩があるけえ」

海に不案内な健一が、危険なことをしそうになると、③将昭がさりげなく止めてくれた。将昭の指摘は、いつも見事に当たった。岩があると言えば、何も見えないように見えた海面の下にたしかに尖《とが》った大岩があり、向こうの方がよく釣れると言えば、その通りになった。生来おっとりとした健一が、伯母のところではのびのびと遊びまわることができたのは、いとこのお蔭《かげ》といってもよかっただろう。

子供たちはお腹がすくと、持ってきた弁当を広げて、青空の下でむさぼった。海の風に当たって食べる弁当は格別おいしかった。そして[C]の虫が落ち着くと、海遊びを再開させ、夕暮れ時、伯父が船で迎えにくるまで遊び倒した。島を後にするとき、健一

け全て選び、記号で答えなさい。

ア　適者生存　　イ　不動の真理

ウ　漸進的な改変　　エ「原理的に不完全な」科学的知見

オ　最も教条的な宗教的制度

問3　――③とありますが、「科学的知見」には「確度の問題が存在するだけなの」はなぜですか。80字以内で説明しなさい。

問4　――④「正しい認識を持つ」とはどのようなことですか。40字以内で説明しなさい。

問5　――⑤「この権威主義による言説の確度の判定という手法には、どこか拭い難い危うさが感じられる」とありますが、それはなぜですか。最もふさわしいものを次の中から選び、記号で答えなさい。

ア　権威と結びつけることで間違った情報でも安心感を得ようとする手法が、何かを信じ、不安定な状態を脱しておきたいと考えているだけのように感じられるから。

イ　権威主義に基づいて情報の確度を判断するという分かりやすい手法が、とりあえず何かにすがりついて安心したいと考えているだけのように感じられるから。

ウ　権威の高さと情報の確度を同一視して一つの分かりやすい結論を導くという手法が、その情報の多様な解釈の可能性を潰《つぶ》しているだけのように感じられるから。

エ　不具合はあっても権威のある専門家に従っておくという手法が、本来正確でなければならない情報の中に不正確さを招いているだけのように感じられるから。

問6　――⑥「権威主義が〝科学の生命力〟を蝕む性質を持っている」とはどういうことですか。最もふさわしいものを次の中から選び、記号で答えなさい。

ア　物事が停滞し硬直することへの恐れから、可塑的な科学が固定的なものへと変質していく動きを、権威主義が阻害する性質を持っているということ。

イ　科学によってその権威が失墜し、自身の価値が損なわれることを恐れ、権威主義が科学の進歩・発展を阻害する性質を持っているということ。

ウ　人々が理知的に振る舞い、自身の体系から逸脱することを恐れ、権威主義が科学の根底にある理性的な判断を阻害する性質を持っているということ。

エ　自身の権威の失墜や価値の崩壊への恐れから、権威主義が硬直性を生み出し、科学の持つ修正し変わり得る面を阻害する性質を持っているということ。

問7　――⑦「〝信頼に足る情報を集め、真摯に考える〟」とはここではどういうことですか。最もふさわしいものを次の中から選び、記号で答えなさい。

ア　従来の方法や在り方にとらわれることなく、個々人の自由な発想で科学の特徴を考えること。

イ　権威づけされた情報を元に分析をして、先入観なく自らの理性でその意味や仕組みを考えること。

ウ　科学が原理的に不完全であることをよく認識し、自分で信頼できる情報を元に分析し考えること。

という姿勢である。それは権威主義が本質的に人々の不安に応えるために存在しているという要素があるからであり、権威主義者はその世界観が瓦解《がかい》し、その体系の中にある自分が信じた価値が崩壊する恐怖に耐えられないのである。

　現代の民主主義国家では、宗教裁判にかけられたガリレオ・ガリレイの地動説のような、権威主義による強権的な異論の封じ込めはもう起こらないと信じたいが、特定の分野において「権威ある研究者」の間違った学説が、その人が存命の間はまかり通っているというようなことは、今もしばしば見られるようには思う。権威主義に陥《おちい》ってしまえば、科学の可塑性、その生命力が毒されてしまうことは、その意味で、今も昔も変わらない。科学が「生きた」ものであるためには、その中の何物も「不動の真実」ではなく、それが修正され変わり得る可塑性を持たなければならない。権威主義はそれを蝕んでしまう。

　そして、何より妄信的な権威主義と、自らの理性でこの世界の姿を解き明かそうとする科学は、その精神性において実はまったく正反対のものである。科学を支える理性主義の根底にあるのは、物事を先入観なくあるがままに見て、自らの理性でその意味や仕組みを考えることである。それは何かに頼って安易に「正解」を得ることとは、根本的に真逆の行為だ。

　だから、科学には注5伽藍《がらん》ではなく、注6バザールが似合う。権威ではなく、個々の自由な営為の集合体なのだ。〝科学的に生きる〟ことにとっては、⑦〝信頼に足る情報を集め、真摯《しんし》に考える〟、そのことが唯一大切なことではないかと思う。

（中屋敷均『科学と非化学』による）

注1　漸進的…段階を追って次第に進む様子。

注2　教条主義…自己の意見に固執し、反対意見に耳を貸さない態度。「教条的」とは、そのさまを表す。

注3　可塑性…変形しやすい性質。

注4　バグ…プログラムの誤りや欠陥。

注5　伽藍…僧侶たちが住んで仏道を修行する、清浄閑静《かんせい》な所。

注6　バザール…市場のこと。種々雑多な品物を売る小店が集まったもの。

問1　――①「科学の歴史を紐解けば、たくさんの間違いが発見され、そして消えていった」理由として最もふさわしいものを次の中から選び、記号で答えなさい。

ア　科学というものはどんなものでも一度は受容する性質を持ち、最終的に正しいものと間違っているものを峻別することになってしまうから。

イ　科学というものは全ての業績を記録しておかなければならず、その膨大な記録の中には当然ながら間違いも多く含まれることになるから。

ウ　科学というものは過去の蓄積をもとに進展させていく性質を持ち、必然的に過去に正しいとされたことでも否定してしまうような面を持つから。

エ　科学というものは常に有益なものを生み出し続けなければならず、間違ったものでも必要であれば正しいものとして取り入れてしまうから。

問2　――②「可塑性」と親和性の高い表現を次の中から**あるだ**

威主義に基づいたものが主であると言わざるを得ないだろう。

もちろんこういった権威ある賞に選ばれたり、権威ある雑誌に論文が掲載されるためには、多くの専門家の厳しい審査があり、それに耐えてきた知見はそうでないものより強靭さを持っている傾向が一般的に認められることは、間違いのないことである。また、科学に限らず、音楽家であろうが、塗師《ぬし》であろうが、ヒヨコ鑑定士であろうが、専門家は非専門家よりもその対象をよく知っている。だから、何事に関しても専門家の意見は参考にすべきである。それも間違いない。多少の不具合はあったとしても、どんな指標も万能ではないし、権威主義による判断も分かりやすくある程度、役に立つなら、それで十分だという考え方もあろうかと思う。

しかし、なんと言えばよいのだろう。かつてアインシュタインは「何も考えずに権威を敬うことは、真実に対する最大の敵である」と述べたが⑤この権威主義による言説の確度の判定という手法には、どこか拭《ぬぐ》い難い危うさが感じられる。それは人の心が持つ弱さと言えばいいのか、人の心理というシステムが持つバグ注4、あるいはセキュリティーホールとでも言うべき弱点と関連した危うさである。端的に言えば、人は権威にすがりつき安心してしまいたい、そんな心理をどこかに持っているのではないかと思うのだ。拠りどころのない「分からない」という不安定な状態でいるよりは、とりあえず何かを信じて、その不安から逃れてしまいたいという指向性が、心のどこかに潜んでいる。権威主義は、そこに忍び込む。

そして行き過ぎた権威主義は、科学そのものを社会において特別な位置に置くことになる。「神託を担う科学」である。倒錯した権威主義の最たるものが、科学に従事している研究者の言うことなら正しい、というような誤解であり（それはこのエッセイの信頼性もまた然りなのだが……）、また逆に科学に従事する者たちが、非専門家からの批判は無知に由来するものとして、聖典の寓《ぐう》言《げん》のような専門用語や科学論文の引用を披露《ひろう》することで高圧的かつ一方的に封じ込めてしまうようなことも、「科学と社会の接点」ではよく見られる現象である。これまで何度も書いてきたように、科学の知見は決して１００％の真実ではないにもかかわらず、である。

こういった人の不安と権威という構図は、宗教によく見られるものであり、「科学こそが、最も新しく、最も攻撃的で、最も教条的な宗教的制度」というポール・カール・ファイヤアーベントの言は、示唆《しさ》に富んでいる。「権威が言っているから正しい」というのは、本質的に妄信《もうしん》的な考え方でありいかに美辞を弄《ろう》しようと、とどのつまりは何かにしがみついているだけなのだ。

また、もう一つ指摘しておかなければならないことは、⑥権威主義が〝科学の生命力〟を蝕《むしば》む性質を持っていることだ。権威は人々の信頼から成り立っており、一度間違えるとそれは失墜し、地に落ちてしまう。権威と名のつくものは、王でも教会でも同じなのだろうが、この失墜への恐怖感が〝硬直したもの〟を生む。「権威は間違えられない」のだ。また、権威主義者に見られる典型的な特徴が、それを構築する体系から逸脱《いつだつ》するものを頑《かたく》なに認めない、

くされている。法則中の法則とも言える物理法則でさえ修正されるのである。科学の知見が常に不完全ということは、ある意味、科学という体系が持つ構造的な宿命であり、絶え間ない修正により、少しずつより強靭《きょうじん》で真実の法則に近い仮説ができ上がってくるが、それでもそれらは決して１００％の正しさを保証しない。

より正確に言えば、もし１００％正しいところまで修正されていたとしても、それを完全な１００％、つまり科学として「それで終わり」と判定するようなプロセスが体系の中に用意されていない。どんなに正しく見えることでも、それをさらに修正するための努力は、科学の世界では決して否定されない。だから③科学的知見には「正しい」or「正しくない」という二つのものがあるのではなく、その仮説がどれくらい確からしいのかという確度の問題が存在するだけなのである。

では、我々はそのような「原理的に不完全な」科学的知見をどう捉《とら》えて、どのように使っていけば良いのだろうか？一体、何が信じるに足るもので、何を頼りに行動すれば良いのだろう？ 優等生的な回答をするなら、より正確な判断のために、対象となる科学的知見の確からしさに対して、④正しい認識を持つべきだ、ということになるのだろう。

「科学的な知見」という大雑把《おおざっぱ》なくくりの中には、それが基礎科学なのか、応用科学なのか、成熟した分野のものか、まだ成長過程にあるような分野なのか、あるいはどんな手法で調べられたものなのかなどによって、確度が大きく異なったものが混在している。ほぼ例外なく現実を説明できる非常に確度の高い法則のようなものから、その事象を説明する多くの仮説のうちの一つに過ぎないような確度の低いものまで、幅広く存在している。それらの確からしさを正確に把握して峻別《しゅんべつ》していけば、少なくともより良い判断ができるはずである。

たとえば、近年、医学の世界で提唱されているevidence-based medicine（ＥＢＭ）という考え方では、そういった科学的知見の確度の違いを分かりやすく指標化しようとする試みが行われている。

（中略）

しかし、こういった非専門家でも理解しやすい情報が、どんな科学的知見に対しても公開されている訳ではもちろんないし、科学的な情報の確度というものを単純に調査規模や分析《ぶんせき》方法といった画一的な視点で判断して良いのか、ということにも、実際は深刻な議論がある。一つの問題に対して専門家の間でも意見が分かれることは非常に多く、そのような問題を非専門家が完全に理解し、それらを統合して専門家たちを上回る判断をすることは、現実的には相当に困難なことである。

こういった科学的知見の確度の判定という現実的な困難さに忍《しの》び寄って来るのが、いわゆる権威主義である。たとえばノーベル賞を取ったから、『ネイチャー』に載った業績だから、有名大学の教授が言っていることだから、といった権威の高さと情報の確度を同一視して判断するというやり方だ。この手法の利点は、なんと言っても分かりやすいことで、現在の社会で「科学的な根拠」の確からしさを判断する方法として採用されているのは、この権

【国　語】（六〇分）〈満点：一〇〇点〉

一　次の文章を読んで、後の問いに答えなさい。

科学と生命は、実はとても似ている。それはどちらも、その存在を現在の姿からさらに発展・展開させていく性質を内包しているという点においてである。その特徴的な性質を生み出す要点は二つあり、一つは過去の蓄積をきちんと記録する仕組みを持っていること、そしてもう一つはそこから変化したバリエーションを生み出す能力が内在していることである。この二つの特徴注1が漸進的《ぜんしんてき》な改変を繰り返すことを可能にし、それを長い時間続けることで、生命も科学も大きく発展してきた。

だから、と言って良いのかよく分からないが、①科学の歴史を紐《ひも》解けば、たくさんの間違いが発見され、そして消えていった。科学における最高の栄誉とされるノーベル賞を受賞した業績でも、後に間違いであることが判明した例もある。たとえば1926年にデンマークのヨハネス・フィビゲルは、世界で初めて「がん」を人工的に引き起こす事に成功したという業績で、ノーベル生理学・医学賞を受賞した。しかし、彼の死後、寄生虫を感染させることによって人工的に誘導したとされたラットの「がん」は、実際には良性の腫瘍《しゅよう》であったことや、腫瘍の誘導そのものも寄生虫が原因ではなく、餌《えさ》のビタミンA欠乏が主因であったことなどが次々と明らかになった。

ノーベル賞を受賞した業績でも、こんなことが起こるのだから、多くの「普通の発見」であれば、誤りであった事例など、実は枚挙にいとまがない。誤り、つまり現実に合わない、現実を説明していない仮説が提出されることは、科学において日常茶飯事であり、2013年の『ネイチャー』誌には、医学生物学論文の70%以上で結果を再現できなかったという衝撃的なレポートも出ている。

しかし、そういった玉石混交の科学的知見と称されるものの中でも、現実をよく説明する「適応度の高い仮説」は長い時間の中で批判に耐え、その有用性や再現性故に、後世に残っていくことになる。そして、その仮説の適応度をさらに上げる修正仮説が提出されるサイクルが繰り返される。それはまるで生態系における生物の「適者生存」のようである。ある意味、科学は「生きて」おり、生物のように変化を生み出し、より適応していたものが生き残り、どんどん成長・進化していく。それが最大の長所である。現在の姿が、いかに素晴らしくとも、そこからまったく変化しないものに発展はない。注2教条主義に陥らない②注3〝可塑性《かそせい》〟こそが科学の生命線である。

しかし、このことは「科学が教えるところは、すべて修正、される可能性がある」ということを論理的必然性をもって導くことになる。科学の進化し成長するという素晴らしい性質は、その中の何物も「不動の真理」ではない、ということに論理的に帰結してしまうのだ。たとえば夜空の星や何百年に1回しかやってこない彗星《すいせい》の動きまで正確に予測できたニュートン力学さえも、アインシュタインの一般相対性理論の登場により、一部修正を余儀な

MEMO

大切なことはメモしておこうネ！

2020年度

解　答　と　解　説

《2020年度の配点は解答欄に掲載してあります。》

＜数学解答＞

1　(1)　$-3a^4b$　(2)　0　(3)　$m=2000$，$n=20$　(4)　18通り

2　(1)　5：1：4　(2)　18度　(3)　①　$5\sqrt{3}$　②　$\frac{45\sqrt{3}}{2}$

3　(1)　$4y+xy=8$　(2)　$x=8$

4　(1)　$a=\frac{3}{8}$　(2)　B(4，6)　(3)　$\frac{13}{3}$

5　(1)　54　(2)　$28\sqrt{34}$

○推定配点○

1　各6点×4　2　各6点×4　3　各8点×2　4　(1)　6点　(2)・(3)　各7点×2

5　各8点×2　計100点

＜数学解説＞

1　(単項式の乗除，式の値，数の性質，場合の数)

基本　(1)　$(-3a^2b)^3\times(2ab^2)^2\div(-6a^2b^3)^2=-\frac{27a^6b^3\times4a^2b^4}{36a^4b^6}=-3a^4b$

基本　(2)　$a^2+b^2-c^2+2ab=(a+b)^2-c^2=(\sqrt{13}+\sqrt{11}+\sqrt{13}-\sqrt{11})^2-(2\sqrt{13})^2=(2\sqrt{13})^2-(2\sqrt{13})^2=0$

(3)　$m+n=2020$…①，$m\div99=n$あまりnより，$m=99n+n$　$m=100n$…②　②を①に代入して，$100n+n=2020$　$n=20$　これを②に代入して，$m=100\times20=2000$

重要　(4)　AからはまずB，D，Eのどれかに進めるが，その先の進み方の数はどれも同様になるから，Bを通る場合の数を調べて3倍すればよい。Bを通る場合の数は右の図のように6通りある。よって，AからGまで進む方法は，$6\times3=18$(通り)

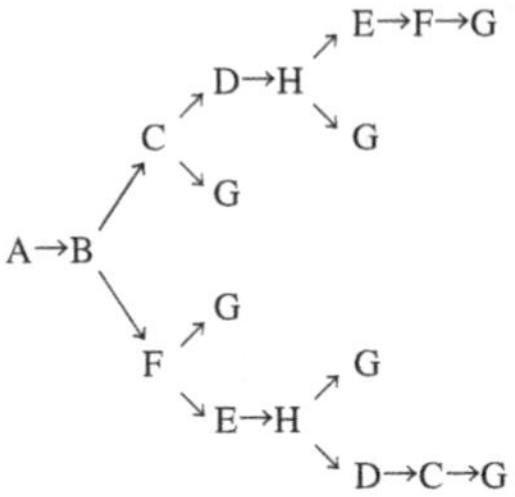

重要　2　(図形の計量)

(1)　重心は3つの中線の交点だから，BD：DC＝1：1＝5：5…①　また，BG：GE＝2：1，BG＝CEより，BE：EC＝(2＋1)：2＝3：2　角の二等分線の定理より，BF：FC＝BE：EC＝3：2＝6：4…②　よって，①，②より，BD：DF：FC＝5：(6－5)：4＝5：1：4

(2)　△ABDにおいて，中点連結定理より，$FE=\frac{1}{2}BA$…①，FE//BAだから，$\angle EFD=\angle ABD=20°$…②　△BCDにおいて，中点連結定理より，$FG=\frac{1}{2}DC$…③，FG//DCだから，$\angle BFG=\angle BDC=56°$…④　AB＝DCだから，①，③より，FE＝FG…⑤　②，④より，$\angle EFG=20°+(180°-56°)=144°$…⑥　よって，⑤，⑥より，$\angle FEG=(180°-144°)\div2=18°$

(3)　①　△ABDと△CDEにおいて，弧ADの円周角だから，∠ABD＝∠ACD　平行線の錯角は等しいから，∠ACD＝∠CDE…(ⅰ)　四角形ABCDは円に内接するから，∠BAD＝∠DCE…(ⅱ)

（ⅰ），（ⅱ）より，2組の角がそれぞれ等しいから，△ABD∽△CDE　BD：DE＝AD：CE　BD＝$\frac{5\times6\sqrt{3}}{6}=5\sqrt{3}$

② △BEDにおいて，BE：ED：DB＝$(4+6)：5：5\sqrt{3}=2：1：\sqrt{3}$　よって，∠BED＝60°であるから，△ABD∽△CDEより，∠ADB＝∠CED＝60°　BからADにひいた垂線をBHとすると，BH：BD＝$\sqrt{3}：2$より，BH＝$\frac{\sqrt{3}}{2}\mathrm{BD}=\frac{\sqrt{3}}{2}\times5\sqrt{3}=\frac{15}{2}$　したがって，△ABD＝$\frac{1}{2}\times\mathrm{AD}\times\mathrm{BH}=\frac{1}{2}\times6\sqrt{3}\times\frac{15}{2}=\frac{45\sqrt{3}}{2}$

3 （速さ）

基本 (1) 兄弟の歩いた道のりの和が8kmだから，$4y+xy=8$

(2) 弟がy時間で歩いた道のりを兄は20分＝$\frac{1}{3}$時間で歩くから，$4y=\frac{1}{3}x$　$y=\frac{1}{12}x$　これを(1)の式に代入して，$\frac{1}{3}x+\frac{1}{12}x^2=8$　$x^2+4x-96=0$　$(x-8)(x+12)=0$　$x>0$より，$x=8$

4 （図形と関数・グラフの融合問題）

基本 (1) $y=x+2$に$y=1$を代入して，$1=x+2$　$x=-1$　よって，A$(-1,\ 1)$　Aは$y=\frac{8}{3}ax^2$上の点だから，$1=\frac{8}{3}a\times(-1)^2$　$a=\frac{3}{8}$

基本 (2) $y=\frac{3}{8}x^2$と$y=x+2$からyを消去して，$\frac{3}{8}x^2=x+2$　$3x^2-8x-16=0$　解の公式を用いて，$x=\frac{-(-8)\pm\sqrt{(-8)^2-4\times3\times(-16)}}{2\times3}=\frac{8\pm16}{6}=4,\ -\frac{4}{3}$　$y=x+2$に$x=4$を代入して，$y=6$　よって，B$(4,\ 6)$

重要 (3) C$(0,\ 2)$　直線OAの傾きは，$\frac{1-0}{-1-0}=-1$　よって，直線DEの式は$y=-x+2$　$y=\frac{3}{8}x^2$と$y=-x+2$からyを消去して，$\frac{3}{8}x^2=-x+2$　$3x^2+8x-16=0$　解の公式を用いて，$x=\frac{-8\pm\sqrt{8^2-4\times3\times(-16)}}{2\times3}=\frac{-8\pm16}{6}=\frac{4}{3},\ -4$　$y=-x+2$に$x=\frac{4}{3}$を代入して，$y=\frac{2}{3}$　よって，D$\left(\frac{4}{3},\ \frac{2}{3}\right)$　$y=x^2$と$y=-x+2$からyを消去して，$x^2=-x+2$　$x^2+x-2=0$　$(x+2)(x-1)=0$　$x=-2,\ 1$　よって，E$(-2,\ 4)$　四角形ODEA＝△ODC＋△OAC＋△ACE　ここで，△ODC＝$\frac{1}{2}\times2\times\frac{4}{3}=\frac{4}{3}$　△OAC＝$\frac{1}{2}\times2\times1=1$　OA//CEより，△ACE＝△OCE＝$\frac{1}{2}\times2\times2=2$　よって，四角形ODEAの面積は，$\frac{4}{3}+1+2=\frac{13}{3}$

重要 5 （空間図形の計量）

(1) 平面AEGCを考える。直線EPと線分ACとの交点をIとすると，AC//EGだから，平行線と比の定理より，AI：EG＝AP：PG＝1：4　よって，AI：AC＝1：4より，ACとBDとの交点をOとすると，AI：IO＝1：1だから，直線QIは辺ADの中点Jを通る。したがって，3点E，P，Qを通る平面での切り口は二等辺三角形EQJとなる。EQ＝$\sqrt{\mathrm{AE}^2+\mathrm{AQ}^2}=\sqrt{12^2+6^2}=6\sqrt{5}$　QI＝$\frac{1}{2}\mathrm{QJ}=\frac{1}{2}\times\sqrt{2}\mathrm{AQ}=3\sqrt{2}$

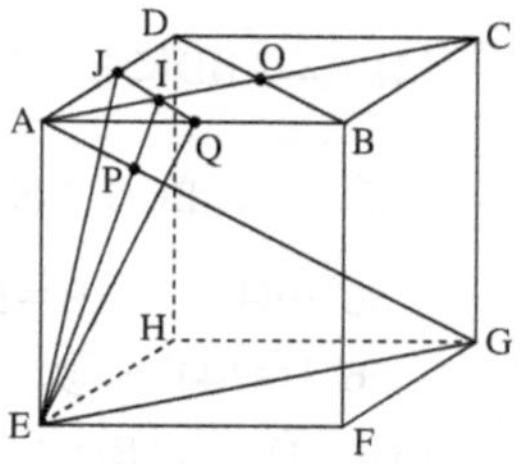

よって，EI＝$\sqrt{(6\sqrt{5})^2-(3\sqrt{2})^2}=\sqrt{162}=9\sqrt{2}$　　したがって，△EQJ＝$\frac{1}{2}\times(3\sqrt{2}\times2)\times9\sqrt{2}=54$

(2)　平面AEGCを考える。直線ERと線分ACとの交点をKとすると，AC//EGだから，平行線と比の定理より，AK：EG＝AR：RG＝2：3　よって，AK：KC＝2：(3－2)＝2：1　直線SKと辺DCとの交点をL，直線SKと直線ADとの交点をMとすると，CS//MAより，CS：MA＝CK：KA＝1：2＝2：4だから，CL：LD＝CS：MD＝2：(4－3)＝2：1　また，MD：HE=1：3だから，辺BF上にBX：XF＝1：3となる点X，辺DH上にDY：YH＝1：3となる点Yをとると，3点E，R，Sを通る平面での切り口は五角形EXSLYとなる。さらに，直線GC，XS，YLは点Zで交わり，四角形EXZYは1辺の長さがEX＝$\sqrt{12^2+\left(12\times\frac{3}{4}\right)^2}=15$のひし形である。XY＝EG＝$12\sqrt{2}$　CZ＝6より，EZ＝$\sqrt{EG^2+GZ^2}=\sqrt{(12\sqrt{2})^2+(12+6)^2}=6\sqrt{17}$　よって，四角形EXZY＝$\frac{1}{2}\times12\sqrt{2}\times6\sqrt{17}=36\sqrt{34}$　ここで，△EXY≡△ZXY，△ZXY∽△ZSL　△ZXY：△ZSL＝$LS^2:XY^2=2^2:3^2=4:9$　したがって，五角形EXSLYの面積はひし形EXZYの面積の$\frac{9+(9-4)}{9+9}=\frac{7}{9}$倍となるから，五角形EXSLYの面積は，$36\sqrt{34}\times\frac{7}{9}=28\sqrt{34}$

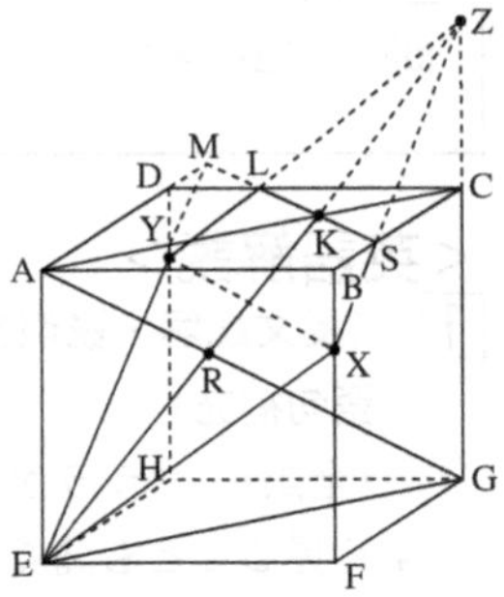

★ワンポイントアドバイス★

出題構成は例年と変わらないが，図形分野からの出題が多く，空間図形などはやや難しい。いろいろな問題を解いて，慣れておきたい。

＜英語解答＞

1　問1　(1)　Who she was with before it happened
(2)　told her not to worry about money　問2　(A)　ウ　(B)　オ　(C)　キ　(D)　ア　(E)　エ　(F)　カ　(G)　イ　問3　銃弾がバスにいた他の2人の少女にあたったこと。　問4　she could not stop crying　問5　ウ　問6　ウ

2　問1　before　問2　足が悪くて，できることがあまりないから。　問3　you are　問4　When I looked　問5　leg　問6　戦争から戻ってこられなかった人たち。　問7　angry　問8　ア　問9　(A)　kept　(B)　turn　(C)　surprised　(D)　left　(E)　found　(F)　called　(G)　give

3　(1)　How [What] about　(2)　looking after　(3)　for coming to
(4)　On my way home　(5)　instead of　(6)　enough money

4　(1)　(He) visited not only New York but also Paris(.)
(2)　Nobody knows what is in the box(.)
(3)　(We) must come home before it gets dark(.)

5　(1)　She has an uncle who came from Canada.
(2)　The man running with Tim is my father.

○推定配点○

1　問2　各2点×7　　問3　4点　　他　各3点×5　　2　問2・問6　各4点×2

問9　各2点×7　　他　各3点×6　　3　各2点×6　　4・5　各3点×5　　計100点

＜英語解説＞

1　（長文読解・説明文：語句整序［間接疑問文・不定詞］，文補充，要旨把握，和文英訳［動名詞］，語句補充）

（全訳）　マララが10月16日に目覚めたとき，彼女は自分がどこにいるかを知らなかった。彼女はよく見ることも聞くこともできず，ひどい頭痛がした。彼女は話そうとしたが，首に管があったので，彼女は一言も言えなかった。彼女は自分の体からの管を見たとき，彼女は病院にいることがわかった。しかし，彼女は銃撃を覚えておらず，(1)それが起こる前に誰といたかわからなかった。彼女の父親は彼女と一緒に病院にいなかったので，彼女はおそらく彼は死んでいたと思った。

その後，レイノルズ博士が到着した。彼女は友人のようにマララに話したが，もちろんマララは彼女が誰であるかを知らなかった。レイノルズ博士はマララにプレゼントを贈り，マララはノートに「ありがとう。どうして父がいないの？」と書いた。彼女はこう書いた：「私の父にはお金がない。だれがこれにお金を払うのか？」

レイノルズ博士は，マララの父親は無事だと言い，(2)お金を心配しないように言った。しかし，それらの最初の日々の間，マララは多くの奇妙な夢を見て，時々彼女の夢の中で，(A)彼女は銃を持つ男と彼女の父親を見た。彼女はまだ両親がそこにいなかった理由や，なぜ彼女が病院にいたのか理解していなかった。

医者は(B)彼女がショックを受けて動揺することを望まなかったので，銃撃について彼女に話さなかった。しかし，ついに，ある日，医師が携帯電話を持って部屋に入ってきて，両親に電話をかけると言った。マララは父親の声を聞いてとても幸せだったが，まだ話せなかったので，彼に何も言えなかった。

マララは何度も何度もノートに書いて，看護師と医師になぜ病院にいたのかを尋ね，そしてレイノルズ博士は彼女に銃撃について話した。弾丸はバスの他の2人の女の子にも当たった，とレイノルズ博士はマララに語ったが，彼女らは大丈夫だった。

最初は，マララは(3)これについて考えることができなかった。彼女は家に帰りたかったことを知っていた。しかし，日に日に，彼女は少し強く感じ始めた。彼女は病院で非常に退屈していた―しかし，彼女がよく見え始めたとき，看護師は彼女にDVDプレーヤーを持ってきた。バーミンガムでの彼女の5日目に，(C)医師は彼女の首から管を取り出し，彼女は再び話すことができた。そして，彼女が両親に話しかけたとき，彼らはついに彼女の声を聞いた。

病院で10日間過ごした後，マララはずっと良くなったので，(D)看護師は彼女を窓のある別の部屋に移動した。彼女がバーミンガムを眺めたとき，マララはあまり幸せではなかった。空は灰色で，家はすべて同じように見えた。山はどこにあったか？しかし，その日は彼女にとって良いニュースがあった。彼女の母親，父親，兄弟はイギリスにいた。

マララは，家族なしで病院にいた当時は一度も泣かなかったが，彼らが病室に入ったとき，(4)彼女は泣き止むことができなかった。彼女の母親，父親，兄弟は彼女と一緒に(5)いてとても幸せだったが，彼女の顔を見たとき彼らはショックを受けた。医師は，彼女には多くの手術が必要だと言った。彼女の顔は良くなるだろう，と彼らは言った―しかし，それは二度と同じになることはないだろう。銃撃前，マララはいつも鏡を見て髪の毛を作るのが大好きだったが，(E)顔の変化に腹を立てていなかった。彼女は生きていることが幸運であることを知っていた。

マララの家族は毎日彼女を訪問し，彼女はすぐに彼女について考えていたのは彼らだけではないことを知った。ある日，(F)病院の誰かが彼女に大きな手紙の袋を持ってきた。それらは世界中の人々からのもので，彼らは彼女が良くなり，彼女に愛を送ることを望んでいた。

マララが滞在中に8000通の手紙が病院に到着し，(G)プレゼントが来た：チョコレートや花のようなもの。映画界のスター，アンジェリーナ・ジョリーのように，世界の指導者や他の有名人もマララに手紙を書いた。

マララは彼女の顔に大きな手術をした，そして，彼女は毎日一生懸命に働き，再び腕と足を使うことを学ばなければならなかった。しかし，ゆっくりと彼女は強くなった。彼女はついに物事を思い出し，彼女は兄弟と再び戦い始めた！マララも違うと感じた━彼女は今は恐れておらず，彼女は「第二の人生」を持っていると言った。彼女は重要なことをするために第二の人生を使う必要があることを知っていた。

重要 問1 (1) (～ know) who she was with before it happened(.) 間接疑問文の語順は〈疑問詞＋主語＋動詞〉となる。 (2) (～ and) told her not to worry about money(.) 不定詞の否定は〈not to ＋動詞の原形〉となる。

問2 (A) 彼女の夢の中の出来事を選べばよい。

(B) 医師が，彼女に銃撃について伝えなかった理由を選ぶ。

(C) この後，マララが話しているので，首から管がとれたと判断できる。

(D) マララは良くなって，外を眺めていることから判断できる。

(E) マララは，生きていて幸運だと思っているので，鏡を見ても腹を立てなかったのである。

(F) この後，マララに手紙がたくさん来ていることから判断できる。

(G) 手紙だけではなく，プレゼントも贈られたのである。

問3 前の文の内容を指している。

基本 問4 「～するのをやめる」 stop ～ing

問5 原因を表す副詞的用法の不定詞である。不定詞の前に感情を表す語があることから判断する。

問6 銃撃後の人生を「第二の人生」と言っているのである。

2 (長文読解・物語文：語句補充，要旨把握，指示語，語句解釈)

(全訳) フランクは静かな人だった。彼は一人部屋の小さなアパートに一人で住んでいた。彼はあまり上手く歩くことができなかったが，彼はしばしば近所を散歩した。彼が通りで隣人の一人を追い越したとき，彼はいつも立ち止まって，明るい笑顔で「こんにちは」と言った。それ以外は，近所の人の多くは彼についてあまり知らなかった。彼は毎週日曜日に教会に行ったが，後ろに座って黙っていた。

ある日曜日の教会で，コミュニティでの新しい計画が始まっていることが発表された。教会は，古い空き地を公園に変えることを決めた。地方議会は仕事のためにいくらかのお金を与えるつもりだったが，残りはボランティアと寄付で行われる必要があった。教会の礼拝が終わった後，人々はボランティアに申し込んだ。彼らは，フランクの名前がリストの一番上にあることを見て驚いた。

コミュニティは貧しかったが，多くの人々が彼らが与えることができるお金を提供した。(1)彼らがプロジェクトに十分なお金を得るのにそう長くはかからなかった。数週間後に作業が始まった。フランクはかつて軍隊にいたが，戦争中に足をけがした。けがした足のせいで，彼ができることはあまりなかった。男たちが土地をきれいにし，木を植えるのを彼は見た。彼らは小さな池さえ作った。すぐに，公園は近所の灰色のコンクリートの砂漠が美しい緑になった。

開園当日，フランクは教会の牧師と話をした。

「(2)すみません，助けになりませんでした」とフランクは言った。

「大丈夫，フランク。あなたはあなたのやり方でたくさん助けたと思うよ」と牧師は言った。

フランクは頭を振った。「そうは思わない。もっとしたい。妻は花が大好きだった。彼女の思い出に庭に植えたい」とフランクは言った。

「それは素晴らしいアイデアです。花を買うためのお金が残っています。好きなときに始められます」と牧師は言った。

翌日，フランクが植え付けを始めた。その日から，フランクはいつも公園にいた。彼はまだ毎日散歩をしていたが，彼はいつも午後早くから日没まで公園で見つけることができた。彼は花に水をやった。池のそばのベンチに座って休憩を取ることもあった。そこで遊んだ子供たちは彼を「Frank the Flower Man」と呼んだ。

ある夕方，太陽が沈むと，何人かの男の子が茂みを通ってフランクの庭にやって来た。フランクは花に水をやっていた。若い男の子は彼の近くに来た。フランクは彼らにホースを差し出した。

「ホースからの飲み物はいかがですか？」彼は尋ねた。少年たちは大声で笑った。

「まさか，あなたはおかしいおじいさんだ」グループのリーダーは言った。彼はフランクからホースを取った。

「私はのどが渇いていない」と彼は言った。「(3)でもたぶんお前はのどが渇いているだろう！」彼はフランクにホースを向け，フランクに頭から足に水をやった。それから彼はフランクを地面に押した。彼はコートのポケットと時計からフランクの財布を取った。彼らは茂みを駆け抜けた。彼らは数週間戻ってこなかった。

しかし，ある晩，フランクは茂みの中で音を聞いた。

「ついに戻ってきましたか？」フランクは声をかけた。若い男の子のリーダーは茂みから出てきた。彼は一人だった。

「ねえ」と少年は言った。彼の顔はいつもとは違って見えた。彼は自信ありげに見えなかったが，かわりに緊張していた。彼は財布を持ち，フランクを見て「私はあなたにこれらを返しに来たんだ」と言った。

「なぜ(4)心が変わったのか？」フランクは落ち着いて言い，財布と時計を取り戻した。少年はフランクの負傷した(5)脚を見ていた。

「あなたの財布を見ると，退役軍人証明書に気付きました」と彼は始めた。

「父も軍隊にいた。彼は私が彼を知る前に亡くなった。私は彼がそこにいないことに対していつも怒っていた。それが私があなたのような人々に怒っている理由だと思う」

フランクは戦争から戻ってこられなかった人々を思い出したとき，「申し訳なかった」と言った。

少年は頭を振った。「いいえ，大丈夫です」と彼は言った。「私は彼がどんな人なのか全く知りませんでした。たぶん彼は私のように怒っていたのかもしれません。あるいは彼はもっとあなたのようだったかもしれません。人生で選択肢があることが分かりました。どんな人になりたいかを選ぶことができる。もう怒りたくない」彼はしばらく止まった。「ごめんなさい」

フランクが返事する前に，少年はいなくなった。フランクは二度と彼を見なかった。

重要 問1 It won’t be long before ～「すぐに～でしょう」という文から判断できる。

問2 足をけがしているので，あまりできることがなかったのである。

問3 I’m not thirsty に対して you are (thirsty) となるのである。

問4 退役軍人証明書を見て，心が変わったのである。

問5 けがをしているのは脚である。

やや難 問6 make it back「戻ってくる」

問7　どんな人になりたいか選ぶことができると言っていることから，どんな人になりたくないと言っているか判断する。

問8　牧師がたくさん手伝ってくれたということに同意できなかったのである。

重要 問9　(A)　〈keep ＋形容詞〉「～のままでいる」　(B)　turn A into B「AをBに変える」　(C)　be surprised to ～「～して驚く」　(D)　left は money を修飾する分詞の形容詞的用法である。　(E)　前にbe動詞があるので，受動態になる。　(F)　call A ＋ B「AをBと呼ぶ」　(G)　give back ～「～を返す」

重要 **3**　(適語補充問題：動名詞，進行形，前置詞，不定詞)

(1)　How (What) about ～ing?「～するのはどうですか」

(2)　look after ～「～を世話する」

(3)　Thank you for ～ing.「～してくれてありがとう」

(4)　on one's way to ～「～へ行く途中」　home は「家へ」という意味なので前置詞は不要。

(5)　instead of ～「～のかわりに」

(6)　enough は名詞の前，形容詞・副詞の後ろに置く。

4　(語句整序問題：接続詞，間接疑問文)

(1)　not only A but also B「AだけでなくBもまた」

(2)　疑問詞が主語の場合の間接疑問文は，〈疑問詞＋動詞〉の語順になる。

(3)　時を表す接続詞が使われている場合には，未来の内容でも現在形を用いる。

重要 **5**　(英作文：関係代名詞，分詞)

(1)　「おじさん」を先行詞とした英文を作ればよい。

(2)　「ティムと一緒に走っている」を分詞で表し，名詞の後につければよい。

(別解)　The man who is running with Tim is my father.

★ワンポイントアドバイス★

長文読解問題の文章が比較的長い。問題集や過去問を用いて，すばやく読んで処理する練習を繰り返したい。

＜国語解答＞

一　問1　ウ　　問2　ア・ウ・エ　　問3　(例)　科学は常に進化し，成長するものであって，どんなに正しく見えることでも修正される可能性がある以上，科学的知見に100％確かなものなど存在しないから。　　問4　(例)　科学的知見の確度を高いものから低いものまで正確に把握して峻別していくこと。　　問5　イ　　問6　エ　　問7　エ　　問8　イ

二　問1　A　胸　　B　腕　　C　腹　　D　口　　問2　(例)　いとこの将昭やその友達たちと一刻も早く遊び回ることを楽しみにしているから。　　問3　海に不案内な健一

問4　ア　　問5　ウ　　問6　あるいは，　　問7　エ　　問8　(例)　本物の鯨羊羹の鯨がいないことの証明は誰にもできないのだから，鯨羊羹の鯨がいないと思っている人々の方が間違っているのではないか，という思い。　　問9　ウ

三　問1　Ⓧ　けしき　　Ⓨ　わらわ　　問2　Ⓐ　エ　　Ⓑ　ウ　　Ⓒ　イ　　Ⓓ　ウ

問3　a　イ　　b　ウ　　問4　エ　　問5　父　　問6　イ　　問7　(例)　絵を描くこと。

四　1　干渉　2　潔癖　3　睡眠　4　怠慢　5　渇(く)

○推定配点○

一　問3　8点　問4　6点　他　各3点×6(問2は完答)　二　問1　各1点×4　問2　6点
問8　8点　他　各3点×6　三　問1　各1点×2　他　各2点×10　四　各2点×5
計100点

＜国語解説＞

一　(論説文―大意・要旨，内容吟味，文脈把握)

問1　傍線部①前で，科学と生命はどちらも，過去の蓄積を記録し，そこから変化したバリエーションを生み出す能力が内在しているという性質を持ち，これらの特徴が改変を繰り返すことによって，生命も科学も大きく発展してきたことを述べ，さらに①後で，ノーベル賞を受賞した業績でも，後に間違いであったことが判明した例を挙げていることから，ウがふさわしい。①前の内容を説明していないア，エ，改変を繰り返すことを説明していないイはふさわしくない。

重要　問2　傍線部②は「科学の生命線」で，②前で，修正仮説が繰り返される科学的知見の仮説は生物の「適者生存」のようであり，科学は「生きて」おり，成長・進化していくことが最大の長所である，ということ，また冒頭の段落で，科学の特徴として「漸進的な改変を繰り返すこと」を述べている。また②直後から続く2段落で，科学の性質は「不動の真理」ではないこと，科学の知見は100％の正しさを保証せず，「原理的に不完全」であることを述べている。さらに「こういった……」で始まる段落で，「科学こそが……最も教条的な宗教的制度」というポール・カール・ファイアーベントの言は示唆に富んでおり，「権威が言っているから正しい」というのは妄信的な考え方であり，一つ後の段落で，権威主義に陥ってしまえば，科学の可塑性が毒されてしまう，と述べている。これらの内容から，②と親和性の高い表現は，ア・ウ・エである。

やや難　問3　傍線部③までで，科学は進化し成長する性質を持っているが，すべて修正される可能性があること，科学的知見は100％の正しさを保証しないこと，ということを述べている。これらの内容が，「科学的知見」には「確度の問題が存在するだけ」である理由になっているので，要旨を整理して説明していく。

問4　傍線部④直後の段落で，④の説明として，「科学的な知見」には確度が大きく異なったものが混在しており，確度の高いものから低いものまで，正確に把握して峻別していけば，より良い判断ができるはずである，と述べているので，この部分の要旨を説明していく。

問5　傍線部⑤前後で，現在の社会で「科学的な根拠」の確からしさを判断する方法として，権威主義に基づいたものが主であり，分かりやすい権威主義による判断で十分だという考え方もあるが，人は権威にすがりつき安心してしまいたい，という心理を持っていることを述べているので，イがふさわしい。アの「間違った情報でも」，ウの「情報の多様な解釈の可能性を潰している」，エの「正確でなければならない情報の中に不正確さを招いている」は，いずれもふさわしくない。

基本　問6　傍線部⑥後で，権威は一度間違えると，人々からの信頼が失墜してしまうという恐怖感が"硬直したもの"を生み，権威主義は科学の修正し変わり得る可塑性を蝕んでしまう，ということを述べているので，エがふさわしい。権威の失墜への恐怖感を説明していない他の選択肢はふさわしくない。

問7　傍線部⑦の「信頼に足る情報を集め」は，(中略)直前の段落で述べているように，より良い判断のために，確度が異なる仮説が混在する「科学的な知見」の確からしさを正確に把握し峻別する，ということである。また「真摯に考える」は，直前の段落で述べているように，物事を先入観なくあるがままに見て，自らの理性でその意味や仕組みを考える，ということである。これらの要旨を説明しているエがふさわしい。情報の確度を峻別すること，「自らの理性」を説明していない，アはふさわしくない。イの「権威づけされた情報を元に」，ウの「自分で信頼できる情報を元に」もふさわしくない。

重要 問8 「『権威が言っているから正しい』というのは，本質的に妄信的な考え方であり……何かにしがみついているだけなのだ」などと述べているので，アは合致する。イの「必ず別の専門家の意見を仰ぐべき」とは述べていないので，合致しない。ウは「ノーベル賞を……」で始まる段落，エは「そして，何より……」で始まる段落で，それぞれ述べているので合致する。

二 (小説一情景・心情，内容吟味，文脈把握，脱語補充，慣用句)

基本 問1 Aの「胸が高鳴り」は，期待などで胸がどきどきして興奮する様子。Bの「腕を競った」は，実力を競い合うこと。Cの「腹の虫」は，空腹時に腹が鳴るのを腹の中の虫が鳴くものとした，その虫のこと。Dの「口を突いて」は，自然に言葉が出ること。

問2 傍線部①直後で，①に立っている健一は，いとこの将昭とその友達たちを見つけ，声を張り上げて手を振り，彼らと一緒に遊びまわることを楽しみにしていることが描かれている。いとこの将昭とその友達たちと一刻も早く遊びたいという，健一の気が急いている心情を説明する。

問3 傍線部②直後の「海があるだけで特別だった」は，②のような健一にとって海は珍しいものであると同時に，海に慣れていないということなので，②後の場面の「海に不案内(様子や事情がよくわからないこと)な健一」が，②とほぼ同じ意味を表している。

問4 傍線部③直後でも，岩だけでなく，よく釣れる場所を教えてくれるなど，将昭のお蔭で健一はのびのびと遊びまわることができたことが描かれているので，アがふさわしい。イの「すぐに危険なことをする健一」，ウの「人前では注意しない」，エの「予見して予防線を張っていく安全志向の強い」は，いずれも読み取れないので，ふさわしくない。

重要 問5 傍線部④の「名残惜しさ」は，無人島を去ることを残念に思う気持ち，「充足感」は，子供たちだけで遊び倒したことに満足する気持ち，を表しているので，ウがふさわしい。アの「運命を嘆く」，「願いが叶って」，イの「もう来ないかと思うと」，「鯨羊羹が食べられると楽しみ」，エの「尾道に来た甲斐があった」は，いずれも読み取れないのでふさわしくない。

問6 傍線部⑤直前の「いったい一頭の鯨から，どれだけの鯨羊羹が採れるんじゃろ」という健一の言葉は，鯨羊羹を鯨から採ると思い込んでいるために出たものである。この思い込みは，「健一は今日の……」で始まる場面の，鯨羊羹をうっとりと眺めながら「あるいは，鯨羊羹が次々切り出されていくところを思い浮かべる。」という描写から始まり，→健一は鯨羊羹に思いを馳せた。一度でいいから，切りたての鯨羊羹を食べてみたい→「いったい…」の言葉，という流れで，健一は想像している。

問7 傍線部⑥前で，健一が鯨羊羹は鯨で出来ていると思い込んでいたことを，伯母は肩を震わせて笑いを堪えているが，将昭はどうしていいのかわからない様子が描かれているので，イは考えられる。また，伯母のように笑わなかったことから，健一への気づかいとしてア，自分も笑ってしまわないよう「よそ見」をしていることからウ，いずれも考えられる。「今までの関係性を見直したくなった」ことまでは読み取れないので，エは考えられない。

やや難 問8 傍線部⑦は，鯨羊羹は鯨から作られていないことを「認めたくない」もので，次段落では「反骨心(逆らおうとする強い心)」と表現されている。この反骨心は，間違っているのはあちらで，目に見える部分などほんのわずかに過ぎず，海中に何がいるかもわからないのだから，鯨羊羹の鯨がいても不思議ではない，という理屈からの怒りであることが描かれている。この描写を踏まえて，鯨羊羹の鯨がいないことの証明は誰にもできないのだから，鯨羊羹の鯨がいないと思っている人々の方が間違っているのではないか，というような内容で，健一の思いを説明していく。

重要 問9　傍線部⑧直後で，鯨羊羹で鯨をつくるという馬鹿げた空想が，健一の心に平静を取り戻させたこと，そのことを口にしなければいいのだ，と思っていることが描かれているので，ウがふさわしい。鯨羊羹をつくることを説明していないア，イはふさわしくない。エの「海中に鯨羊羹の鯨がいる可能性を否定できないという事実に気づいた」は描かれていないので，ふさわしくない。

三　**（古文―内容吟味，文脈把握，指示語，脱語補充，漢字の読み，口語訳）**

〈口語訳〉　伊予の入道は，幼い頃から絵を上手にお描きになった。父は(子が絵を描くのを)好ましくないことだと思っていた。(伊予の入道が)ずいぶん幼かった時，父の家の中門の廊下の壁に，土器の破片で不動明王がお立ちになっている様を書いたものを，客人(が誰であるか)確かに聞いたはずなのだけれども忘れてしまった。(その客が)これを見て，「誰が描いたのでございますか」と，驚いた様子で尋ねると，主人(である伊予の入道の父親)は笑って，「これは本格的な絵師が描いたものではございません。愚息の小童が描いたのでございます」と言ったので，(客は)ますます尋ねて，「生まれつきの才能とはこの子のことを申すのですぞ。絵を描くことをやめさせたりしてはなりません」と言った。本当によく絵をわかっている人なのであろう。

問1　Ⓧは，様子，ありさま，という意味。Ⓨは，元服前の十歳前後の子ども。

問2　Ⓐは「作者」が，客が誰だったかを「忘れて」ということ。Ⓑは「客人」が，「驚いた」ということ。Ⓒは「父」が，客に絵の説明を「言った」ということ。Ⓓは「客人」が，絵を「わかっている」ということ。

基本 問3　aは「不動の立ち給へる」様子という意味でイ，bは「壁に」「書きたりける」ものという意味でウ，がふさわしい。

問4　傍線部①は，受け入れる，聞き入れる，という意味の「うく」の否定形なので，エがふさわしい。受け入れない，承知できないという意味なので，アの「受け止めきれない」はふさわしくない。

問5　客人と話をしている傍線部②は，伊予の入道の「父」である。

重要 問6　「客人」は，「廊の壁」に「愚息の小童」が書いた不動明王に驚いて，傍線部③のようにしているので，イがふさわしい。壁に書かれたものについて触れていない他の選択肢はふさわしくない。

やや難 問7　「客人」は，不動明王を書いた「愚息の小童」に「然るべき天骨」があることに驚き，傍線部④のように話しているので，④は「絵を描くこと」である。

四　**（漢字の書き取り）**

1は，立ち入って自分の意思に従わせようとすること。2の「癖」の訓読みは「くせ」。3の「睡」は右部分の画数に注意。4は，なまけてだらしないこと。5は，水分を欲するという意味で，あるものを強く求めるという意味もある。水分や湿気がなくなるという意味の「乾く」と区別する。

★ワンポイントアドバイス★

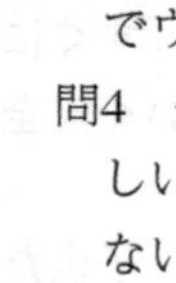

小説では，感情や心情をわかりやすい言葉で表現されていないことが多い。本文の描写から，丁寧に読み取っていこう。

解答用紙集

○月×日 △曜日　天気(合格日和)

◆ご利用のみなさまへ

＊解答用紙の公表を行っていない学校につきましては、弊社の責任において、解答用紙を制作いたしました。

＊編集上の理由により一部縮小掲載した解答用紙がございます。

＊編集上の理由により一部実物と異なる形式の解答用紙がございます。

人間の最も偉大な力とは、その一番の弱点を克服したところから生まれてくるものである。 ——カール・ヒルティ——

東京学参株式会社

※解答欄は実物大です。

1

(1)	(2)
	$x=$
(3)	(4)
$t=$	

2

(1)	(2)
:	
(3)	

3

(1)	(2)
	個
(3)	
組	

4

(1)	(2)
$a =$	

(3)

5

(1)	(2)

(3)

※ 149%に拡大していただくと，解答欄は実物大になります。

1

(1) (　　　) (　　　) (　　　)

(2) (　　　) / (　　　) / (　　　)

(3) (　　　) / (　　　) / (　　　)

2

(1) I have ______________________________.

(2) ______________________________.

(3) ______________________________ yesterday.

(4) I'm tired ______________________________ day yesterday.

3

(1) ______________________________

(2) ______________________________

(3) ______________________________

4

問1 ① ______________________________

② ______________________________

問2 《あ》(　　　) 《い》(　　　) 《う》(　　　)

問3 [X] (　　　) [Y] (　　　) 問4 (a) (　　　) (b) (　　　) (c) (　　　)

問5 ____ → ____ → ____ → ____

問6 (　　　) 問7 (　　　) 問8 (　　　)

問9 (　　　) 問10 (　　　) 問11 (　　　)

5

問1 ____ → ____ → ____ → ____

問2 (　　　) 問3 (　　　) 問4 (　　　) 問5 (　　　)

問6

という彼女の判断。

問7 (　　　) 問8 (　　　)

問9

問10 (　　　)

◇国語◇

城北高等学校　2024年度

※143%に拡大していただくと、解答欄は実物大になります。

一

問1　A　B

問2

問3

問4

問5

問6　(1)　(2)

問7

二

問1　X　Y　Z

問2

問3

問4

問5

問6

問7

問8

問9　行目

問10　生徒

三

1

2

3

4

5　(まされた)

城北高等学校　2023年度

◇数学◇

※ 113%に拡大していただくと，解答欄は実物大になります。

1

(1)	(2)
	$x=$ 　　　, $y=$
(3)	(4)

2

(1)	(2)
度	P(　　　,　　　)
(3)	(4)

3

(1)	(2)
A(　　,　　)	(　　,　　)　(　　,　　)
(3)	
$x=$	

4

(1)	(2)

(3)

5

(1)	(2)
度	

城北高等学校　2023年度

◇英語◇

※ 133%に拡大していただくと，解答欄は実物大になります。

1

(1) (　　) / (　　) (　　)　(2) (　　) (　　)

(3) (　　) (　　) (　　)　(4) (　　) / (　　)

(5) (　　) (　　)

2

(1) ______________________________ .

(2) ______________________________ .

(3) ______________________________ .

(4) Please ______________________________ .

3

(1) What ______________________________ ?

(2) The top of Mt. Fuji ______________________________ this morning.

(3) The Tone ______________________________ .

(4) ______________________________ must be a new teacher.

4

問1 (　　)　問2 (　　)　問3 (　　)　問4 (　　)

問5 ____________________　問6　6-A (　　)　6-B (　　)

問7 (　　)　問8 (　　)　問9 (　　)　問10 (　　) (　　)

5

問1 (1) (　　)　(2) (　　)　(3) (　　)

問2 【A】 ______________　【B】 ______________

問3

問4 (a) (　　)　(b) (　　)　(c) (　　)　(d) (　　)

問5

問6 (　　) (　　)

◇国語◇

城北高等学校　２０２３年度

※１４７％に拡大していただくと、解答欄は実物大になります。

一

問1　A　B

問2

問3　問4　〜　問5

問6

問7　問8

二

問1　ⓐ　ⓑ　問2　問3

問4

問5　問6　問7

問8

問9

三

1　2　3　4　5　（い）

城北高等学校　2022年度

◇数学◇

※ 113%に拡大していただくと，解答欄は実物大になります。

1

(1)	(2)
(3)	**(4)**
	$a=$ 　　　　，$x=$

2

(1)	(2)
	度
(3)	

3

(1)	(2)	(3)

4

<table>
<tr><th>(1)</th><th>(2)</th></tr>
<tr><td></td><td></td></tr>
<tr><th colspan="2">(3)</th></tr>
<tr><td colspan="2"></td></tr>
</table>

5

(1)	(2)
個	個
(3)	(4)
個	個

城北高等学校　2022年度　◇英語◇

※ 133％に拡大していただくと，解答欄は実物大になります。

1

(1) ＿＿＿＿＿＿＿＿＿＿＿＿＿＿＿＿＿＿＿＿.

(2) ＿＿＿＿＿＿＿＿＿＿＿＿＿＿＿＿＿＿ to the station.

(3) ＿＿＿＿＿＿＿＿＿＿＿＿＿＿＿＿＿＿＿ Korea?

(4) The sunfish ＿＿＿＿＿＿＿＿＿＿＿＿＿＿＿＿.

2

(1) (　　　　　　) (　　　　　　)

(2) (　　　　　　) (　　　　　　) (　　　　　　)

(3) (　　　　　　) / (　　　　　　) / (　　　　　　) (　　　　　　)

(4) (　　　　　　) (　　　　　　) (　　　　　　) (　　　　　　)

3

(1) ＿＿＿＿＿＿＿＿＿＿＿＿＿＿＿＿＿＿＿＿

(2) ＿＿＿＿＿＿＿＿＿＿＿＿＿＿＿＿＿＿＿＿

4

問1 ＿＿＿＿＿＿

問2 ＿＿＿＿＿＿＿＿＿＿＿＿＿＿＿＿＿＿＿＿.

問3 [A] (　　　　　　) [B] (　　　　　　) (　　　　　　) (　　　　　　)

問4 ＿＿＿ → ＿＿＿ → ＿＿＿ → ＿＿＿

問5 ①

②

問6 ＿＿＿＿

問7 あ ＿＿＿＿ い ＿＿＿＿ う ＿＿＿＿ え ＿＿＿＿ お ＿＿＿＿

5

問1 ＿＿＿＿

問2

問3 ＿＿＿＿ 問4 ＿＿＿＿ 問5 ＿＿＿＿

問6 (　　　　　　) (　　　　　　) (　　　　　　) (　　　　　　)
(　　　　　　) (　　　　　　)

問7 ＿＿＿＿

◇国語◇

城北高等学校　２０２２年度

※１４７％に拡大していただくと、解答欄は実物大になります。

一

問１

問２

問３　〜

問４

問５

問６

問７

問８

問９

二

問１　A　B　C

問２

問３

問４

問５

問６

問７

問８

問９

三

1

2

3

4

5　（ぐ）

城北高等学校　2021年度

◇数学◇

※ 103％に拡大していただくと，解答欄は実物大になります。

1

(1)	(2)
(3)	(4)
	$x =$ ，$y =$

2

(1)	(2)
：	：
(3)	
①	②
：	：

3

(1)	(2)	(3)

4

(1)	(2)
:	
(3)	(4)
:	

5

(1)	
①	②
(2)	
(ア)	(イ)

城北高等学校　2021年度

◇英語◇

※ 161％に拡大していただくと，解答欄は実物大になります。

1

(1) ＿＿＿＿＿　(2) I've ＿＿＿＿＿ the ＿＿＿＿＿.

(3) ＿＿＿＿＿

(4) 《あ》＿＿＿＿＿　《い》＿＿＿＿＿　《う》＿＿＿＿＿

《え》＿＿＿＿＿　《お》＿＿＿＿＿

(5) ①

②

(6) ＿＿＿＿＿　＿＿＿＿＿

2

(1) ＿＿＿＿＿　(2) ＿＿＿＿＿　(3) ＿＿＿＿＿

(4) → → →　(5) ＿＿＿＿＿

(6) ＿＿＿＿＿　(7) ＿＿＿＿＿

3

(1) (　　) / (　　) / (　　)

(2) (　　) (　　) (　　)

(3) (　　) (　　) / (　　)

(4) (　　) (　　)　(5) (　　) (　　)

4

(1) (　　) (　　)　(2) (　　) (　　)

(3) (　　) (　　) (　　)

(4) (　　) (　　)　(5) (　　) (　　)

5

(1) ＿＿＿＿＿?

(2) They had ＿＿＿＿＿.

(3) My father is about ＿＿＿＿＿.

(4) ＿＿＿＿＿.

(5) ＿＿＿＿＿.

◇国語◇

城北高等学校　２０２１年度

※１５４％に拡大していただくと，解答欄は実物大になります。

一

問1　ⓐ　ⓑ　ⓒ

問2　問3　問4　問5

問6

問7

問8　問9

二

問1　ⓐ　ⓑ　ⓒ

問2　A　B

問3　問4　問5　問6　問7

問8

問9

問10

三

①　②　③　④　⑤（って）

城北高等学校　2020年度

◇数学◇

※102％に拡大していただくと，解答欄は実物大になります。

1

(1)	(2)
(3)	**(4)**
$m =$　　　，　$n =$	通り

2

(1)	(2)
：　　　：	度
(3)	
①	②

3

(1)	(2)
	$x =$

4

(1)	(2)	(3)
$a =$	B(　　，　　)	

5

(1)	(2)

※152%に拡大していただくと，解答欄は実物大になります。

1

問1 (1)

(2)

問2 (A) (B) (C) (D)

(E) (F) (G)

問3

問4

問5　問6

2

問1

問2

問3　問4

問5

問6

問7　問8

問9 (A) (B) (C) (D)

(E) (F) (G)

3

(1) (　)(　)　(2) (　)(　)

(3) (　)(　)(　)

(4) (　)(　)(　)(　)

(5) (　)(　)　(6) (　)(　)

4

(1) He (　).

(2) (　).

(3) We (　).

5

(1) .

(2) .

◇国語◇　城北高等学校　２０２０年度

※１５２％に拡大していただくと、解答欄は実物大になります。

一

問1　問2

問3

問4

問5　問6　問7　問8

二

問1　A　B　C　D

問2

問3

問4　問5　問6　問7

問8

問9

三

問1　Ⓧ　Ⓨ　問2　Ⓐ　Ⓑ　Ⓒ　Ⓓ

問3　a　b　問4　問5　問6

問7

四

1　2　3　4　5　（く）

〈ダウンロードコンテンツについて〉

本問題集のダウンロードコンテンツ、弊社ホームページで配信しております。現在ご利用いただけるのは「2025年度受験用」に対応したもので、**2025年3月末日**までダウンロード可能です。弊社ホームページにアクセスの上、ご利用ください。

※配信期間が終了いたしますと、ご利用いただけませんのでご了承ください。

高校別入試過去問題シリーズ

城北高等学校　2025年度

ISBN978-4-8141-2916-4

[発行所] 東京学参株式会社

〒153-0043　東京都目黒区東山2-6-4

書籍の内容についてのお問い合わせは右のQRコードから　⇒

※書籍の内容についてのお電話でのお問い合わせ、本書の内容を超えたご質問には対応できませんのでご了承ください。

2024年6月20日　初版